ミネルヴァ日本評伝選

社会教育と社会事業とを両翼として

穂積重遠

大村敦志著

ミネルヴァ書房

刊行の趣意

「学問は歴史に極まり候ことに候」とは、先哲荻生徂徠のことばである。

歴史のなかにこそ人間の智恵は宿されている。人間の愚かさもそこにはあらわだ。この歴史を探り、歴史に学んでこそ、人間はようやくみずからの正体を知り、いくらかは賢くなることができる。新しい勇気を得て未来に向かうことができる。徂徠はそう言いたかったのだろう。

「ミネルヴァ日本評伝選」は、私たちの直接の先人について、この人間知を学びなおそうという試みである。日本列島の過去に生きた人々の言行を、深く、くわしく探って、そこに現代への批判を聴きとろうとする試みである。日本人ばかりではない。列島の歴史にかかわった多くの異国の人々の声にも耳を傾けよう。

先人たちの書き残した文章をそのひだにまで立ち入って読み、彼らの旅した跡をたどりなおし、彼らのなしとげた事業を広い文脈のなかで注意深く観察しなおす——そのとき、はじめて先人たちはいまの私たちのかたわらによみがえってくる。彼らのなまの声で歴史の智恵を、また人間であることのよろこびと苦しみを、私たちに伝えてくれもするだろう。

この「評伝選」のつらなりのなかから、列島の歴史はおのずからその複雑さと奥ゆきの深さをもって浮かび上がってくるはずだ。これを読むとき、私たちのなかに新たな自信と勇気が湧いてきて、その矜持と勇気をもって「グローバリゼーション」の世紀に立ち向かってゆくことができる——そのような「ミネルヴァ日本評伝選」にしたいと、私たちは願っている。

平成十五年（二〇〇三）九月

上横手雅敬
芳賀　徹

小今井荘にて将棋を指す皇太子殿下（当時）と（右）
（穂積重行氏提供）

アメリカ訪問で最高裁の同僚と（右）（昭和25年）
（穂積重行氏提供）

緑会上高地旅行にて学生たちと（２列目の中央左）（昭和13年）
（『緑会雑誌』より）

渋沢別荘（葉山）にて親族と（後列中央）（昭和３年８月１日）
（穂積重行氏提供）

はじめに――大正は遠くなりにけり（一九七七）

昭和も遠く

最初に一つの新聞記事を見ていただきたい。

一九七七年二月一六日付の朝日新聞社会面の記事である。瀧川事件の最後の生き残りであった末川博（一八九二～一九七七）が亡くなったことが大きく報じられている。個人的な回想になるが、当時、高校生だった私は、関係者がまだ存命だったことにとまどいを感じたことを、鮮烈な見出しとともに今でも覚えている。

この末川の死がもう一つの意味を持つことに気がついたのは、しばらく後になってからである。大学で法学を学ぶようになると、末川は民法学の泰斗であり、東の我妻、西の末川と呼ばれていたこと、また、財産法の我妻、家族法の中川という呼び方もあったことを知った。そして、戦後を代表するこれら三人の民法学者たちが相次いで亡くなったことを知ったのである。

中川善之助（一八九七～一九七五）は末川の死よりも二年前に、我妻栄（一八九七～一九七三）はさらにその二年前にすでに逝去していたが、彼らに続いて末川が逝ったことによって、民法学の一つの時代に幕が降ろされたのであった。ほぼ同じ時期にやはり亡くなっている憲法学者・宮沢俊義（一八九

末川死亡を報じる新聞記事（『朝日新聞』1977年２月16日）

九～一九七六）を含めて考えるならば、法学の一つの時代が終わったと言ってもよい。

もっとも、余韻が残されていないわけではなかった。我妻・中川とともに新憲法の下での家族法改正に参与した次の世代の代表的な学者たち、川島武宜（一九〇九～九二）や来栖三郎（一九一〇～九八）はまだ存命だったからである。しかし、一九九〇年代に入るとその川島・来栖もこの世を去る。この間に天皇が崩御し、元号は昭和から平成に改められたが、川島・来栖の退場によって、昭和の（民）法学には、文字通り、終止符が打たれたと言ってよい。

これから本書で語ろうとするのは、昭和の（民）法学よりも前の大正の（民）

法学である。元号に頼らずに述べるならば、二〇世紀の後半の（民）法学ではなく前半の（民）法学である。主人公の穂積重遠（一八八三〜一九五一）は、我妻・中川や川島・来栖の師にあたる（民）法学者である。その逝去はいまから六〇年も前になる。同じ年に盟友であった末弘厳太郎（一八八七〜一九五二）も後を追うように亡くなっている。今日、法学を学ぶ若い人々には、我妻・中川や川島・来栖の名を知らない人も少なくない。いわんや穂積・末弘をや、である。昭和の（民）法学すらもはや過去のものになっている今日では、大正の（民）法学の姿は歴史の彼方に霞んでいると言っても過言ではない。

大正法学の現代性

しかし、大正（民）法学、そして穂積重遠は、本当に歴史の一齣になったと言ってしまってよいのだろうか。決してそうではなかろう、というのが本書の仮説である。この仮説の当否は、本書全体を読んでいただいて判断していただくことになるが、ここでは最近のいくつかの出来事を挙げて、それらと穂積重遠との関連について触れておくことにしよう。まずは、年表風に出来事を掲げよう。いずれも一九九〇年代以降の出来事である。

一九九五年　刑法改正
一九九六年　民法（家族法）改正要綱公表
二〇〇〇年　児童虐待防止法制定
二〇〇四年　法科大学院制度発足、民法の現代語化

二〇〇九年　裁判員制度始動、民法（債権法）改正作業開始

この中で比較的わかりやすいのは、民法（家族法）改正要綱公表と児童虐待防止法制定であろう。穂積重遠は家族法研究の第一人者であり、戦前の家族法改正作業や旧児童虐待防止法の制定に深く関わっていたからである。刑法改正は意外かもしれないが、穂積重遠は初期の最高裁判所判事の一人であったことと関連する。彼は、尊属殺人罪を違憲とする少数意見を書いているのである。最高裁の多数意見が変わって、尊属殺人罪が違憲であると宣言されたのは一九七三年であるが、刑法の規定自体は削除されずに存置された。この規定の削除には一九九五年の刑法改正を待たなければならなかったのである。

法科大学院や裁判員制度との関連については、説明が必要だろう。民法の現代語化や民法（債権法）改正作業開始についても、これらの延長線上に考えなければならない。

法科大学院に関しては、ケース・メソッドの導入といった教育方法の面も重要であるが、指摘したいのは、法学を学ぶ人々、特に、女性の増加という現象である。穂積重遠は戦前の女子法学教育に多大な関心を寄せ、実際にも大きな貢献をしたのであるが、彼の努力は今日まさに花開こうとしていると言えるだろう。以下には、データとして、司法試験受験者・合格者の推移と穂積重遠も教えていた東京大学の法科大学院・法学部の学生数を掲げておく。新設された法科大学院の「女性化」が進んでいることがわかる。ちなみに、二〇一一年度の東京大学法科大学院入学者に占める女性の割合は三七

%であるが、未修者コースと呼ばれる三年コースに限って見ると、その割合は五六%に達している。

司法試験（新旧）

	出願者（女性数・割合）	合格者（女性数・割合）
二〇一〇年新試験	一一一二七名（三三〇〇名・三〇%）	二〇七四名（五九二名・二九%）
二〇〇一年旧試験	三八九三〇名（八一四三名・二一%）	九九〇名（二二三名・二三%）

東京大学（法科大学院・法学部）

	在籍者（女性数・割合）
二〇一〇年法科大学院	六一九名（二二〇名・三六%）
二〇一〇年法学部	一〇四二名（二一二名・二〇%）

いまも生きる問題意識

残ったのは裁判員制度であるが、穂積重遠が陪審制度の導入に積極的であったことはひとまず措こう。ここで述べておきたいのは、今日、裁判員制度の導入との関連で小中学生・高校生あるいは一般市民に向けた「法教育」の推進がなされているということである。この点はまさに穂積重遠が重視した点であった。実は、民法の現代語化や民法（債権法）改正の作業開始も、これに関わる。現代語化はもちろん、二〇〇九年から進行中の民法（債権法）改正では「国民にわかりやすい民法」が標榜されているが、この点もまた彼が強調した点であったからである。

以上に見たように、穂積重遠の（民）法学は、法の世界における最近の動向と密接な関連を持っている。一見するとバラバラと起きているように見える現象は、いずれも大正法学の問題意識を引き継いだものであると言えるのである。言い換えれば、穂積重遠の問題提起は今日でもなお生きており、実現に向けた努力が継続されているということになる。

時代の子、社会の子として

以上のような認識のもとに、穂積重遠の（民）法学を再検討しようというのが、本書の目論見である。その際に留意したいのは、彼の専門的な業績に限らず、その人生の全体を時代の中、社会の中に位置づけるということである。「評伝」という方式をとって本書を執筆したのはそのためである。

本論に入る前に、このような作業の意義について、四つのことを述べておきたい。

第一は、研究史の動向に関わる。大正（民）法学に関する研究は、これまでにもなかったわけではない。代表的な研究は、磯村哲の『社会法学の構造と展開』（日本評論社、一九七五）である。著者の磯村自身が民法学者であることを考えれば自然なことであるが、この研究は内在的な学説史研究というべきものであった。緻密なテクスト解釈を通じて、末弘の民法学、美濃部達吉（一八七三〜一九四八）の憲法学を「社会法学」と規定した点で興味深い研究であったと言える。もっとも、磯村の視線が直接に時代や社会に向けられることは少なかった。

これに対して、最近では、むしろ学説のコンテクストに関心を寄せる研究も現れている。法史家の伊藤孝夫が『大正デモクラシー期の法と社会』（京都大学学術出版会、二〇〇〇）にまとめた研究が代表的なものである。続いて伊藤は『瀧川幸辰』（ミネルヴァ書房、二〇〇三）を著し、まさに「評伝」方式により大正法学の一面を描き出そうとしている。本書は「評伝」を目指すという点では、伊藤の業績と同じ方向に向かおうとするものであるが、同時に、磯村が提示した学説的な観点にも引き続き十分な考慮を払いたい。

第二は、穂積重遠の法学の特徴に関連する。穂積・末弘と併称されつつ、これまで大正（民）法学の主たる担い手とされてきたのは、末弘の方であった。現に、磯村も末弘を中心に据えていた。冒頭で述べたように、末弘にせよ穂積にせよ、今日では忘れられつつあるのであるが、穂積重遠の忘れられ方は末弘以上であると言える。

理由としては様々なことが考えられるが、そこには誤解もあるように思う。本書ではそのうちのいくつかを解くように努めるが、ここではそれとは別に、穂積重遠のテクストの持つ「未完結性」を指摘しておきたい。この「未完結性」は、一面では、彼の研究の先駆性・広汎性、実践性・状況依存性の現れである。もっとも、この点は末弘にも共通の点であると言える。末弘にもまして未完の印象を与えるのは、穂積重遠のテクストが、（ある種の）理論的な構築を避け、また、（すべてを言わずに）読者に余白の補充を委ねようとしていることにもよる。言い換えると、彼は意図的に、「反理論的」であろうとし、「開放的」であろうとしている。これもまた本書の重要な仮説である。

そして、当時も今日も、このような穂積重遠の考え方――それは方法というよりもスタイルといった方がよい——は十分に理解されていない。ある意味では、穂積重遠の法学は明瞭な像を結びにくいのである。そこで、本書においては、なぜ彼がこのようなスタイルを採用したのかを明らかにし、彼の隠された実像をより明瞭なものとして提示したい。

第三は、穂積重遠の活動のあり方にかかわる。一人の知識人——読書人と呼んだ方がよい——が、いかに時代や社会と切り結んだのか。彼の人生は様々な方向へと発展を見せ、場面ごとに興味ある出会いが展開される。彼の「評伝」を書くということは、穂積重遠という人物を通じて、時代や社会を描き出すということにほかならない。

学者の、特に法学者の生涯と言えば、毎日が研究三昧であり変化に乏しい、と思われるかもしれない。しかし、穂積重遠の場合には事情は全く異なる。彼の人生を辿るということは、二〇世紀前半の日本社会の変化の様子を体感するということを意味する。

穂積重遠という一法学者の多方面にわたる人生は、法学に関心のない人々にも、「法学者」とはこのような存在でありうるのだ、と興味を持っていただけるのではないか。他方で、法学に関心のある方々には、「法学」という営みを覗き窓にして、時代や社会へと関心を広げるきっかけにしていただけるのではないかと思う。

このように広い視野に立って穂積重遠を見るとき、彼の法学は民法学にとどまるものではなく、「(民)法学」と記してその専門を特定する必要は乏しい。以下では、特に「民法学」を特定して示す必要がある場合は別にして、単に「法学」と記すことにする。

第四は、現代における「法」や「法学」のあり方にかかわる。穂積重遠を通して、この点を考え直そうというのが、民法学者である私がこの「評伝」に取り組む最大の理由である。現代において彼を甦らせることが、「法」や「法学」の観念を更新していくことに繋がるのではないか。私にはそう思われるのである。

法・法学とは何か

では、穂積重遠が、私たちに何をもたらすというのか。ここではキーワードとして「社会教育と社会事業とを両翼として」という彼自身の言葉を挙げておこう（「大学生活四十年」『法律時報』一五巻一〇号、一九四三）。彼は、「法」は社会教育、社会事業であると明言する。そしておそらくは、そのための活動が「法学」の重要な要素となると考えている。このことが何を意味するのか。また、この着想はどこから来たのか。これらの点こそが、本書で明らかにしたいことがらである。

父・穂積陳重
（東京大学提供）

彼はすぐれて時代の子、社会の子であるが、同時に当然ながら「人の子」でもあった。すぐ後に示すように、彼の父は著名な法理学者・民法学者であった穂積陳重（一八五六～一九二六）である。この父が子に与えた影響も解明されなければならない。

それとの関連で表記のしかたについて、もう一つ付言しておく。以下においては、父の穂積陳重と区別するために、穂積重遠のことは重遠と呼ぶことにしたい。

「評伝」の形式をとる本書では、ほぼ時系列にそって全体が六つの章に分かれ、最後にまとめの章が置かれるが、まず序章では、「揺籃期」として大学に入学する一九〇四年までをとりあげる。これに続く第一章では、欧米留学から帰って新進の学徒として研究を始める一九一七年までを「青年期」とし、そして第二章では、法学部長に就任する一九三一年までを、立法や社会事業や教育に打ち込む「充実期」とする。続く第三章では、一九三三年に公刊された重遠の主著『親族法』をとりあげてその内容を検討する。いわばインテルメッツォというべき章である。後半では、大学受難の時代を中心に一九四五年までを「戦中期」として第四章とする。第五章の「戦後期」は一九五一年のその死までであるが、大学を退いた重遠は、東宮大夫・最高裁判事を歴任することになる。

それでは、われらの重遠の物語に進むことにしよう。

穂積重遠——社会教育と社会事業とを両翼として

目次

＊引用文中の…は引用者による中略。

図版写真一覧

関係系図

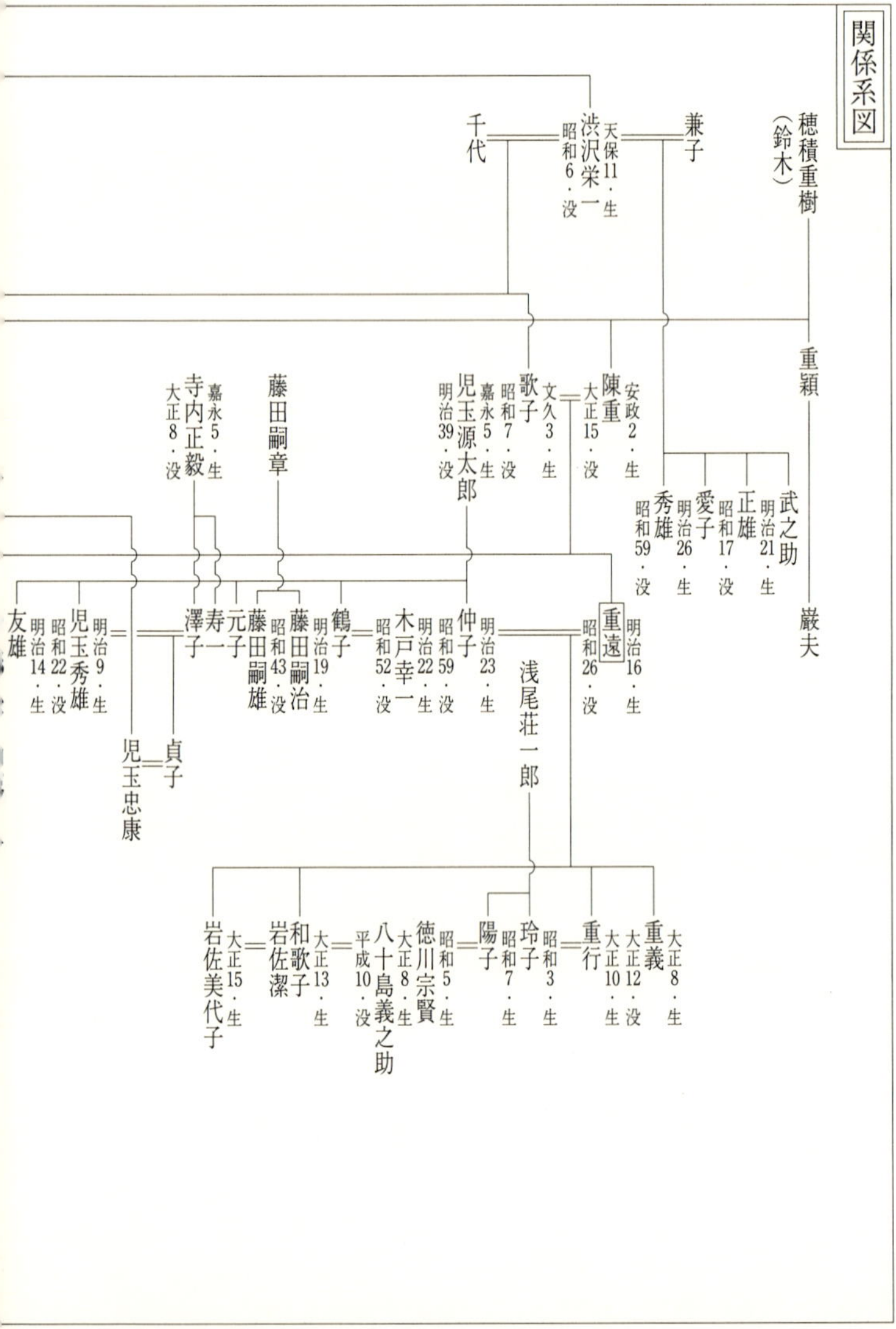
穂積重樹（鈴木）
兼子
渋沢栄一 天保11・生 昭和6・没
千代
重穎
巌夫
陳重 安政2・生 大正15・没
歌子 文久3・生 昭和7・没
児玉源太郎 嘉永5・生 明治39・没
藤田嗣章
寺内正毅 嘉永5・生 大正8・没
武之助 明治21・生
正雄 昭和17・没
愛子 明治26・生
秀雄 昭和59・没
重遠 明治16・生 昭和26・没
仲子 明治23・生 昭和59・没
木戸幸一 明治22・生 昭和52・没
鶴子 明治19・生
藤田嗣治 昭和43・没
藤田嗣雄
元子
寿一
澤子
児玉秀雄 明治9・生 昭和22・没
友雄 明治14・生
貞子
児玉忠康
浅尾荘一郎
重義 大正8・生 大正12・没
重行 大正10・生
玲子 昭和3・生
陽子 昭和7・生
徳川宗賢 昭和5・生
八十島義之助 大正8・生 平成10・没
和歌子 大正13・生
岩佐潔
岩佐美代子 大正15・生

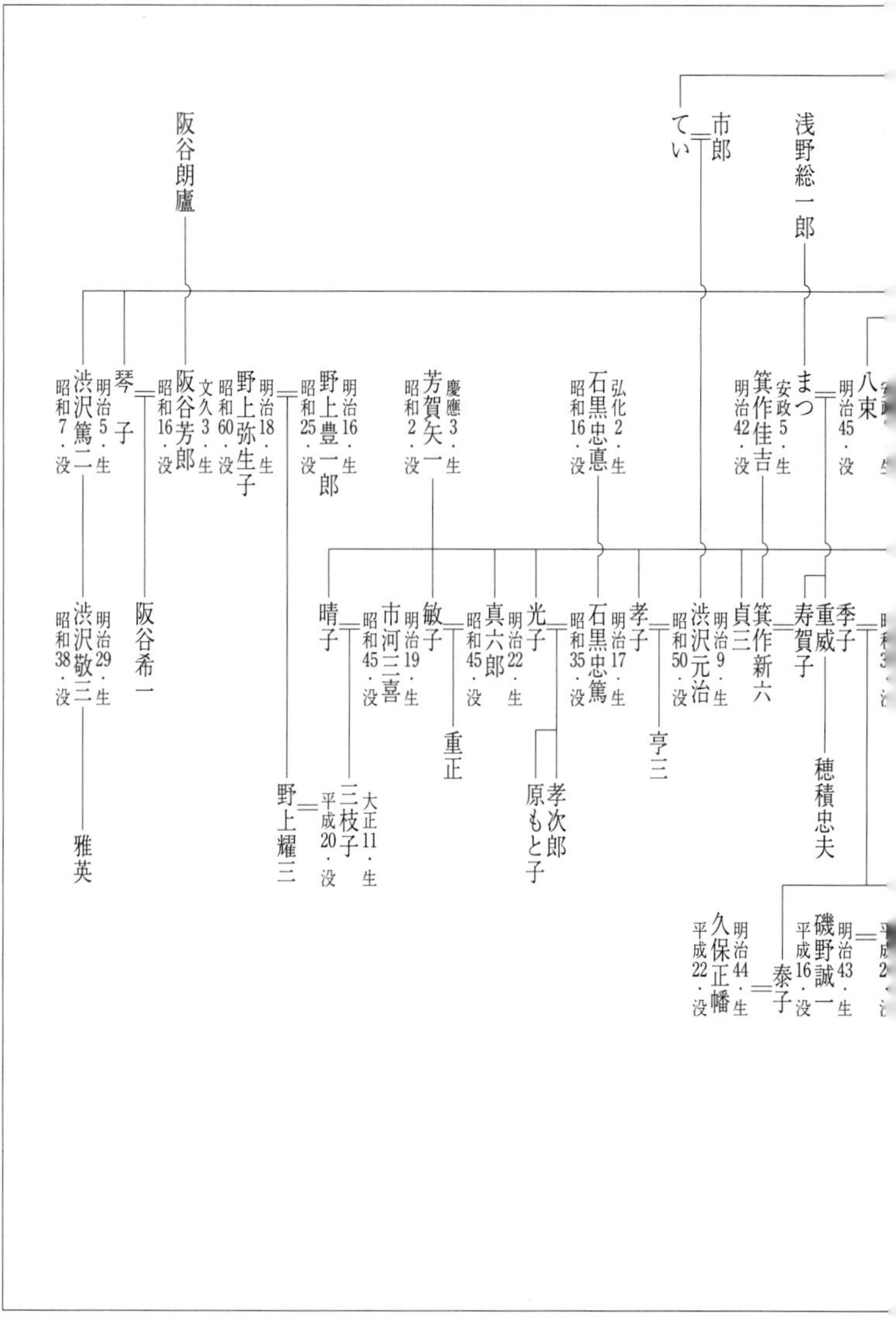
浅野総一郎
市郎
てい
阪谷朗廬
八束 明治45・没
まつ 安政5・生
箕作佳吉 明治42・没
石黒忠悳 弘化2・生 昭和16・没
芳賀矢一 慶應3・生 昭和2・没
野上豊一郎 明治16・生 昭和25・没
野上弥生子 明治18・生 昭和60・没
阪谷芳郎 文久3・生 昭和16・没
琴子 明治5・生
渋沢篤二 昭和7・没
季子
重威
寿賀子
箕作新六
貞三
渋沢元治 明治9・生 昭和50・没
孝子
石黒忠篤 明治17・生 昭和35・没
光子
真六郎 明治22・生 昭和45・没
敏子
市河三喜 明治19・生 昭和45・没
晴子
阪谷希一
渋沢敬三 明治29・生 昭和38・没
穂積忠夫
亨三
孝次郎
原もと子
重正
三枝子 大正11・生 平成20・没
野上耀三
雅英
磯野誠一 明治43・生 平成16・没
泰子
久保正幡 明治44・生 平成22・没

序　章　子として、孫として——多面体の揺籃（一八八三〜一九〇四）

一九七〇年代のはじめ、大学紛争の後の東京大学工学部で若い研究者たちが「自主講座」を始めた。その経緯については、宇井純編著『自主講座「公害原論」の15年——1970・10・12——1986・2・15』（亜紀書房、二〇〇七）に詳しい。当時、様々な出版物が刊行されたが、その一つに、宇井純・生越忠『大学解体論　第一巻〜第三巻』（亜紀書房、一九七五〜七六）がある。

この三巻本のうちの第二巻には、大きな系図が織り込まれていた。東大の代表的な学閥としての「穂積閥」の系図である。確かに、この系図を見ると、穂積陳重を中核とする閨閥が多方面に及んでいることがわかる。当時の風潮も背景に、『大学解体論』では学閥は批判的に描かれている。はたして、その実態はどうだったのか。本書は、その一端を示すものともなるだろう。

評価はしばらく措くとして、重遠を中心にした系図を掲げよう（関係系図参照）。この複雑な家系の構造を理解するには、次の三点に着目するとよい。

石黒忠篤（1910年）
（穂積重行氏提供）

華麗なる一族

まず、中心をなす重樹（一八一二〜八一。旧姓名は鈴木重舒《しげのぶ》）・陳重・重遠の子どもたちから見てみよう。重樹には重頴《しげかい》・陳重・八束の三子があった。八束（一八六〇〜一九一二）は憲法学者（東京帝大教授）であるが、民法典論争において「民法出でて忠孝滅ぶ」と説いたことで知られている。陳重には、重遠を筆頭に、律之助・貞三・孝子・光子・真六郎・晴子の七子があった。二人の弟たち（律之助と真六郎。貞三は早逝）については後に改めて述べることとして、ここでは、妹たちの配偶者に触れておこう。孝子の夫・渋沢元治（一八七六〜一九七五）は電気物理学者（東京帝大教授・名古屋帝大初代学長）、光子の夫・石黒忠篤（一八八四〜一九六〇）は農政官僚・政治家（一九四〇年に農林大臣、一九四五年に農商大臣など）、そして晴子の夫・市河三喜（一八八六〜一九七〇）は英語学者（東大教授）である。他方、重遠には、重義・重行・和歌子・美代子の四子があった。重義は幼時の亡くなっているので、実質的には三子である。息子の重行（一九二一〜）は歴史家（東京教育大学教授・大東文化大学学長）に、娘の岩佐美代子（一九二六〜）は国文学者（鶴見大学教授）になっている。また、もう一人の娘・和歌子の夫・八十島義之助（一九一九〜九八）は交通工学の第一人者（東大教授）であった。

次に、陳重の妻（重遠の母）・歌子（一八六三〜一九三二）に連なる人々を見てみよう。歌子の父は日本資本主義の父と言われる渋沢栄一（一八四〇〜一九三一）である。栄一には、前妻・千代との間に歌子・琴子と篤二、後妻・兼子との間に武之助・正雄・愛子・秀雄、合計七人の子があった。これらの人々が後に述べる渋沢同族会を形成する。長男・篤二の子・敬三（一八九六～一九六三）は日銀総裁や大蔵大臣を歴任したほか、民俗学の研究者としても知られている。渋沢の家系には様々な人物が連なるが、ここでは二女・琴子の夫・阪谷芳郎（一八六三～一九四一）についてのみ触れておく。大蔵大臣や東京市長を務めた人物である。なお、その父・阪谷朗廬（一八二二～八一）は、幕末維新期の儒者として知られており、若き日の栄一ともかかわりを持っていた。

渋沢栄一と穂積歌子（1923年）
（渋沢史料館所蔵）

三番目は、重遠の妻・仲子（一八九〇～一九八四）に連なる人々である。仲子の父・児玉源太郎（一八五二～一九〇六）は、台湾総督（一八九八）や陸軍大臣（一九〇〇）を務めた軍人・政治家であるが、日露戦争の総参謀長として知られている。その長男・児玉秀雄（一八七六～一九四七）は政治家であり、関東長官（一九二三）のほか、拓相（一九三四）、逓相（一九三七）、内相（一九四〇）などを歴任している。その秀雄の岳父にあたるのが、朝鮮総督を経て首相にもなった寺内正毅（一八五二～一九一九）である。仲子の妹の元子は藤田嗣雄に嫁しているが、その弟が画家の藤田嗣治（一八八六～一九六八）である。また、戦時中の内大臣・木戸幸一（一八八九～一九七七）はもう一人の妹・鶴子の夫である。

まさに「華麗なる一族」であるが、なかでも重遠に強い影響を与えたのは父・陳重、母・歌子、祖父・渋沢栄一である。また、渋沢一族のうち同世代に属する人々や小中学校の友人たちとの交流も無視することはできない。順に見ていくことにしよう。

父の学問

父・陳重の逝去から数年後に、重遠は『父を語る』(一九二九)と題した小冊子を刊行している。そこには、夏休みの陳重の姿や穂積一族の団欒の様子が描かれていて興味深い。しかし、彼らの夏休みや団欒については後に語ることにして、ここでは重遠が父・陳重の学問に言及する部分を取り上げたい。

重遠が『父を語る』の中で特に強調するのは、陳重が推敲に推敲を重ねる様子である。実際のところ、穂積家には陳重が校訂用に使った自著が多数残されているが、それらには綿密な赤字の書き込みがある。陳重は十分な推敲を重ねてもなお、刊本に修正を加えていたのである。

陳重のこうした姿勢は、その死後に多数の未発表原稿を残すことになった。これを整理して公刊することは、壮年期の重遠の大きな仕事となった。陳重の主著『法律進化論』(岩波書店)はその生前には第一冊(一九二四)・第二冊(一九二四)が公刊されただけであったが、重遠は、第三冊(一九二七)を出版したほか(第三冊は『タブーと法律』(書肆心水、二〇〇七)という表題で復刊されている)、「法律進化叢書」の総題のもとに関連の草稿を四冊にまとめて出版した(『神権説と民約説』『祖先祭祀と法律』『慣習と法律』『復讐と法律』(岩波書店、一九二八～三一)。うち、『復讐と法律』は岩波文庫(一九八二)にも収められている)。ほかに、『穂積陳重・八束進講録』(穂積奨学財団出版、一九二九)、『穂積陳重遺文集第一冊〜第四冊』（穂積奨学財団出版、一九三二〜三四）、『続・法窓夜話』（岩波書店、一九三六／岩波文庫、一九八〇）、『五人組法規集　続編上下巻』（有斐閣、一九四四）なども重遠がまとめたものである。

陳重が亡くなった一九二六年には、重遠は四三歳になっている。それから一〇年ほどの間に、続々と遺著が公刊されたわけだが、この作業のために費やした時間が重遠自身の研究に振り向けられていたら、と思わないわけではない。しかし、厖大な遺稿と向き合うことによって、重遠は陳重の学問と改めて向き合うことになったに相違ない。

この作業の途中で書かれたのが『父を語る』である。夏の思い出に仮託して、重遠は陳重の水泳に触れている。陳重の泳法は古式の日本泳法の一つであったようだが、それは端正で悠々としたものであったという。重遠が父・陳重から学んだのは個別の学説よりも、その学問への姿勢であったと言えるだろう。

「明治一法学者」と「大正一法学者」

もちろん、陳重から重遠に受け継がれたものは、その姿勢に尽きるわけではない。また、重遠は陳重の遺産をそのまま引き継いだというわけでもない。では、他には何が承継されたのだろうか。また、重遠の下で発展させられたのは何であったのか。

この点については、重遠の令息・穂積重行の「明治一法学者」「大正一法学者」という表現が手がかりになる。この表現を借りて言うならば、重遠は陳重から「法学者」の精神を引き継ぐとともに、「明治」から「大正」への転換を行ったということになろう。それがいかなるものかは、本書の全体を通じて明らかにしたいが、ここでは前提となる「明治一法学者の出発」の様子（重行による陳重論の表題。岩波書店、一九八八）について、簡単に触れておこう。

陳重は、一八五八年に、伊予宇和島・伊達藩の国学者・穂積重樹の二男として生まれた。宇和島藩の具進生として大学南校に入学、一八七六年から八一年までイギリス・ドイツに留学、帰国後の一八八二年には、東京大学教授となると同時に初代の法学部長となる。弱冠二四歳である。青年期の陳重の主たる任務は、創設期の東京大学法学部を整備・発展させることであったと言える。

そして、同じく一八八二年に、陳重は歌子と結婚する。陳重遠が生まれたのは翌年の四月一一日であった。当時、陳重・歌子夫妻は、深川の渋沢邸の一画に住んでいた。今では渋沢倉庫のビルが建っているあたりが、重遠の生地ということになる。

福住町渋沢邸別邸（1902年頃）
（『穂積歌子日記1890-1906』より）

母の日常

歌子は、渋沢栄一の長女として一八六三年に生まれている。一九歳で陳重と結婚し、二〇歳で重遠を出産したことになる。すでに述べたように、歌子は栄一の長女である。母親の千代は早くに亡くなったため、歌子は九歳年下の弟・篤二にとっては母親のような存在でもあった。栄一は歌子を頼りにしていたと言われる。その婿として白羽の矢を立てられたのが陳重である。陳重は、明治日本を代表する法学者になり、また、民法典の起草者として名を残すことになるが、結婚の時点ですでに栄一が、その将来の栄光を見越していたというわけではなさそうである。ただ、栄一は学問の世界で生きる堅実な青年を娘の婿にしようと考えたのかもしれない。二女・琴子についても同様であろう。

歌子は長年にわたり詳細な日記を書いていたが、その一部（一八九〇年から一九〇六年まで）が、やはり重行によって『穂積歌子日記１８９０―１９０６――明治一法学者の周辺』（みすず書房、一九八九）として公刊されている。

公刊された日記は、陳重が新居を建てて牛込（払方町）に転居したあたりから始まる。重遠の年齢に即して言えば、小学校に入学するころであり、ちょうど物心がつく時期にあたる。日記が終わる一九〇六年には重遠は二三歳、大学三年生になっている。そのため『穂積歌子日記１８９０―１９０６』は、青年に至るまでの重遠の日々を知るための資料としても貴重である。

もちろん、そこには歌子の日常も書き込まれているのであるが、歌子の人となりを示す資料としては、もう一つの『歌日記』（一九二八、非売品）が興味深い。これは表題そのものが示すように、短歌で綴った一年の記録である。その内容については、孫娘（重遠の娘）にあたる岩佐美代子による「近代と和歌――穂積歌子昭和三年『歌日記』」（兼築信行・田渕句美子責任編集『和歌を歴史から読む』笠間書院、二〇〇二）に詳しいが、興味深いのは歌子の政治に対する関心の高さである。特に、この年の二月二〇日に行われた第一回の普通選挙には、格別の興味――言い換えるならば、婦人に参政権がないことに対する不満――を持っていたようである。

王子の大人

幼少時の重遠に対する大人たちの影響を語るにあたっては、祖父・渋沢栄一を逸するわけにはいかない。後に述べるように、重遠は旅先から家族に（陳重存命中は陳重に、後には歌子・仲子に）対して手紙を書き送り、それらをまとめて「日記」としていたが、その中には「王子の大人」――栄一は、深川・兜町を経て王子に転居。王子の旧居は、現在は渋沢史料館となっている――に対する言及が時折現れる。栄一に対する敬愛の念は深かったと言える。

では、栄一から重遠に引き継がれたものは何か。一つは、社会事業への関心であろう。渋沢が、晩年、社会事業に特に精力を傾けたことはよく知られている。養育院の院長を務めたほか、東京慈恵会、日本赤十字社、聖路加国際病院などを設立したことなどが有名である。また、商法講習所（現・一橋大学）や日本女子大学・東京女学館の設立にも関与している。

後に見るように、この事業の精神は重遠にもよく承継されている。余談であるが、後年、朝鮮・満州を旅行した際に、重遠は浅野総一郎（一八四八～一九三〇。浅野財閥の総帥。明治のセメント王。栄一と密接な関係にあったほか、重遠にとっては叔父・八束の義父にあたる）と出くわす。浅野は重遠に向かって「何か、事業ですか」（穂積重遠〔大村敦志校訂〕『終戦戦後日記（一九四五～五〇年）――大正一法学者の晩年』有斐閣、二〇一二、四一〇頁）と話しかけたという。

もう一つ、フランスへの関心も栄一に由来するのかもしれない。これも日記に関わる話であるが、最初の留学時に重遠は、フランス滞在を心待ちにしていた。栄一は、徳川慶喜の弟・昭武が幕府の使節としてパリ万博に参加するのに随行しており、その時の日記が『渋沢栄一滞仏日記』として残されている。

渋沢がフランスから受けた影響については、最近、仏文学者・作家の鹿島茂が『渋沢栄一　上下巻』（新潮社、二〇一一）の中で強調している。そのことは別にしても、栄一がフランスに対して好印象を抱いていたことは確かである。その後、駐日大使であった詩人のポール・クローデルとともに日仏会館を開設し、日仏文化交流に尽力したのもそのためであろう。ちなみに、サド裁判でも名高い仏文学者・澁澤龍彦は、渋沢栄一の父の生家の家系に属する。

『論語講義』から『新訳論語』へ

重遠が渋沢栄一から受け継いだものとして忘れてはならないのは、論語に対する強い関心である。栄一は、若いころから論語に関心を持っており、『論語講義』や『論語と算盤』など論語に関する著作も多い。自分自身の人生と重ね合わせたその語り口にはファンも多く、「渋沢論語」などと呼ばれる。最近では、現代語化された抄訳版も出版されている。思想史家もまた、「現代人における『論語』受容の一つの典型」と評して、これを参照している（子安宣邦『思想史家が読む論語――「学び」の復権』岩波書店、二〇一〇）。

重遠自身の語るところによれば、「祖父の渋沢栄一が…大の論語信者だったことは相当有名だが、まだ子供だった私に一冊の『ポケット論語』を呉れた故、両親に教はり教はりポツポツ読んで見た」（『新訳論語』社会教育協会、一九四七、三頁）というのが、論語との出会いのようである。そもそも、重遠という彼の名は論語の「任重而道遠」に由来し、栄一によって与えられたものであることを考えるならば、重遠と論語との結びつきは、ある意味では運命的ですらある。

渋沢同族会記念撮影　飛鳥山邸（1925年１月31日）
（渋沢史料館所蔵）

大学生のころには宇野哲人（一八七五〜一九七四。東京帝大教授。『論語新釈』〔講談社学術文庫、一九八〇〕などの著書がある）に個人教授を受けた重遠は、「大正五年の帰朝以来は、若いいとこたちから始めて、甥、姪、それからうちの子供らと、少年少女相手に何度となく家庭的論語講義をした」（『新訳論語』社会教育協会、四頁）という。戦後になると「一つ『おぢいさん』になった記念に、自分が『おぢいさん』から授かった家庭的論語を、現在及び将来の孫たちのために書いて置かうか、と思ひ立った」（八頁）というわけで、『新訳論語』が生まれ、『新訳孟子』（社会教育協会、一九四八／講談社文庫、一九八〇）がこれに続いた。

もっとも、孫のために出版するというのはいわば口実であろう。重遠はさりげなく「日本再建の土台たる道義の振興に多少の御役に立ち得るならば」と記している。

渋沢同族会と青年たち

すでに一言したように、渋沢栄一は「家法」を定め、「同族会」を設けた。同族会の直接の目的は、渋沢の事業収入の分配にあった。栄一は、嫡男・篤二の家を渋沢宗家とし、これに財産の一一分の五を、穂積（歌子の夫）・阪谷（琴子の夫）・武之助・正雄・明石（愛子の夫）・秀雄の家に、それぞれ一一分の一ずつを与えることとした。同族会には各家の収支報告書を提出することが求められていたようだが、このあたりに渋沢栄一の合理主義が感じられる。ちなみに、学生時代の重遠もこまめに小遣帳をつけており、その一部が残っている。

同族のつながりは経済的な利益をもたらしただけでなく、同世代の青年たちに切磋琢磨の機会を提供した。重遠は、年齢の近い者たち、具体的には、叔父にあたる正雄（一八八八〜一九四二）や秀雄（一八九三〜一九八四）や従兄弟にあたる敬三（一八九六〜一九六三）などと特に親しく、彼らはいつも楽しそうに談笑していたようである（正雄の娘・鮫島純子の『祖父・渋沢栄一に学んだこと』〔文藝春秋、二〇一〇〕）。むしろ、若い叔父たちが年長の甥である重遠から学んだという色彩が濃いが、重遠にとっても、ともに語り、時に教えること自体が勉学の機会となったことだろう。

附属の小僧

いささか進みすぎたかもしれない時計を、重遠の小学校入学まで戻してみよう。重遠は東京講師附属の小学校に入学し、同中学校を経て、一高に進学している。小学校時代の様子を垣間見ることができる資料は多くはないが、ここに一冊の冊子がある。重遠の小学校六年間の担任・新井博次の学級日誌である。これは、重遠をはじめとする同級生たちが、新井を偲んで私家版として作成したもののようで、五〇部が作成された。かつての旧友たちが集まって、こうした冊子を作ろうと話しあう。そんな教師に出会えたことは幸せなことであった。

日誌の中表紙には、「附属の小僧」と題する藤田嗣治（やはり高師附属の出身）の版画が飾られてい

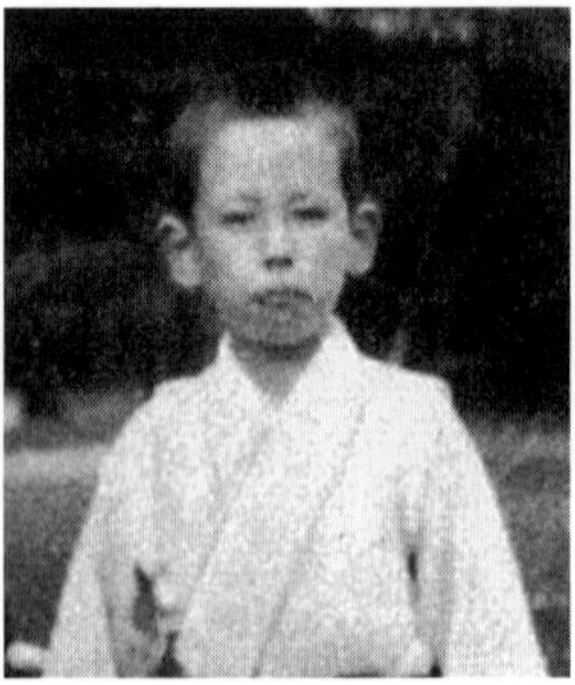

幼少の頃（1894年）
（穂積重行氏提供）

る。親戚にあたる重遠が作成を依頼したのであろう。中を見てみると、まず当時のカリキュラムがわかる。たとえば、サッカーがしばしば行われていることなど、スポーツが盛んであるのが興味深い。また、児童たちの将来の希望、尊敬する人物などが記録されている。重遠はすでに「学者」を希望している。尊敬する人物は「天皇陛下」とされている。

同級生には鳩山秀夫（一八八四〜一九四六）がいる。よく知られているように、彼らは一高・東大まで同じ学校に通い、同時に東大講師となっている。もう一人、大事な同級生が石黒忠篤である。重遠が「ただあつさん」と呼び、いつも連れだって登下校していた親友である。忠篤は後に妹・光子と結婚することによって、忠篤は親友から親族になる。

文武両道

スポーツが盛んだったのは附属小ばかりではなく、附属中も同様であった。いや、それ以上だったかもしれない。柔道が盛んであったようだが、校長であった講道館柔道の設立者・嘉納治五郎（一八六〇〜一九三八）の影響かもしれない。彼は一八九三年から四半世紀にわたり東京高師および附属中の校長であった。一八九六年に中学校に進学した重遠は柔道が得意だったようであり、寒稽古にも欠かずに通っていた。

重遠が二年生の時に、学習院から杉村陽太郎（一八八四〜一九三四。外交官）が転校してきた。腕に自信があった重遠らは杉村に試合を挑むが、全く歯が立たなかったという。これを機に二人は親しくなる。杉村は新渡戸稲造（一八六二～一九三三）の後任として、国際連盟事務次長（一九二七）を努めた人物であるが、身長一八〇センチ・体重一二〇キロの巨漢であり、柔道の名手であったという。その後、杉村は、ＩＯＣ委員（一九三三）となり、嘉納とともに東京オリンピック（一九四〇）の誘致に奔走した。

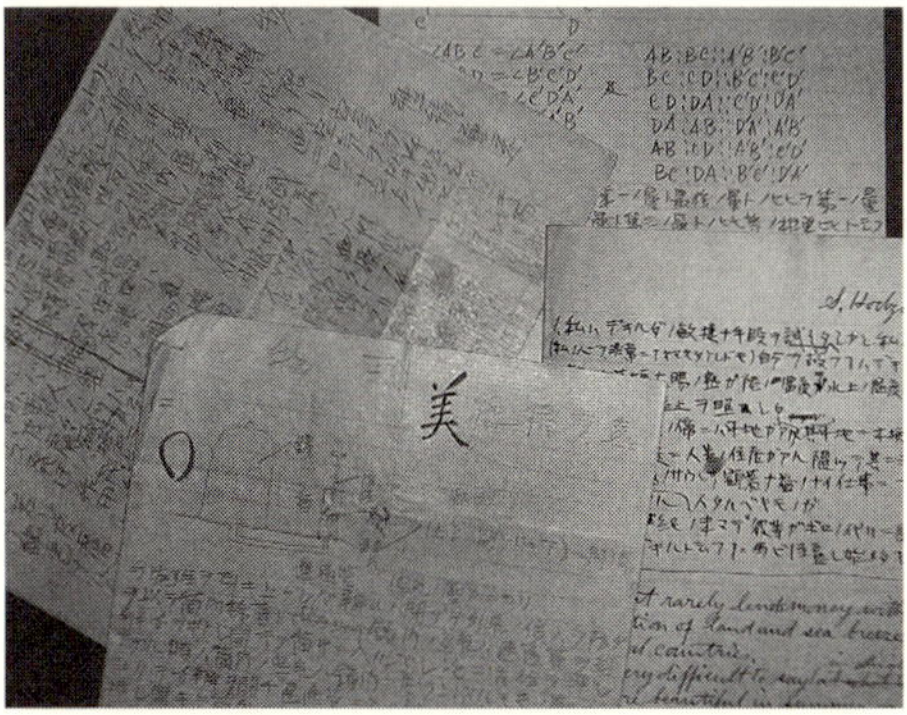

中学校時代の宿題（穂積重行氏提供）

もちろん、重遠は勉学にも励んだ。早くから鳩山秀夫とともに秀才の誉れが高かった。一九〇一年には、二人そろって第一高等学校に合格している。歌子の日記には受験の記事はわずかに現れるだけであるが、重行は、あまり結果を心配していなかったということだろうと注記している。もっとも、試験結果を報ずる官報が保存されていたところを見ると、息子の合格（官報への氏名掲載順＝席次とすれば、独法科の首席だと思われる。ちなみに、鳩山は英法科の二番のようである）が誇りであったことは確かであろう。

桐蔭会歌

附属中卒業の翌年、重遠は桐蔭会（同窓会）の雑誌に一文を寄せて、桐蔭会歌を制定すべきことを提唱している。この提案は容れられて、生徒の作詞、教

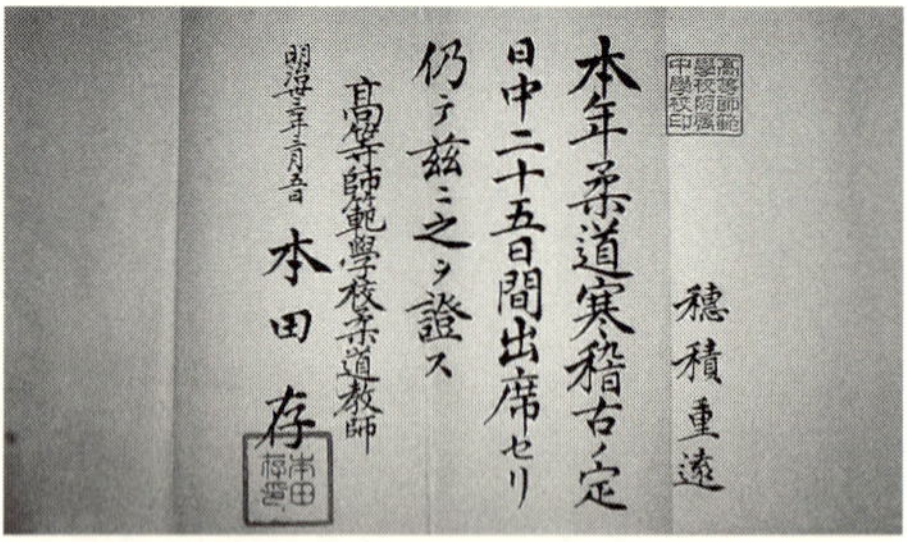

寒稽古の出席証明書（穂積重行氏提供）

員の作曲による会歌が制定されている。重遠の作文綴の中には、会歌の下書きのようなものも残されている。自分で作詞をしようという気もあったのかもしれない。作詞（作歌）への関心はその後も続くが、この点に関しては、次の章で再び触れることにしよう。

なお、作曲にあたった教員・鈴木米次郎（一八六八～一九四〇）は、明治日本の音楽教育の先駆者であり、東洋音楽学校（現・東京音楽大学）の創設者である。重遠によれば「私共は先生の新教授法の実験動物たる御用を勤めたのであります。例へばヒ、フ、ミ、ヨ、イ、ム、ナ、ヒでなしにド、レ、ミ、ファ、ソ、ラ、シ、ドで唱ふことの我国における元祖は鈴木先生と我々だと思ひます。又今日の所謂楽譜、すなわち五線紙に所謂お玉杓子を書くことや読むことを小学校中学校で教はったのも恐らく我々が初めてでありませう」（武石緑監修、東京音楽大学創立百周年記念誌刊行委員会編『音楽教育の礎――鈴木米次郎と東洋音楽学校』春秋社、二〇〇七、五一～五二頁）という。重遠は一高入学後も先輩の中村春二などとともに、週一回、米次郎を招いて二部合唱や三部合唱の練習をしていたようだ（五三頁）。

第一章は、その一高入学前後の話から始まる。

第一章　継走のために——旅立ちのとき（一九〇四〜一七）

『東京帝国大学学術大観』（東京帝国大学、一九四二）という書物がある。紀元二六〇〇年を記念して刊行された出版物であるが、法学部では各教授・助教授が自分の専門分野につき論文を寄せるという方式がとられた。重遠は「民法典と法学部」という論文を寄せて、民法編纂以降の民法学史を総括している。

その中で重遠は、民法学の歴史をリレーに見立てて、民法典の起草者たちを第一走者と呼んでいる。この比喩はその他の著者たちにも継承され、我妻栄は恩師・鳩山秀夫を第二走者に喩えている。もちろん、鳩山と併走した（そして鳩山引退後も走り続けた）重遠その人もまた第二走者にほかならない。

しかし、鳩山にせよ重遠にせよ、第二走者としてバトンを譲り受けるためにはウォーミング・アップの時期を必要とした。重遠に即して言えば、大学入学（一九〇四）から留学を経て、帰国後に法学博士号を受ける（一九一七）頃までが、この時期にあたる。

本章では、この時期の重遠を「青年」「観察者」「新進学徒」という三つの観点から見ていくことにしたい。

1 青年・重遠——旧制一高から東京帝大へ

宇和島旅行

一高に合格した夏、重遠は、陳重に連れられ弟の律之助とともに、陳重の郷里・宇和島を訪ねている。夏のことゆえ、水泳好きの重遠たちは海に出かけた。そこで腕に傷を負ったのが原因で、重遠は高熱を発する。ずいぶん重篤だったようで、歌子の日記の記載にも緊迫感が漂う。幸い病気はともかく快方に向かった。しかし、重遠は（秋から始まる）新学期から数ヶ月にわたって欠席を続けることになる。また、後遺症が残り、後年、黒板に文字を書く際にも、一定の高さ以上には腕が上がらなかったという。

こうしたトラブルはあったが、その後も宇和島との関係は続く。陳重は生涯にわたり、宇和島に対する愛着と旧藩主・伊達家に対する忠誠を保ち続けた。陳重の死後は重遠がこれを引き継ぐ。後に述べるように、一九二〇年代の後半には、夏休みに講演旅行を繰り返しており、講演の一部は講義録となって残されている。また、宇和島出身の学生のために伊達家が建てた伊達明倫館（現・南豫明倫館）の運営にも深く関わった（木下博民『南豫明倫館——僻遠の宇和島は在京教育環境をいかに構築したか』南豫奨学会、二〇〇三）。

宇和島には、陳重を記念した穂積橋が残されていることはよく知られているところである。陳重の没後、重遠ら遺族は故人の遺志に従って、銅像建立の申し出を謝絶した。銅像に代えて架けられた橋の傍らには記念碑が設立され、「老生は銅像にて仰がるるより万人の渡らるる橋となりたし」という陳重の言葉が掲げられている。

「都の空に」

スタートでの出遅れがあったものの、重遠の一高生活は充実していた。その名は一高史にも深く刻印されている。その理由は、重遠作詞の寮歌が残されているからである。一高寮歌と言えば「ああ玉杯に花受けて」が著名であるが、これは重遠入学の翌年（一九〇二）の紀念祭に際して作られたものであった。重遠の作詞した「都の空に」は卒業の年（一九〇四）に作られたものである（穂積重行『寮歌の時代』時事通信社、一九九一）。日露開戦直前の当時の世相を反映した歌詞を見てみよう。

一、都の空に東風吹きて　　春の呼吸をもたらせば
　　東臺花の雲深み　　墨堤花の雨灑ぐ
二、さはれ皆人心せよ　　春は都にたちぬれど
　　シベリア未だ冬にして　　猛鷲獨り羽を搏つ
三、東臺の花それならで　　戰雲迷ふ黄海に
　　群る鯨鯢叱咤して　　たけぶますらを思はずや

四、墨田の花とまがふべく　矢彈雨ふる滿州の
　残の雪を踏みしだき　進むみいくさ忍ばずや
五、其みいくさを忍びなば　其のますらをを思ひなば
　熱血男兒いかにして　都の春にあくがれん
（六～一〇、略）

この歌は四〇年後には、学徒出陣を見送る歌として歌われることになるが、若き重遠はまだそのことを知らない。

「清国留学生を迎ふ」　先の寮歌は、重遠の一高生活（寮生活）の充実を示すために掲げたものである。その内容を見ると、いささか勇ましすぎる観もなくはない。もっとも、寮歌の性質のしからしめるところかもしれない。では、当時の重遠は、実際のところどんなことを考えていたのだろうか。次に、彼の作文綴の中から一、二の作文を紹介しよう。いずれも一年生のころのものと思われる。

一つは「戦争」と題されたものである。重遠は、戦争を必ずしも否定しない。「同等の能力を有する者、同時に地上に存す、競争の生ずる蓋し当然のみ、平和論者が理想とする時代に達せんか、武力の競争は或は止まん、智力の競争は一層激甚を加ふべきなり…今や（少なくとも第二十世紀は）武力の競争即戦争のまだ必要なる時代なり、智力のみを以て、正義のみを以て勝を占むるを能はざる時代な

り」と述べている。

では、どうするか。「吾人青年たる者、此時に当って、徒に机上の空論を舞はして平和を云々する時あらば、何ぞ進んで戦争に対して吾人の尽くすべき道を講ぜざる、吾人は武人にあらざる、陣頭に立って矢石を冒すは、此吾人の事にあらず、吾人は吾人が修め得たる学術を以て、惨憺たる戦争の結果を軽減し、此をして二十世紀的の戦争たらしむるに力め、聊か世界の人道に貢献するところあらんのみ」。ここでは「学術」によって戦争の惨禍を軽減することをめざすべし、としている。

もう一つは「清国留学生を迎ふ」というもので、日清・日露の戦争の後、清国留学生が急増するが、その現象をとらえたものである。重遠は次のように述べている。「清国留学生四十有余名今や来って吾向陵の人たり。体幹長大白線未だ新なる人相望んで径来し覚束なき邦語に小学読本を独習するの声時に室の一隅に聞ゆ。蓋し我校近時の一異彩たらずんばあらず」。

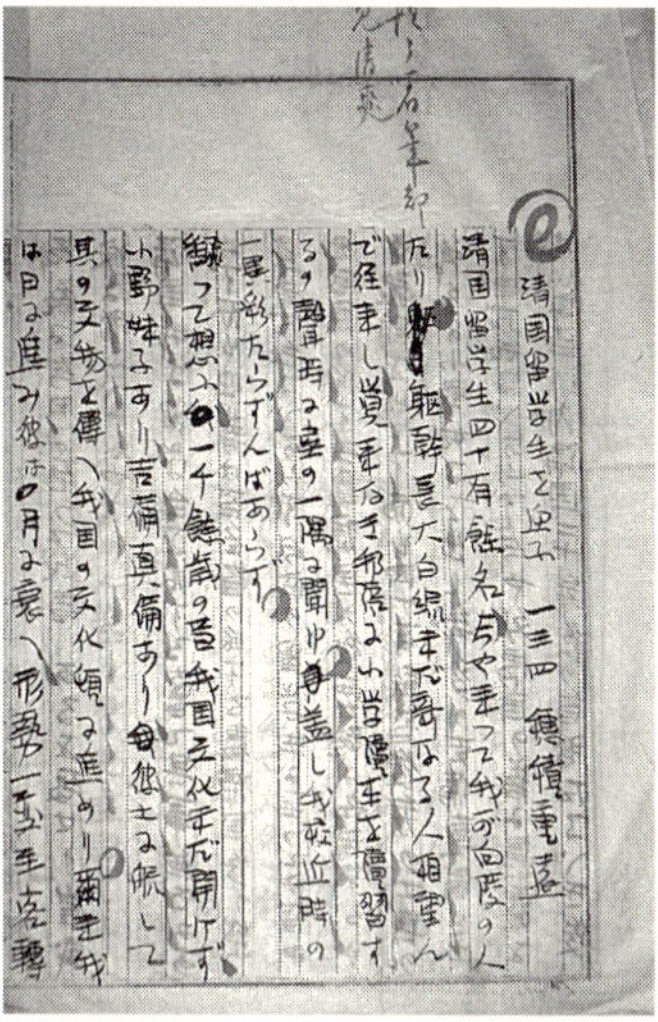

一高時代の作文（穂積重行氏提供）

これをどのように理解し、どのように対処するか。「翻って思ふ一千余歳の昔我国文化未だ開けず小野妹子あり吉備真備あり彼土に航して其の文物を伝へ我国の文化頗る進めり。爾来我は日々進み彼は月々衰へ形勢一変主客転倒終に今日に至って此の事あるを至せり」。「…四十有余名皆俊秀の士其の幾多の小野妹子を出し吉備真備を出す未だ知るべからず。今や外清国のため暴露を揆くに当り内清国二十年後の首脳たるべき俊秀を育成す。千歳の旧恩報ひ得りと云うべきか東亜盟主の天賦完したりと云うべきか。…人俗を移し風を起こし彼等に日本魂の精華を注入し新清国の新機運を養成するもの吾人一千の健児を措いて又誰にか求めん。蓋し復先進国学生の一大快事にあらずや」。

すでに一等国意識が現れているのは興味深いが、「東亜盟主」の自覚は必ずしも帝国主義的なものではなく、「新清国の新機運」を真に望むものと解すべきだろう。

その後、清国留学生は増え続け、一九〇八年には清国政府留学生のための特設予科が設けられ、同科は一九三七年まで存続する。このこと自体が興味ある事実であるが、ここでは関連文献を掲げるにとどめる（夏目賢一「第一高等学校における留学生教育の再編と日中関係——特設予科および特設高等科の事例一九〇八年～三七年」『東京大学史紀要』二五号、二〇〇七）。

新渡戸校長と排斥運動

ところで、当時の一高校長は狩野亨吉（一八六五～一九四二）であったが、重遠の卒業後の一九〇六年には、新渡戸稲造が着任する。新校長は、それまでの一高の（剛健主義・軍国主義的な色彩を帯びた）いわゆる籠城主義を批判して、生徒たちに人格、教養、社交性を求めた。これに対して、生徒の側からは新校長の排斥運動が起きた（この事件については、太田尚樹『明治のサムライ——「武士道」新渡戸稲造、軍部とたたかう』（文春新書、二〇〇八）を参照）。

杉村陽太郎は既に一高を卒業していたが、排斥運動の先頭に立ったようである。もっとも、この対立の後、杉村は新渡戸に傾倒することになったという。国際連盟において杉村が新渡戸の後任となったことは前述の通りである。

杉村と同様に、新渡戸排斥の論陣を張った者としては、末弘厳太郎が有名である。重遠が、親友・杉村の行動をどのように見ていたかは明らかではないが、あるいは、当初は排斥、後に傾倒、という同じ道をたどったのかもしれない。末弘は重遠よりも四歳年下であるが、後に盟友となる若き論客のことは重遠も噂に聞いていたことであろう。

三四郎世代

大学時代の重遠に話を進める前に、当時の学生の様子につき、少しだけ寄り道をしておきたい。重遠が大学に入学したのは一九〇四年、卒業したのは一九〇八年である。この時期の「大学」とその周辺の雰囲気を感じるには、夏目漱石の『三四郎』を読めばよい。『三四郎』の新聞連載が始まったのは一九〇八年である。

大学生の頃（1906年）
（穂積重行氏提供）

作中の三四郎は大学新入生であるが、（数え年で）二三歳だと言っている。作品には前年の出来事なども織り込まれているので、作中の新学期は一九〇七年の新学期だといえそうである。そこから計算すると、三四郎の生年は一八八五年あたりになる。重遠の生年は一八八三年であるので、ほぼ同世代に属すると言ってよい。

やはり作中で、三四郎の友人である与次郎は明治一五年以降に生まれた青年たちを、新しい世代に属するものとしている。この線引きが何を基準とするのかはわからないが、ともかくも重遠もまた三四郎とともに新世代に属するということになる。

法典編纂後の民法講義

三四郎の時代は日露戦争の「戦後」の時代である。一九一〇年、森鷗外の主人公は「日本はまだ普請中だ」と語っているが（「普請中」『鷗外選集　第二巻』岩波書店、一九七八、二四二〜二四三頁）、先進国・一等国に仲間入りをしたとはいえ、なお手探りで様々なものが作られようとしていた。

重遠の専門である法律についてはどうかといえば、父・陳重らの手によって、ようやく民法典が制定されたばかりであった。民法典は一八九八年に施行されているが、重遠が大学に入学した時点ではまだ一〇年もたってはいない。

そのため、重遠の聴いた民法講義もまだ「普請中」の様相を呈していた。重遠が民法を教わったのは土方寧（一八五九〜一九三九）であるが、「余りに鄭重反復に過ぎて進捗々しからず、総則の外物権は前半、債権は契約総則までで、担保物権と契約各論は聴けなかった」（「大学生活四十年」『法律時報』二〇頁）という。「著書としても総則は何種か出たが、債権は総論、物権は前半がそろそろ出かけた（同頁）という時期であり、「講義も法文の解釈や外国法との対照などに時がつぶれ（た――筆者註）」（同頁）ともいう。また、「土方寧先生の民法は、書けようが書けまいが委細お構いなしの早口座談式で、遅筆不器用な僕などは帰宅後ノートの穴埋めに閉口した」（同頁）らしい。

奥田義人
（東京都公文書館所蔵）

親族法・相続法への関心

重遠が土方から教わったのは、民法の財産法部分であった。同じ民法でも家族法部分は、当時は必修科目ではなく随意科目であり、講師の奥田義人（一八六〇〜一九一七）が担当していた。官僚から代議士に転じたばかりの奥田がなぜ講義をしていたのかは不明だが、奥田が家族法に精通していたのはもちろん（『民法親族法論』『民法相続法論』（いずれも有斐閣、一八九八／復刻版、二〇〇三）などの著書がある）、陳重とともに英吉利法学校（現・中央大学）を設立した間柄であったことも関係しているのかもしれない。

奥田の講義について重遠は次のように述べている。「奥田先生は非常な雄弁で、講義は単に解釈的だけでなく実例的であり立法論的であって、非常に面白かった。そして試験のない随意講義といふのに又特別の魅力があって、身を入れて聴講したことであった。そしてこの奥田先生の随意講義が、結局僕の学問の将来の方向を決定したのであった」（「大学生活四十年」『法律時報』二〇頁）。

この点は大事な点であるので、もう少し述べておこう。重遠は、家族法を専攻するに至った理由を次のように述べている。「僕は専攻科目として未開拓の沃土を撰びたいと考へた。それが即ち親族法相続法である。…民法第四編第五編即ち親族法相続法が当時は、ヤット鍬がはいったばかりで、まだ十分に開拓されて居なかった。そこで僕は此部分に着眼したのである」（二一頁）。

しかし、未開の荒野を拓けばよいというわけではなかった。重遠は自分が目指す家族法学像を次のように性格づけている。「其直接の動機は前にも述べた通り奥田義人先生の随意講義であったが、遡れば父・陳重の影響である。更に又、牧野英一先生から譲られて今でも大切に取つてある水町袈裟六講師のノートと京大の岡村司教授の諸論文とに刺激を受けた」(同頁)。

四人の学風は次のように整理されている。「穂積陳重の親族法相続法論は沿革的であり、奥田先生の講義は立法論的であり、水町氏は財政家として有名だったが、其親族法相続法講義は特色のあるもので、或程度社会学的であり、又岡村教授の論文には社会問題の色彩が濃かった。従って僕の親族法相続法論には解釈論だけなしに、多少とも沿革的立法論的社会問題的要素があるはずだ」(同頁)。

このように、専攻を決める時点ですでに、重遠は自分の法学の目指すべき方向を意識している。すなわち、現行法の解釈論を展開するだけにとどまらず、法を発展の相において(沿革的立法論的要素)、また、社会との関係で(社会問題的要素)理解するという方向である。このうち、前者は広い意味では陳重の法学の延長線上にあると言うことができる。これに対して後者には、重遠らしさがよく現れている。

重遠が言及している岡村司(一八六七〜一九二二)の論文は後に『民法と社会主義』(弘文堂、一九二二)という論文集にまとめられるが、その中には家制度を批判する論文など、当時としてはやや過激な見解が示されていた。その見解をそのまま取り入れるか否かは別にして、早い段階から重遠の心中に、社会問題への関心が兆していることは特筆に値する。

岡村は、フランス法を学びフランスに留学しているが、ルソーと孟子とを結合しようという独自の社会構想を持っていたようである。後に再び触れるが、この点においても岡村は重遠に影響を及ぼしたと見られる。ともあれ、重遠の民法学は出発の時点から、当時の民法学とはずいぶん異なる色彩を帯びようとしていたと言えそうである。

重遠の勉強法

こうした学風はどのようにして生まれたのか。ここでは、重遠の勉強法に触れてみよう。興味深い資料が残されている。『優等学生勉強法』（実業之日本社、一九一一）という小冊子であるが、実業之日本社が自ら編集して刊行したものである。同書は一種のハウトゥー本であるが、本書にとっては資料的な価値が高い。というのは、紹介された六名の学生のうち最初の二名が、鳩山秀夫と穂積重遠だからである。すなわち、「最優等の大学卒業生・鳩山秀夫」に、「大学の双璧・穂積重遠」が続くのである。

同書はまず、父・陳重の戒めとして次の事項を掲げている。「勉強度に過ぐること勿れ、不規則なる勉強を為すこと勿れ、勉強して夜を更すこと勿れ、決して試験前に勉強を為すこと勿れ、毎日怠らず勉強せよ」（三五頁）。これには、「君は幼より寧ろ学問好きと云ふべき方なりき。故に動もすれば勉強に耽るの風ありしかば博士は常に右の如く之を戒めたるなからんか」（三六頁）との説明が付されている。

陳重は重遠に向かって次の点も強調していたようである。「近来学生の風潮年々試験勉強に走る傾向あり。是甚だ憂ふべし、試験勉強は啻に身体を害するのみならず又品性を害す。試験の事を思ひわづらふこと勿れ。唯教えられたることをよく学べ」（三七頁）。重遠の対応も見ておこう。「君は又父君の教訓を守り試験の点数を以て学生の人格を卑劣ならしめるものとなせり。学生の目的は学問の修養に在りて点数の競争にあらず。学問だに修養すれば点数自ずから至る」（四八頁）。

陳重はさらに次のようにも述べたという。「博士は又君に向て学問の活用を説かれたり。活用的勉強法に関しては常に左の如く教へられたりき。勉強に入と出との二法あり、猶貿易に輸出と輸入との二面あるがごとし。…入るのみにて出づるを図らざれば学問の活用なく知識の発達なし。今の学生唯輸入するのみにて毫も輸出を図らず、故に学ぶところ多きも活用するところ少なし。而して博士は輸入するの学問を活用するの方法として、学生時代より其学べるところに関し学友と盛に議論すべき事、之に就て演説を試むべき事、又は之を文章に書きあらはして之が活用を実習すべきことを説かれ、君に向て頻りに之を勧められたりき」（三七～三八頁）。

試験を目的視しないことは、学問を手段視しないことに通ずる。また、単に知識を増やすだけでなくその活用をはかるというのは、学問の実践性を強調するものである。これらの点は、重遠の学問論の核心をなすものであるが、それが陳重に由来することは、当然と言えば当然かもしれないが、確認しておくべきことであると言えよう。

『優等学生勉強法』には他にも興味深い指摘がなされている。重遠の習慣・資質を示す二点を付け加えておこう。一つは、規則正しい生活リズムである。「君は…夜の勉強は十時限とし、十時に至れば寝に就くか、左なくば両親とともに清話するか、いづれにしてもその後は休息に就くを例とせり。

朝は日脚の長短に依て五時乃至六時に起床せり」（三八～三九頁）。この習慣はその後もずっと変わらなかった。「清話」の時間に陳重が語ったことをまとめたのが『法窓夜話』（有斐閣、一九二六／岩波文庫、一九八〇）である。同書の序文は陳重の求めに応じて、重遠が記している。

もう一つは、集中力の高さである。「君の高等学校にあるや在学中三年間は寄宿舎に在りたるが自ら定めたる勉強時間となれば周囲がいかに騒がしくとも君は精力を勉強に集中して少しも他に注意を奪われるることなかりしといふ。友人中には『此騒しいによく平気で勉強するな』といひて怪しむ者ありしが、君は『僕には一向耳にははいらん』とて笑い居たりと」（四一頁）。娘の岩佐美代子の話によると、こちらも終生変わらなかったようである。

畏友・鳩山秀夫との「決戦」

ここで鳩山秀夫との関係について触れておく。ここでも『優等学生勉強法』の叙述を借りよう。「此両秀才は啻に大学に於ける同級の双美たりしのみならず、幼時より共に高等師範学校の附属幼稚園に入り小学、中学皆共に級を同じくし、更に同時に第一高等学校に入学し其時鳩山君は英法を選び、穂積君は独法を選びて、両者始めて袂を分かちたりしが、大学に入るに及んで、鳩山君は独法に転じたるより、茲に又同教室に列し、終に前記の如く袂を連ねて大学を卒業し、卒業後も又肩を並べて大学の教職に列なる。終始一貫の親友にして又切磋琢磨の益友たること斯くの如くは稀なり」（三三～三四頁）。

二人の交友の様子については後にも述べるが、「切磋琢磨」の様子は次のように紹介されている。「君は又父君の教訓たる学問の活用を図らんが為友人と議論を交して其知識思想を錬磨するに努めたり。而して君が最も多く議論の敵手として選びたる者は鳩山君にして、学校よりの帰途、牛込、小石川やや道を同ふせるを以て互に其学びたる所を語り合ひて意見を交換し時には覚えず激論に渉り、果ては双方共其過ぎたるを覚りて笑ひつつ別るることありたりと云ふ」（四四頁）。

この段は次のように続く。「君と鳩山君とは切磋琢磨の益友たりき。他人は之を以て競争者と看做したれども両者の間には点数を争うがごとき陋劣なる心事なきのみならず君の坦懐雅量なる、何人に向ひても鳩山君を称揚して希有の天才なりと激賞し居たるは頗る奥床しく思はれぬ」（同頁）。

実際のところ重遠も退官に際して、次のように述べている。「鳩山と僕とが競争をしたやうな噂が立ったが、飛んでもない話で、鳩山と競争する気持などは毛頭なかった。鳩山秀夫と僕とは不思議な縁で、父同士が大学南校の同級生、母同士が所謂竹橋女学校（明治最初の女学校――筆者註）の同級生、そして鳩山と僕とは幼稚園以来ズット同級なのだから、鳩山が到底を争ふべからざる相手であることは誰よりも僕が一番よく知って居る。それ故もし席順争いをしたといふならば、鳩山の一番は問題外として、二番三番を争ったのである。ところが二番は多くの場合太田君、僕はうまく行って三番、へたをすると五番に落ちるといふ有様だった」（「大学生活四十年」『緑会雑誌』一五号、一九四三、一三～一四頁）。

しかし、重遠自身が言及するように、周囲からは二人は好敵手と見られていた。卒業試験にあたっては二人の「対決」が新聞記事にもなったという。重遠の令息・重行の記憶するところによれば「鳩山・穂積の決戦迫る。鳩山やや優勢とは見られるものの穂積の追い込みも侮りがたく、満天下刮目してこれを見る」といった調子だったという（穂積重行編『欧米留学日記（一九一二〜一九一六年）——大正一法学者の出発』岩波書店、一九九二）。結果としては「（明治——筆者註）四十一年の卒業試験には穂積君九十一点二分鳩山君九十点八分穂積君四分を贏ち得たりといふ。卒業の成績は此卒業試験の点数と前四回の試験の平均点とを合わせて折半したものなるが此成績に於ては鳩山君の九十二点に対し穂積君も九十点といふ匹類罕なる好成績にて卒業したる」（『優等学生勉強法』三二〜三三頁）。つまり「平均したところ鳩山が一番僕が二番といふ卒業席次となり、御陰様で明治四十一年七月十一日に卒業して、鳩山と二人が大学に残ることになり、これで僕の一生の方向が決まったのである」（「大学生活四十年」『緑会雑誌』一五〜一六頁）。

こう述べた後で、重遠の回想は「学生時代の趣味と運動」に及んでいる。「観劇」と「柔道」「水泳」「徒歩」が挙げられているが、「柔道」「水泳」についてはすでに一言した。「観劇」は穂積家の大きな娯楽であったが、この点については後に一節を設けて言及することにして、ここでは「徒歩」について触れておこう。

「夏がくれば思い出す」

「既に中学時代から休暇といふと徒歩旅行山登りに出かけたものだ。当時はまだ所謂日本アルプス方面は開拓されて居なかつたので、山登りは主として関東の山だったが、富士五湖などもまだ有名でなかったので、何でも富士の裏側に湖水がいくつもあるから行って見ようと闇雲に出かけ、青木ヶ原で道に迷って閉口したことがある。尾瀬を越へて檜枝峠へ出る道なども、僕や石黒忠篤（石黒も鳩山と同様幼稚園以来の同級生——筆者註）など数人の中学生が一高生中村春二（後に成蹊学園創立者——筆者

註）に引率された探検隊が学生としての先駆者であると、近刊の『尾瀬沼と檜枝峠』にチャント書いてある」（一八頁）。その他にも、弟たちを率いてあちこちを歩きまわったようである。

ちなみに、「日本アルプス」という表現は一八七七年にすでに用いられており、一八八二年には上高地を世界に知らしめたウォルター・ウェストンが槍ヶ岳に登っている。しかし、日本アルプスが一般によく知られるようになったのは、一九二七年に芥川竜之介が『河童』を発表し、同年に秩父宮が奥穂高槍ヶ岳を縦走したのが話題になってからである。上高地帝国ホテルが開業したのは一九三三年のことである。東京大学の乗鞍寮が建てられるのは一九四〇年であるが、その頃には重遠も、学生たちを連れて日本アルプスを訪れたようである（口絵写真参照）。もう一つ余談を加えるならば、『夏の思い出』（江間章子作詞、中田喜直作曲）がヒット曲となり、尾瀬の人気が一躍高まったのは一九四九年のことである。晩年の重遠もこの歌を耳にして懐かしく思ったことだろう。

初講義

重遠の遠足好きは、欧米留学の際にも遺憾なく発揮され、留学の成果にも結びつくことになるのだが、留学の話題に移る前に、就職・結婚に触れておくのが順序であろう。

すでに触れたように、重遠と鳩山は大学卒業の年（一九〇八）九月一日付でともに講師に採用されている。重遠は二年後の一九一〇年三月には助教授に昇任し、さらに二年後の一九一二年七月には欧米留学の辞令が発せられている。帰国（一九一六年）の後にはほどなく教授になっているので、講師・助教授時代はごく短い。また今日と違って、大学院などというものは未整備で、形だけのものであった。

講師に採用されたばかりの重遠には、最初の一年間は特に仕事があるわけではなかった。しかし、一九〇九年九月からの翌一〇年七月までの学年に、はじめての講義を担当することになる。経済学科の民法講義である。もともとこの講義は富井政章（一八五八〜一九三五）が担当していたが、病気のために途中から重遠と鳩山が分担することとなった。重遠は後二編（家族法部分）を受け持ち、「ともかく若い勢でグングンと全部をやってしまった」（「大学生活四十年」『法律時報』二六頁）。前に紹介した土方の講義を見てもわかるように、当時は、民法の最初から最後までが講義されることは稀であったので、「学生有志が上野公園の韻松亭だったかで『民法講了祝賀会』を催し、富井先生と我々二人とが招待されたことがある」（同頁）という。

結婚式（穂積重行氏提供）

また、ドイツ法の原書講読も受け持ったが、受講生には、後に東大・最高裁を通じて同僚となる若き日の田中耕太郎（一八九〇〜一九七四）が含まれていた。彼と重遠との微妙な関係については、背景事情も含めて改めて紙幅を割くことになろう。

結婚

重遠が初めて授業を担当した一九〇九年は、別の意味でも思い出深い年であった。仲子との結婚の年だったからである。

上野精養軒　穂積重遠披露宴（1908年10月27日）
（渋沢史料館所蔵）

この年の一〇月九日、上野の精養軒で披露宴が催されている。すでに述べたように、仲子は児玉源太郎の娘（二女）にあたるが、結婚当時には源太郎はすでに没しており、児玉家の当主は秀雄であった。

仲子の人となりについては、これも別項を設けて述べることとして、ここでは、婚姻届と結婚記念日について一言しておく。

挙式届出同日主義

「挙式届出同日主義」は重遠の持論であった。一九一五年四月一三日の日記には次のように記されている。「手紙受け取る。婚姻破約に関する新判例の切り抜きを送ってくれた心づかい感謝する。僕の持説通りの判決だが、この件はむしろ純粋に婚姻予約の問題というより内縁関係の問題で、つまりは婚姻届に対する世間の注意が足りないため。帰ったら又例の『結婚当日届出論』を振り回そう」（穂積重行編『欧米留学日記（一九一二～一九一六年）』、二二九～二三〇頁）。

では、重遠自身の婚姻届出はどうだったのかが気になる。穂積家の戸籍を閲覧したわけではないので確言はできないが、重遠自身が後に次のように述べている。「私は自分の結婚式を皮切りとして、それ以来ずっと宣伝していることが一つあります。『いかに厳粛な式をあげ、或は永年一緒におっても、届出をしなければ夫婦じゃない。』という法律の講義を大学時代に聞いて、これはどうも変てこなことだ、自分は法律家として、内縁の夫婦では一日もありたくないという気持が強く動いたのです。それでこれ（仲子夫人――筆者註）との日取りが決まったときに、

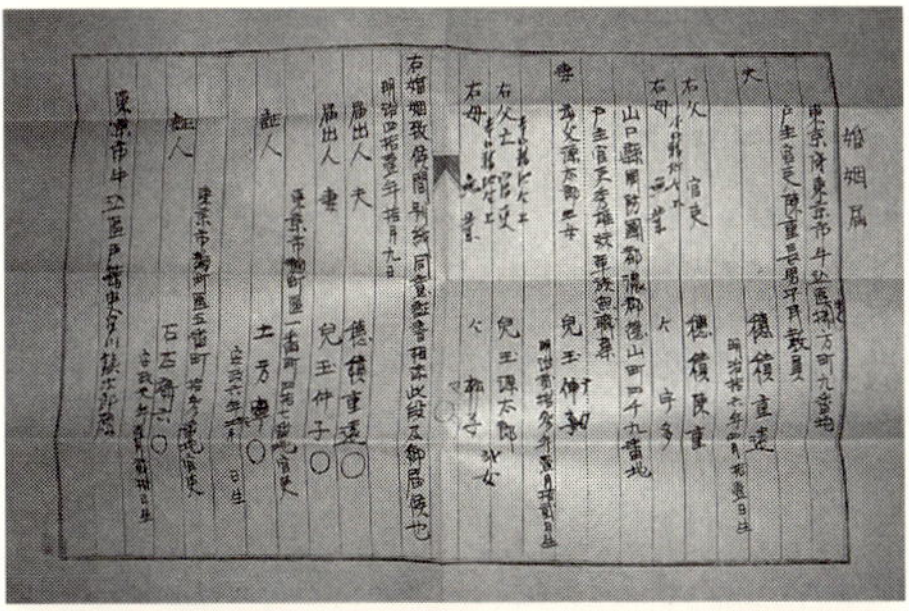

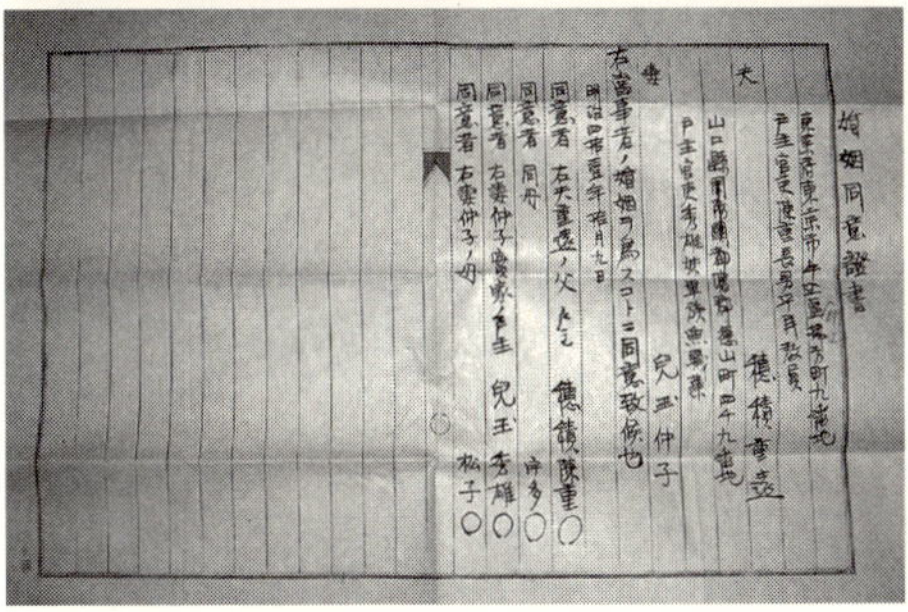

重遠の婚姻届下書（穂積重行氏提供）

書式大全というような書物と首引きで自分で婚姻届をこしらえ、それにこちら側の判を押して、これの家へ持って行って署名捺印を得ようとした。ちょうど母親が仕立物をしていましたが、『この忙しいのにこれは何ですか。』『届です。』『届などは後でもいいじゃないですか。』と言うから、そこで私は開き直って、『そもそも民法第何条に』と一席弁じたのです。（笑声）母親はびっくりして、『法律家はむずかしいものだね。』と笑って、当人、母親、戸主たる兄と

すっかり署名捺印してくれました。当日日比谷大神宮へ行く途中にその届を自身で牛込区役所へ出し、それから式場へ行ったのです」(平林たい子「穂積重遠博士夫妻」『夫婦めぐり』主婦之友社、一九五二、三一〜三三頁)。ちなみに、届書の下書が遺されている。

日本で結婚記念日が意識されるようになったのはいつのことかは定かではないが、明治天皇の銀婚式(一八九三)が始まりだろうか。重遠の『結婚訓』や『結婚読本』(いずれも中央公論社、一九四一/一九五〇)では、結婚記念日を祝うべきことが強調されている。自身はどうかと言えば、一九二三年の手帳に結婚記念日が書き込まれているほか、戦後の日記においても忘れられていない。なお、一九三四年が重遠にとっては結婚二五周年の年にあたるが、この多難な時期に何かお祝いのセレモニーが行われたか否かは定かではない。

ともあれ結婚後まもなく、重遠は、新妻を残して欧米留学に旅立つことになる。

2　観察者・重遠——『欧米留学日記』と『留学思出話』

「独国仏国及英国へ留学ヲ命ス」

重遠の自作履歴書には、一九一二年七月「民法及法理学研究の為満三箇年間独国仏国及英国へ留学を命ぜられる」と記されている。短い記述であるが、重要な点が二つある。第一に、研究対象として民法のほかに法理学が加えられていたこと、第二に、期間は三年間、行き先はドイツ・フランス・イギリスとされていたこと、である。

重遠が法理学をいわば捨てて、民法に専念しようと考えるに至るのは留学後のことである。出発の段階では、父・陳重の専門でもあった法理学は確かに彼の関心事であったのである。期間と行き先については、予想しなかった事情によって変更を迫られることになる。第一次世界大戦の勃発である。重遠は戦争のためにパリ滞在をごく短期で切り上げざるを得なかった。代わりに、アメリカ経由で日本に戻ってくることとなった。

実際に重遠が東京から旅立ったのは一九一二年一〇月二四日であった。最初の目的地のボン（ドイツ）に到着したのは同年一二月一六日。一九一三年四月一日にはベルリン（ドイツ）に移り、翌一四年五月三一日まで同地に滞在。その後、六月一日からパリ（フランス）に居を移したが、ほどなく第一次世界大戦が勃発、八月一六日にはパリを去ってロンドン（イギリス）に逃れた。ロンドン滞在は翌一五年一一月三日までで、同日の船でアメリカに向かい、九日間の航海の後一一月一一日にニューヨーク（アメリカ）に到着。主としてハーヴァード大学のあるケンブリッジで過ごしたようである。一九一六年一月一一日にはこの地を発ち、サンフランシスコから乗船、横浜着は二月二二日、三年と四ヶ月ほどの欧米留学であった。

以下、この留学の様子をたどっていく。主たる資料は穂積重行編『欧米留学日記（一九一二〜一九一六年）』であるが、この日記には一種の「異本」が存在する。晩年の重遠は、日記の抜き書きをもとに『留学思出話』という書物を出版しようと考えて原稿を用意していたが、そのうちの上巻部分が「平和のドイツ」と題されて残されているからである。特に、最後の部分において、第一次世界大戦勃発前後のことが補筆されているのが興味深い。以下では、特にこの補筆部分については『留学思出話』によることにする（残念なことに、下巻にあたる「戦うイギリス」の原稿は現存しない。もっとも、社会教育協会からやはり戦後に、『戦ふイギリス』と題された小冊子やその続編『戦ふイギリス（二）戦時の英国王室』『戦ふイギリス（三）ロイドジョーヂとチャーチル』〔三冊とも一九四六〕が公刊されている）。日記は、重遠の日常を知り、語り口を味わうための好材料であるので、いくつかのエピソードをやや詳しく紹介することにしたい。

神戸からマルセイユまで

「重遠が東京をから旅立った」と書いたが、「新橋から神戸まで汽車に乗り、神戸から船で旅立った」というのが正確な説明である。『欧米留学日記（一九一二〜一九一六年）』を編集した重行も注記しているが（三頁）、一九一二年にはまだ東京駅も完成していない。神戸まで同道した新妻・仲子と別かれて、船上の人となったのが一九一二年一〇月二六日、マルセイユ着は一二月一〇日であるので、四五日間の船旅であった。途中、上海、香港、シンガポール、ピナン、コロンボに帰港し、その後は、スエズ運河を経て地中海にぬけている。祖父の渋沢栄一がフランスを訪れた際には、運河はまだ工事中であったので、スエズからポートサイトまでは陸路をたどっている。ちなみに、父・陳重はアメリカ経由でイギリスに渡っている。

船中の四五日間については、特筆すべき出来事もなく、重行は大幅な省略を行っている。いくつかの歌のみが重遠の感慨を示すものとして掲げられているが、その中には「心なの船などてか岸をゆかぬ　御国の果てのフォルモサの島」（五頁）という一首もある。「フォルモサの島」は台湾を示すが、いくぞ確かにここまでが帝国日本の領土であった。もっとも「天つ日のひねもす入らぬさかひにもいくその暗き影やあるらん」（同頁）といった歌も詠まれていて、彼の視線は帝国主義の負の面にも及んでいる。

マルセイユ到着の際には、すでに前年一〇月からフランスに滞在していた弟・律之助（一八八四〜一九五九）が迎えている。律之助は、海軍で造船、特に潜水艦の研究をしていたが（後に造船少将にまで昇進）、彼がパリまで同道し数日をともに過ごし、その後に重遠はボンへと向かった。

鳩山との交友

ボンで重遠を迎えたのは、一足先に到着していた鳩山秀夫であった。重遠は鳩山が手配してくれた下宿に落ち着く。他方、ベルリンでは先着した重遠が鳩山の下宿を探している。すでに述べた通り、二人は幼時からの親友同士であるが、留学中の交友はとりわけ密であり、その関係はますます深まっていく。

当時のボンは人口八万人ほど（現在は約三〇万人）の小都市で、鳩山を含めて五、六人の日本人がいたらしい。鳩山のほかに親しかったのは佐藤友蔵（裁判官）であったが、「鳩山が大将で日本人同士でもなるべくドイツ語でという鳩山式の規則をつくった」（一九一二年一二月二〇日、一〇頁）という。ドイツでの鳩山は颯爽としており、何ごとにも積極的である。その姿は重遠の日記に活写されている。「夕刻からケルン（オペラ見物——筆者註）に行く。鳩山先生大ハイカラにボック嬢（ドイツ語の家庭教師。二〇代の女性——筆者註）を招待したのはよいが、そんな時には母親が必ずついて来るのがならいだ。至極もっともなことだが随分厄介な上に、馬車を雇ってお出迎えに行き、帰りはまた送り届け

ボンにて（左から３人目が重遠，右から３人目が鳩山）
（穂積重行氏提供）

なければならぬ。…はねたのが一一時。それから鳩山が帰りにはカフェーへ行くものというハイカラ哲学を実践したので、御婦人たちを送って宿に帰ったのが午前二時。ヤレヤレ」（一二月二九日、一四～一五頁）。

「かく申す我が輩がダンスの稽古を始めた。教唆者はいうまでもなく鳩山。『とにかく見に来い』というので三日の晩にフラウ・トマジニという下宿のすぐ筋向かいの踊りの師匠のところへ引っ張って行かれ、散々拝見させられたが先生中々達者だ。…仁井田（益太郎。一八六八～一九四五。民法起草補助委員。民法・民事訴訟法学者――筆者註）先生もこの人に習われたと聞かされたのには驚いた。強盗と組討ちするような豪傑先生さえやったのだから僕が踊っても不思議はあるまい。」（一九一三年一月四日、一七〜一八頁）もちろん遊んでばかりではない。午前はともに教室に通った。「久しぶりに鳩山と並んで学生席に着くと馬鹿に若返ったような気がする。今日の講義は錯誤論（教授はエルンスト・チーテルマン〔一八五二〜一九二三〕――筆者註）で色々と面白い実例を話した」（一月一三日、二一〜二三頁）などという記録も残る。

重遠のボンでの一週間の時間割は、次のようなものだった。こうした生活ぶりはベルリンに移っても基本的には変わらない。

時間割

月　一〇〜一二　講義　三〜四　語学（ボック嬢）
火　一〇〜一二　講義　四〜五　ダンス（トマジニ夫人）
水　三〜四　語学
木　一〇〜一二　講義
金　一〇〜一二　講義　三〜四　語学
土　六〜七　ダンス
日　原則として見物・遠足・訪問

もっとも、ベルリンでは冬になると、京大助教授の河田嗣郎（一八八三〜一九四二。経済学者。家族制度や婦人問題に興味を持っていたという。後に大阪商大学長。瀧川事件で京大を辞職した末川博・恒藤恭（一八八八〜一九七六。法哲学者）を同大に招く）に勧められて、スケートを始めており、これが「週三回」となっている。「日本の切手をやったりチョコレートを分けてやったりするものだから、少々うるさいくらい子供の友達ができた」というのが重遠らしい。

話は戻るが、ボンでの重遠は鳩山に誘われて「国際学生協会」なる団体にも参加している。「集まったのは三〇人ほどで日本人は僕と鳩山だけ。どうも外の連中は西洋人との交際が嫌いでいけない」（一九一三年一月二二日、二四頁）。彼らは、別の学生団体の大会にも参加し、ドイツ人学生との交流にも熱心だ。日記には「隣の先輩らしい男がガレリーを指して『あれが私の妻です』と教えてくれる。脇を見ると鳩山が細君の写真を出して見せている。鳩山なるかな鳩山なるかな」（一月二五日、二五頁）などと書かれている。

その後、愛妻家の鳩山は妻・千代子を留学先に呼び寄せる。ところが、千代子の病気が原因で留学を中途で切り上げて帰国せざるを得なくなる。穂積重行は「鳩山が留学を続けていたならば、その『犀利な論理性』はこの新しい状況のもとに新しい開花を見たに相違ない」（穂積重行編『欧米留学日記（一九一二〜一九一六年）』「結びに代えて」、三六二頁）と評している。重要な指摘であるが、ここでは親友としての二人のドイツでの屈託のない青春の日々を紹介するにとどめ、民法学者としての二人の岐路に関しては後に検討することにしよう。

重遠はボンでは、チーテルマンのほかにも何人かの教授の講義を覗いているが、内容よりも形式についての論評が多いのが興味をひく。曰く「(チーテルマン――筆者註) 教授は有名な能弁家の上、文学の嗜みが深く随筆を書いたり詩を作ったりする人だから、講義ぶりも実に華やかだ。しかも全然講義調でなく大演説の口調で滔々の弁を揮う」(一月九日、二〇頁)。「チャンと予定通りに全部講義し終わる。何でもないようで老練の教授でないと中々できないことで、しかもこれがきわめて大切なことと思う」(二月二七日、三四頁)。

商法のコンラッド・コーザック (一八五五～一九三三) は「小柄で機嫌のよさそうな好紳士。講義振りは声は少し低いが老練そのもの、大要をユックリ書き取らせた上で丁寧に説明するところ、一寸父上のそれに似ていて先にいった僕の最もよいと思うやり方だ。著書での特徴の一つは『AとBとが売買の契約をして』というように一々例をあげて説明することだが、講義もその通りで頗る理解を助ける。第二の特徴は始終学生に問いかけることで、チーテルマンの演説調とはまるで違う。…段々と説明を進めて行って『故にこの取引を』といいかけて言葉を切り学生に目配せをし、お先き者の学生が『定期取引といいます』と答えるのを受けて大きくうなずき、『しかり、定期取引という』と繰り返すところなど実に手慣れたもので学生との間が誠に親しげで快く、これなら学生の頭にはいると思われる」(二月二四日、三一～三三頁)。

他にも多くの講義を聴いているが、「やはりチーテルマンとコーザックが最も上手だと思う」(二月二七日、三五頁) としている。ただし、批判的な観点も忘れられておらず、前者については「チーテルマンによってドイツ民法の概念をえるのは骨が折れよう。聞いていればよく分かり面白いがとてもノートはできず、心覚えをメモするだけでは後になって脳裏に残るところがどれだけあるだろうか」(二月一〇日、二七頁)といい、後者に対して「これはよほど老巧でないとできぬこと、また講義の進みはあまりよくあるまい」(二月二四日、三三頁)といっている。

以上の観察は、その後の重遠の講義に十分に活かされている。結論としては「コーザック流が一番よい」(二月二七日、三五頁)と述べていたように、例を挙げつつ、学生と親しく交わりつつ話を進めるというのが、まさに重遠流であった。他方で、重遠は民法の初めから終わりまで予定通りに講義することを旨としたが、この点ではチーテルマン流であったと言える。

ベルリンに移った後に重遠が聴いたのは、夏学期に、フランツ・フォン・リスト(一八五一〜一九一九。刑法学者)の「法理学」、ヨゼフ・コーラー(一八四九〜一九一九。民法学者)の「親族法」、フランツ・オッペンハイマー(一八七四〜一九四一。経済学者・社会学者)の「社会学」、ハーンの「経済史上の婦人」の四科目、冬学期に、コーラーの「法理学・比較法学」、キップの「相続法」の二科目であった。専攻の親族法・相続法と法理学に、社会学と婦人問題が加わっているところに、重遠の好みが現れている。ベルリンに移ると、聴講にも慣れたのか、内容に関する論評も見られるようになる。

「リスト教授は学者と同時に政治家で弁舌が立ち、僕の法理学が未熟なせいか内容も耳新しいことが多く面白い。コーラー教授の親族法は、僕も多少研究しているから言葉が残らず解る点は愉快だが内容はいささか簡略すぎる」(四月二四日、四八頁)、「リスト教授の法理学は中々面白く、殊に進化論を基礎としている点は父上と似ているので興味深い。コーラー教授の親族法は折々耳新しいことがないでもないが、まずは義理見物気味だ」（五月六日、五二頁）と述べている。オッペンハイマーについては「中堅の社会学者・経済学者として売り出し中の人。言語明晰で内容も面白そうだ」（四月二八日、四九頁）としているが、ハーンの方は「題目から楽しみにしていたが大失望。いかにも講義が下手で内容も面白くなさそうだ」（四月二九日、五〇頁）と手厳しい。また、コーラーの法理学・比較法学は「中々面白そうだ」（一〇月二九日、六三頁）とされているが、キップの相続法には特別の言及はない。

イギリス法学への関心

結局のところ、講義の方法には興味を持ったものの、内容そのものについては感銘を受けたというほどのことはなかったようである。前述のように重遠は独法出身であるが、実際のドイツ法学をまのあたりにして、次第に違和感を感じるようになっていく。というよりも、後にイギリス法に親しむようになるにつれて、むしろその中に自分に近いものを見出すようになる。ロンドンに移った後の日記には、次のような感慨が記されている。

「英国の本屋は書棚の陳列は書目の分類がドイツほど組織的でなく…ほしい本を探しにくくて困るが、丹念に見て行くと中々面白い。法律書もこれに似ていてドイツのように理屈っぽくなく、ある制度を論ずるにしても定義・分類などはあらましにして、その沿革や実際的なメリットに重きを置き、おこがましい申し分ながら頗る僕の学風？にかなっている。先日読み終わったシドニー・ロスの『英国統治論』に『吾人は非論理的国民たるを誇りとす』とあった。何も自慢することもあるまいが、確かにそうしたところはある」（一九一四年一一月一三日、一六一頁）。

別のところには「フランス人の色彩趣味、ドイツ人の音楽趣味に対して、イギリス人は文章演説だろうか。これは法律書についてもいえそうだ。内容は別にしてイギリスのものはともかく面白く読める。現在の日本人は文章家でもなく演説家でもない。法律家は特にそうかもしれない」(一九一五年三月一二日、一二九頁)と述べている。さらに別のところでは、英独の議論の特徴を対比して次のような挿話を引いている。「ドイツの法学者は負傷兵の体内から摘出した弾丸の所有権を論じて、ヤレその兵士の所有に属するの、ソレ手術した医師の物だとか、イヤ国家の戦利品だとかやっているそうだ。イギリスの議会では先日、『ホシブドウの輸入状況や如何。今年のクリスマス・プディングに支障なきや』という質問が出たという」(一一月二七日、一七〇〜一七一頁)。重遠流は後者に連なる。

もっともドイツの法学に全く見るべきものなし、というわけではないことは勿論である。次の二点については特筆しておいてよい。一つは、ベルリンを去るにあたってオットー・フォン・ギールケ(一八四一〜一九二一。主著『ドイツ団体法論』)の姿を垣間見たことである。日記には「お名残りにギールケ教授の親族法を一時間だけ聴講」(一九一四年五月四日、八八頁)したが、七〇歳の老教授の「風采頗る堂々たるものだが、講義は少々モガモガして分かりにくい」(同日、同頁)と記されている。後にも述べるように、重遠は彼の影響を強く受けている。

もう一つ、こちらはボンでの出来事だが、マンハイムの旅行した際に、若き日のグスタフ・ラートブルフ(一八七八〜一九四九。法哲学・刑法。法務大臣。ワイマール期の新刑法典制定に関与)と出会ったことである。日記には「今回の旅行の第一の獲物は『熊にあらず羆にあらず』、実に禿頭赤髭の新進学者であった。近著『法学通論』一冊を贈られる」と記している。この書物は重遠の愛蔵書の一つであったとされているが、この書物も含めて、ある種の倫理性を備えたラートブルフの法学のあり方そのものが、重遠のそれと重なりあうものを持つと言えそうである。

見学と遠足の日々

ドイツで重遠が時間を割いたのは、講義だけでなく（講義よりもむしろ）見学と遠足であった。ラートブルフと知り合ったのも、監獄視察の案内をしてもらった際のことであった。時間割の「日曜」の欄は「見物・遠足・訪問」とされていたが、確かに、見物・遠足の回数には並々ならぬものがある。

特にベルリンに移ってからは活発であり、「刑事博物館」や「東方文化研究所」などのほかに、「幼年裁判所」「幼年者救護会」「小児食堂」「ペスタロッチ・フレーベル館」と、訪問先に児童（あるいは女性）関係の施設・組織が並ぶのが目を引く。幼年裁判所は「未成年者の犯罪を裁判処罰するに成年者とは分離して別の裁判所、別の監獄を設け、特別の手続きと方法によるという近来の考え方によるもの」（一九一三年六月二日、五六頁）であり、幼年者救護会は「裁判所と連絡をとって不良少年少女の世話をする」（同日、同頁）（他に養子の媒介もしている）ものと説明されている。

小児食堂は小児食堂協会という団体が「市内各地の貧民窟の近く一七ヶ所にこれを設け、貧民の児童は学校で切符をもらって無料で昼飯を供される」（一〇月二〇日、六一頁）（付属の託児施設もある――筆者註）。最後のペスタロッチ・フレーベル館は、ベルリン教育協会が経営しており、「貧児のための幼稚園、低能児教育所、補習手工科（小学生が遊び半分に実用的手工を習う）、保母養成所、手工科女教師養成所、別館に家政割烹学校があり、建物も立派で設備も整頓している。別科として女中養成所もある」（一九一四年一月二〇日、七一頁）という。

同様の見学はイギリスでも続けられる。重遠自身が「狭い意味での法学研究はともかく、生きた社会学勉強としては実に千載一遇の好機だからと、セッセと方々を歩いている」と記している通りである。「職業学校」「禁酒病院」「貧民窟」「貧民救済施設」等々、行き先も広がってくる。

ベル・エポックのパリ

パリ行きを熱望していたにもかかわらず、重遠のパリ滞在はわずか二ヶ月ほどにとどまった。戦争勃発のためである。しかも、滞在の時期が夏休みにかかっていたので、講義に出席したり教授たちを訪問することもなかった。もっぱら旧友である杉村陽太郎（パリの日本大使館書記官。当面の宿の世話をしてくれた）や鳩山秀夫（重遠に少し遅れて妻の療養先のスイス・レーザンから初めてパリを訪問）と観光に励むばかりであった。そのために、『欧米留学日記（一九一二〜一九一六年）』の編者・重行はフランス編を大幅に省略している。

しかし、未刊のフランス編は、第一次世界大戦直前のパリの様子を知るための格好の資料である上に、折々に漏らされる重遠の所感にも興味深いものが含まれている。そう考えて、筆者は未公刊日記を編集して『終戦戦後日記（一九四五〜五〇年）——大正一法学者の晩年』（有斐閣、二〇一二）を公刊するに際して、この部分を付録として収めることにした。

さて、重遠たちはパリ市内のエッフェル塔やノートルダムから始まって、近郊のサンクルー、セーブル、サンジェルマン・アン・レイ、そしてシャンティー、フォンテーヌブロー、さらにはヴェルサイユでの花火見物、ラニー・シュル・マルヌでの船遊びと精力的に動きまわっている。

重遠の宿はエッフェル塔の北側、歩けばブーローニュの森もそう遠くはないという場所にあった。「我宿はセーヌのほとりボア近く　エッフェル塔を軒端にぞ見る」（一九一四年六月一三日、四六四頁）などというざれ歌も作っているが、ボア（森）には足繁く通っている。季節柄、ロンシャン競馬場で行われる大レース（パリ大賞典のことだろう。一九一五年・一六年は戦争のために中止）やら、革命記念日の閲兵式やらにも足を運んでいる。

もっとも物見遊山の間に社会観察も忘れていない。たとえば、「パリではどうも三等に乗る気がせぬ」という理由として「乗客がいかにもきたない」（六月二八日、四八五頁）と述べた上で、次のように続ける。「ボロボロの仕事着のままのもあれば、カラカフスなどはつけないのも多い。而して上流社会は一日の競馬の為めに千金の春着を新調する。又革命が起らねばよいが」（六月二八日、四八五頁）。実際、革命はともかくして、重遠も「ストライキ」の洗礼は受けている。

また、「有名なる佛國の『七月十四日祭』には少なからず失望した」（七月一四日、五〇四頁）と述べている。「要するに賑やかと云ふだけの話しでフランス式の優美な所もなければ又日本の盆踊りの様な野趣」もないとした上で、「今日の祭は革命祭でもあり又上流社会は大部分避暑で御留守故、下流社会が大に幅を利かして居る様に見へる」（七月一四日、五〇四頁）と続ける。フランスが階級社会であることを肌で感じていると言ってよい。

だからと言って、否定的な評価がなされているわけではない。日記には、「僕は全体フランスが贔屓だ、今後万一独佛戰争があるならば佛軍に是非勝たして見たい」（六月二六日、四八二頁）と書かれている。そこには元来のフランス贔屓もあるのかもしれないが、その国のよい所を見つけ出して、参考にしようという気持ちを常に持っていることも影響しているだろう。これはイギリスに移った後の話だが、日記の次のくだりは重遠の性格をよく示している。

「僕は楚人冠が常に英国の光明面を観察報道することを知っている。そしてそれを誠に結構なことと思っている。個人に短所がある如く国にも暗黒面がある。これに目を閉じるのは愚かなことである。しかしなるべくは長所光明面に着目することこそが自他ともに益する所以であり、私交国交ともに円滑ならしむる所以であると確信する」（一九一五年二月一三日、二〇六頁）。なお、「楚人冠」とは、イギリスに派遣されていた朝日新聞の記者・杉村広太郎（一八七二〜一九四五）のペンネームである。

フランスの光明面として重遠が注目するのは、以下のような点である。観劇に課されていた「貧民税」につき、日記で次のように述べている。「『貧民税』なるものは、芝居其他の娯楽的興行物の見物人に切符代一割の税を課して貧民救助費に充てる仕組、誠に尤もな考へで、場代の高い所へ重荷に小附は閉口だが、斯う使途が分って居れば税を拂うにも気持がよい、否これからは貧民救助の為め大に芝居を見ることとしやう。日本で斯う云ふ税をかけたらばどうだらうね。キット芝居の客足がへるとの苦情が起るだらう。併し芝居を見る位の人達が芝居などを見る所か自身で世話場愁歎場を出して居る人々の為めに多少のことはしてもよからうと思ふ」（『終戦戦後日記』一九一四年六月九日、四五五〜四五六頁）。

もう一つ、次のような観察もなされている。「パリで最も気持がよいのは自分の外國人であると云う感じが薄いことだ。まだ言葉が不自由だから其点で己の外國人たることを自覚するがそれはこちらのせい、パリ人は決して我々を外國人扱ひせぬと云ってもよからう。詰りは外國人が澤山入り込むので珍らしからぬためでもあらうか、それにしても感心なのは子供達の行儀のよさ、群れ遊んで居る直ぐ側のベンチへ行って腰かけても殆ど振向いても見ぬ」（六月一九日、四七二頁）。

なるほど、連帯と寛容とがパリの長所であることは、今も変わらない。短期間の滞在にもかかわらず、重遠はこれらの点を的確につかんでいる。もう一つ、フランス人の人のよさにも何度も言及しているが、この点については、次の項で触れることにしよう。

大戦勃発とスイス旅行

『欧米留学日記（一九一二～一九一六年）』には、一九一四年八月三日にベルンから妻・仲子に送った手紙の一部とともに、パリに帰ってから書いたと思われる「三国まごつき毛」という文章も収録されているが、編者の穂積重行によると「まごつき毛」は途中でストップしているという。

しかし、本節の冒頭に述べたように、『留学思出話』ではこの部分の補筆がなされている。重遠は次のように書き起こしている。「『独佛戰争』どころではない『第一次世界大戰』と発展して極東の日本まで捲き込まれた大戰の第一日、その一九一四年（大正三年）八月一日に、私は又のんき千万にもスイス観光旅行に出かけ、飛んで火に入る夏の虫の大まごつきを演じたのでした。ヤット舞いもどったパリに足も止めあえず、命からがらのロンドン落ちとなった、そのあわただしい半月あまりは、本当に日記どころの騒ぎでなかったのです。しかしこれは私の留学のクライマックスだったので、全然無記録にして置くのも惜しく、ロンドンに落ちついてから『スイス道中まごつき毛』なる紀行を書きかけたのですが、何分その日その日に追われて、まだ『スイス道中』まで漕ぎつけない発端程度で中絶してしまいました。そこでともかくもその発端を次にかかげ、あとは今度はじめての本當の思い出話ということにしましょう」(五一四頁)。

こうして完成した「まごつき毛」は、三〇年以上の後の補筆によるものであるにもかかわらず、クライマックスにふさわしい緊張感を伴う文章となっている。詳しくは『終戦戦後日記(一九四五~五〇年)』の補論末尾に「資料」として収録した「まごつき毛」全編を見ていただくことにして、ここでは次の二点のみを特記しておこう。

一つは、オイゲン・フーバー(一八四九~一九二三。スイス民法典の起草者)宅の訪問(ドイツで一度会っているので初対面ではない)である。重遠は次のように記している。「八月三日には取りあえずオイゲン・フーバー博士を訪問しました。ベルリン日誌に書いた通りの因縁があるので、博士も喜んで迎えてくれましたが、何だってこんな騒動中に来るのだ、これではもてなしのしようもないではないか、と歎息されました。ともかくもしばらく話を聴き、スイス民法理由書をもらったりしましたが、やがて博士が、せっかくの訪問でもっと話をしたいのだが、これから選挙に行かねばならぬから、と言われます。このさなかに何の選挙かと思ったら、大将軍の選挙だとのこと。スイスに多少の軍隊はあり、聯隊長ぐらいまではきまっているのだが、総司令官はない。それで今度のように総動員をして防衛軍を編成することになると、その総司令官は國民投票できめるのだということでした。昔のゲルマン時代に出陣の時森の中で将軍選挙をした、と中学校の歴史で教わったことを思い出して、おもしろく思いました」(五二一～五二二頁)。

スイスの国民参加の制度に重遠がどの程度まで共感したかは別として、ギールケの場合と同様、フーバーは重遠にとっては大事な学者であったことを考えると、劇的な（いささか滑稽でもある）この訪問は忘れられない思い出となったことだろう。翌四日に鳩山夫人をレーザンに見舞い、重遠はパリにとって返している。

感情と勘定

もう一つは、困難を乗り越えてパリに帰還したのも束の間、ロンドンへの脱出を決めた際の出来事である。重遠らしい絶妙の語り口に耳を傾けよう。「(八月――筆者註)一六日の朝下宿レアル・ホテルのおばあさんに、こうこういう次第につき今日までに部屋をあけることになったが、部屋代はもちろん今月分を置いて行く、と話しかけると、おばあさん皆まで聞かず開き直って、『今日は一六日です。』と言うではありませんか。これには思わずギクッとしました。ドイツのくだりに書いた通り、前年六月一六日に急にベルリンを引上げて東京に中帰りすることになった時、ドイツの下宿のかみさんが『今日は一六日です。』と言ったのと、実に不思議な偶然の一致です」(五二五～五二六頁)。

いったい何の話かと読者の関心を引きつけた上で、重遠は続ける。「『ブルータス、汝もか』と驚く間もなく、パリのおばあさんの言うことはベルリンのおかみさんと正反対、『今日は一六日ですから、部屋代は今日まで一六日分を頂戴します。』これには二度ビックリしました。それでは困るからせめて今月分は取ってくれ、と言ってもどうしても承知しません。…かような次第で、ドイツとフランスのそれぞれの下宿の主婦の偶然にも『今日は一六日です。』という同じ言葉が正反対の意味だったのは、実におもしろいことです」(五二六頁)。

その面白さは次のように解説されている。「ベルリンの主婦の言い分は、前にも書いた通り、一六日に解約が告知されたのでは来月分の部屋代も請求する権利がある、というので、ドイツ人の法律的で勘定高い性質をよくあらわしています。フランス人のは同じ『カンジョウ』でも『感情』なのです。ベルリンのおかみさんも私と特別仲が悪かったわけではなかったのですが、友情は友情、勘定は勘定なのです。これに対してフランス人は、一つまちがうと随分意地悪もしますが、『モッシュウー・オズミ』はいい人だと相場がきまると、部屋代の半月や一月などどうでもよござんす、ということになるのです」(五二六〜五二七頁)。

本人も認める通り、この出来事は重遠のフランス贔屓を一層強固なものにしたようである。

私たちの判事さん

イギリスに移っても、よく学び、よく遊ぶの基調は変わらないが、勉学にせよ見学にせよ、イギリスならでは特徴を帯びることになる。それを一言で表現する言葉を探すならば、それは「裁判所」であろう。イギリス法の中核をなすのは裁判所である。そのため、見学先も自ずと裁判所が多くなる。他方、ドイツに比べると、大学の重要性は相対的に低いので講義通いは少なくなり、代わりに、日本人仲間の「専門家講話会」を開いたり、図書館で原稿を書くことが多くなる。

この原稿が後に『戦争ト契約』になるのだが、その話は次節に譲ることにして、ここでは裁判所見学の様子を見てみよう。日本人法律家の「五人組」（日記での自称）――三木猪太郎（一八七〇～一九三四。控訴院検事長）・飯島喬平（一八七七～一九二二。司法省参事官）・富田山寿（一八七九～一九一六。京大助教授、刑事訴訟法。インフルエンザで早逝）・清瀬一郎（一八八四～一九六七。弁護士、東京裁判で東条の主任弁護士。後に衆議院議長）、そして重遠。清瀬と重遠は年齢が近く親しくしていた――は、しばしば裁判所を訪れており、日記にはいくつかの詳細な見学記が残されているが、ここでは重遠が後にしばしば言及することになる二つのシーンを紹介しよう。

一つめは「素人裁判所」の様子である。イギリスでは、一般市民（地方の名望家）が治安判事として軽微な事件を裁くが、重遠が見たのは大法廷にあたるクォーター・セッション（本来は年に四回開催）である。なお、イギリスの刑事裁判には陪審員が加わるのが特徴的だが、重遠も陪審制度には強い関心を寄せている。

少なくともこの時期の重遠は手放しの陪審礼賛論には与していない。しかし、「陪審制度導入が『市民の義務』の観念とこれに基づく法意識を育成する手段としてというならば、僕もその理由についてだけは耳を傾ける」（『欧米留学日記』一九一四年一〇月二四日、一四一頁）としている。「我が国の兵役の義務に近いかと考えた。兵役もそれぞれにとっては迷惑に相違ないが、『国民の義務』と同時に『権利』、あるいは一人前の男の証しと考えられている」（同日、一四〇頁）という対比が興味深い。その背後には、戦時下のイギリスにおける徴兵制度導入論議がある。重遠によれば、「イギリスではこの観念と制度（兵役のこと——筆者註）がないために目前苦しんでいるのに、『無理やり引っ張り出された兵隊が強いわけはずがない』などといっている。それなら『無理やり法廷に引っ張り出されたジユリーにロクな裁判ができるはずがない』ということにもなろう。それぞれに歴史的背景があるのだ」（同日、一四〇〜一四一頁）ということになる。

このとき重遠が見た事件は数件あったが、「最後の事件はお芝居的な意味で面白かった。被告は当今大もての兵隊さん、カーキの軍服でボックスに立つ。証人席は少しクタビレてはいるが様子のよいマダム某。事件はこの兵隊がミセスに暴行せんとしたという」（同日、一四二頁）ものだった。

重遠は、被告弁護人の弁論のうまさを強調した上で（段落ごとに He kissed her, she kissed him, and they parted with a friendly handshaking と繰り返して「合意」を強調し、最後は to prison, or to the front ? と結び、戦時の兵隊不足と結び付けたという）、裁判長のあざやかな説示を紹介している。「出征軍人云々の論に至っては聞き捨てならず。我が軍の勇士が一点汚れなき軍服を身にまとって戦場に臨まんことを、余は切に望む。男が兵士たるか否かを論ずることなかれ。女が愚なるか否かを語ることなかれ。陪審員諸紳士。必ず正義をなせ」（同日、一四三〜一四四頁）。

そして、幕切れ。裁判長は「被告よ。余は軍服の被告のこの犯罪を悲しむ。ナイトの本領はシヴァリーにあり。婦人に無礼なるは騎士道の最も卑しむところ。聞けば汝は素行必ずしも悪しからず、当夜酒気のあまりにこの過ちに及ぶと。汝よく将来酒を戒め、行状を慎むとの誓約をなしうるや」と問い、被告が肯うと「しからば当法廷は特別の考慮を以て、二年間刑の申し渡しを猶予する。軍法もし汝に許さば、宜しく法廷の恥辱を戦場に雪げ」(同日、一四四頁)と結んだという。

続く重遠の「劇評」は以下の通り。「被告の顔は輝いた。弁護士は面を起こした。傍聴人は思わず満足と賞賛にどよめいた。大岡裁きといいダニエル様という。聞くことのみ久しい名判官ではあったが、これにて閉廷。時に七時半。重ねていうが実によい勉強をした」(同日、一四四頁)。

正義と識別と仁愛

重遠の語りもなかなかのものだが、こうした裁判に対する感慨は次のシーンにもよく現れている。イギリス滞在も終わりに近いころ、ウエストミンスターで行われた裁判官のための祈祷式に出席した折の話である。「式そのものは甚だ平凡」としつつ「ただ祈祷の次の一節だけが全てであった」としている(一九一五年一〇月一二日、三二二〜三二三頁)。その祈祷の一節を掲げよう。

「おお　全ての人類の正しく慈愛深き神よ。我等謹んで祈り奉る。人と人との間の正義を司り無罪者の冤を雪ぎ有罪者の罪を処罰するために、爾の任命を蒙れる爾の僕等を天の高きより照覧あらせ給へ。正義の霊、識別の霊、仁愛の霊たる爾の聖霊を彼等に与え給へ。かくして彼等を爾の民の幸福のために、又爾の聖名の栄光のために、大胆にして細心に且つ慈愛深く、その神聖なる義務を尽さしめ給へ。我等の主イエス・キリストの名によりて祈り奉る。アーメン」(同日三二三頁)。

このように誓い、あのようにふるまう裁判官。それがイギリス法だ。重遠はそう思ったに相違ない。重遠の没後、その著書『有閑法学』(一粒社、一九六〇、初版／日本評論社、一九三四)を再刊するにあたって川島武宜は、冒頭に「わたしたちの判事さん」と題された重遠の一文を置いた。イギリスでは裁判が自分たちのものだと思われている、という話だが、まさに重遠の裁判観を示すものであると言えよう。

「私たちの判事さん」と言えば、重遠は「われらが国王」についても述べている。裁判と同様に、王室もまた国民にとって身近なものであるというのである。

王室と国民

『欧米留学日記（一九一二～一九一六年）』の人名索引を繰ってみると、最も多く言及されている外国人はドイツ皇帝のカイゼル・ウィルヘルム二世（二六回）であることがわかる。イギリス滞在中の言及が多いのは、戦争の敵役として報道されることが多かったからであろう。そのあとには、日本研究者のホール（二三回）、イギリスの陸相キッチナー（一九回）、国王ジョージ五世（一八回）、蔵相ロイド・ジョージ（一七回）、首相アクティス（一三回）と続く。

しかし、皇后、皇太后、皇太子、王女などを加えると「英王室」（四三回）がトップに躍り出る。英王室に対する言及はそれほど長いものではないが、全体としては好意的なものである。たとえば、その一例。

「イギリス国民の王室に対する関係は、親密といえば親密、無遠慮といえば無遠慮だ。宿のミス・コンスティン姉妹なども『ジョージ』がどうの『メリー』がどうのと友達扱いで噂している。『プリンス・オヴ・ウェールズ』のことなどは、どうかすると“Poor little fellow”などという。かつてキングが即位後初めてクィーン御同列でこの辺をお通りの時、おばさんは往来に二時間も立って待っていたのに、箱自動車で疾風のごとく通過されてお顔も見えなかったと大不平。早速キング宛に『我々は

「汝を見るべく」楽しみにしているのだから、今後は開きオート（オープンカーのこと――筆者註）でユックリ走っていただきたい』と手紙を出した。ところが折り返し宮内省から『ヒズ・マジェスティは貴簡御覧相成り宜しく謝意を伝えよとの仰せに候』と返事があったとのことで、『それはイギリスで幸せ。ドイツなら巡査が返事に来る』と笑ったことだった」（一〇月一四日、一三一～一三二頁）。

重遠自身も、沿道から王族方の馬車行列を見ている。「今しも目の前の荷車にはさまって（交通規制がされていない――筆者註）静かに過ぎて行く質素な二頭立ての馬車に、かねがね新聞の写真でお馴染みの皇太后アレクサンドラ陛下。しかも車輪に接するくらい近かったから恐らく毛色の変わった男が思わずお辞儀するのがお目にとまったのだろう、にこやかに会釈をなさる。失礼ながら既に七十路をお過ぎのはずだが、気高くも美しくまずは四十そこそこ。御同乗のプリンセス・ヴィクトリア（キングの御妹）の御母上とはとても受け取られぬ。…この分では間もあるまいと思っていると、やがて騎馬巡査一人を先払いに、これも同じく質素な二頭立て馬車に、キング・ジョージ五世、クィーン・メリー両陛下が御同乗で静々と進んでこられる。しかしその後はお供の馬車やら大官の自動車やら普通のタクシーやら荷車やらがゾロゾロ続いて、どこが切れ目かわからない。…（キング・クィーンは――筆者註）悠然たる挙手の礼とつつましき目礼のうちに過ぎ行き給う。…それにしても今日の行幸の簡素なことよ。警衛のゆるやかなことよ。民衆の親しげなことよ」（一九一五年八月四日、二八六～二八七頁）。

「われらが国王」のより積極的な側面は次のように語られている。「今朝の新聞は、キングが侍従をして書をロイド・ジョージに与えて『朕自ら戦時禁酒の範を示さん』との御意志を明らかにされたと特筆大書しており、『タイムズ』も『聖主』の言葉で賞賛している。確かに王室は常々家庭生活においても国民の模範たらんと心がけておられるようだし、国民もこのことを承知しているようだ」（四月一日、二二五頁）。

禁酒問題は、徴兵問題と並んで、当時のイギリス国民の大きな関心事だったが、国王は、大きな象徴的役割をはたしたようである。重遠は、国王の動静とあわせて、世論やメディアのあり方についても関心を寄せている。当時、熱心に読んでいたダイシー（一八三五〜一九二二）――オックスフォードまで会いに出かけてもいる――の『世論と法律』に対する共感もこれと重なり合う。

イギリス滞在中の重遠にとってやや期待外れだったのは、「サフラジェット」の動きであろう。戦争のために「一息ついていることが二つ」あるうちの一つが

サフラジェット

「サフラジェット問題」だったからである。「一方『サフラジェット』の大将パンクハースト夫人が、これも最近の演説で『ベルギー女性を陵辱するカイゼルこそ世界女性の敵』と愛国演説をやる騒ぎだから、音に聞こえた女壮士の乱暴も息をひそめている。カイゼルはいい面の皮だが、アクティスは当分は女難を免れそうである」（一九一四年九月五日、一一〇頁）というわけである。

「サフラジェット（suffragette）」は女性参政権運動を指すが、その中の武闘派が「サフラジスト（suffragist）」と区別して自称したのに由来するようである。パンクハーストは母娘ともに活動家として知られているが、母のエメリン（一八五八〜一九二八）の方を指すのであろう。破壊活動やハンガース

トライキなどで知られ、逮捕歴も複数回に及ぶ。

重遠は婦人参政権には好意的だ。「男は赤ん坊まで入れて少なくとも三人に一人は選挙権があるのに、女にはこれがない。しかも独身自活の女性が増加し、それだけに独立意識も著しく高まっているはずだから、不公平を唱えて婦人参政権の要求が強まるのは無理はない。ただその方法がいささか乱暴すぎたのでかえって世間の同情を失い、政府も乱暴されたからというのでは許すわけにもゆかず、お互いに行きがかり意地づくにもなって実は双方持て余し気味の観があった」（一九一五年七月八日、二七一～二七二頁）と見ている。

それゆえ戦争を機にパンクハーストが、「男は戦い女は働く」（同日、二七二頁）をスローガンに掲げたのは「差当たりは『国家のため』、将来は『選挙権獲得のため』、理論的に『女権拡張』、実際問題としては『職業の確保』、あわせて憎いロイド・ジョージにまで頭を下げさせようという名案だ」（七月一七日、二七九頁）としている。

アメリカへ

残るアメリカは簡単にすませよう。ケース・メソッドに関する言及が興味深い。これは判例（ケース）を素材にした問答式の授業法（ソクラテス・メソッドとも呼ばれる）であり、ハーヴァード大学のクリストファー・コロンブス・ラングデル（一八二六～一九〇六）が考案したものとされているが、重遠は次のように評している。「中々面白く他山の石とするに足りるが、元来英米系のもので法律そのものの根本組織が違い、また英米の法律教育は弁護士養成が主で目的も多少異なるから、そのまま応用するわけにもいくまい。…よく考えた上で、今後活せるものは活かしたい

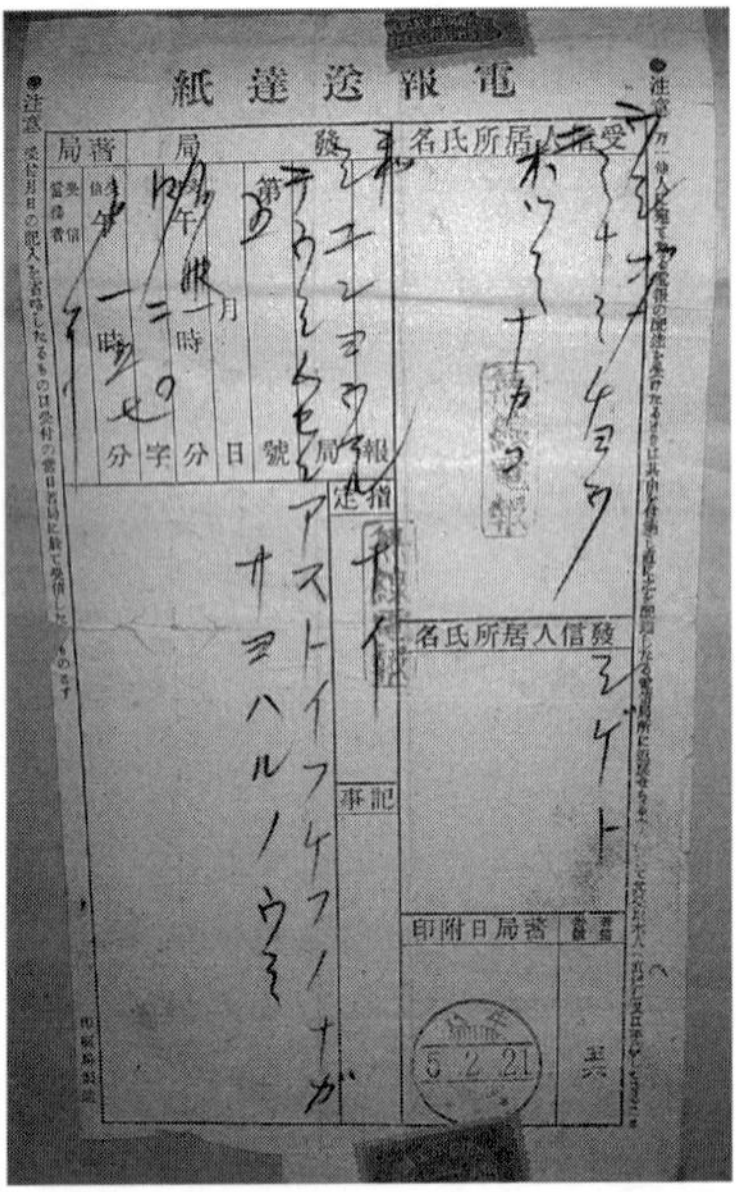

帰国を知らせる電文（穂積重行氏提供）

ものだ」（一九一六年一月八日、三五四頁）。

　日記にはハーヴァード訪問の部分が欠けており、ロスコウ・パウンド（一八七〇～一九六四）とのやりとりなどもわからない。後に重遠が学生たちに語ったところによれば、ケース・メソッドは非効率的ではないかという彼の質問に対して、パウンドはリーガル・ナリッジではなくリーガル・マインドが大事と答えたという（「大学生活四十年」『法律時報』二六頁）。重遠はこれを「法律知識」「法律見識」と訳し、知識ではなく見識を、と唱えることになる。

「アストイフ　ケフノ
ナガサヨ　ハルノウミ」

　サンフランシスコから横浜に向けて船上の人となった重遠は、横浜到着の前日、留守宅に向けて一通の電報を打っている。留学生活を終えて無事に帰国するという安堵感が漂う。

　確かに長きに及び波乱に富んだ留学生活であった。しかし、この留学は重遠の以後の人生の基軸を形成することになる。最後に彼自身の言葉で、留学生活の成果をまとめておこう（「大学生活四十年」

『法律時報』)。

「留学の第一の収穫は、何と言っても法律学と法学教育とに対する心構であるが、具体的の留学土産は著書『戦争ト契約』である」(二四頁)。「第二の収穫は、主としてドイツ及び米国で大学生活を味わったことだ。…そして其度に当時の日本の大学生活の殺風景を痛感したことであった」(同頁)。「第三の収穫は、社会事業を観察したことであった。…頗る社会事業に対する関心を高めた」(二五頁)。「第四の収穫は、社会教育の重要性に気づいたことだ」(同頁)。「第五の収穫は、婦人問題である。戦争が始まると…所謂サフラジェットが忽ち一八〇度の鮮かな転回をし『ヴォート・フォア・ウイメン』の旗をかなぐり捨てて『メン・マスト・ファイト、ウイメン・マスト・ウォーク』の大旗を押し立て、婦人勤労奉仕の大示威行進をやったのを眼前に観、これが結局最有効の婦人参政権獲得運動だと考へたものだ」(同頁)。

このうちの第三点と第四点が、重遠にとってはとりわけ大きな意味を持つことになる。第一点のうちの法学教育、第二点、第五点もまた、これらと密接に関わりを持つ。しかし、帰国直後の重遠がまずなすべきことは、法学者としての基礎を固めることであった。次節ではこの点に光を当てることにしたい。

3　新進学徒・重遠――『戦争ト契約』から『離婚制度の研究』まで

『戦争ト契約』

留学から戻った重遠は矢継ぎ早に著作を刊行する。まず最初に現れたのが、『戦争ト契約』（有斐閣、一九一六）である。本文だけで四六〇頁、付録・索引を含めると六〇〇頁に近いこの大著は、一九一六年五月に公刊されている。原稿はすでにロンドンで完成したものであり、まさに留学の直接の成果というべきものであった。ちなみに前年九月に完成した原稿には副本も作成されたが、副本は清書をしてくれた人が帰国するのに託し、正本は別の船で荷物とともに日本に送っている。

さて、重遠の最初の著書となったこの本は、ある意味では未だ重遠らしくなく、別の意味では既に重遠らしい。まず、「らしくない」の方であるが、形式の面では、表題からもわかるようにこの本はカタカナ書きの文語文で書かれている。当時の書物としては普通のことであるが、重遠は他に先駆けて一九一八年からは口語ひらがな書きに転じており、後に掲げる『民法総論　上下巻』（有斐閣、一九一二一）は口語の民法教科書の嚆矢とされる。「下女のふみ」のような平易な文体の出現には、もうしばらくの時を要するのである。

内容の面の特色を示すには、この書物に何が書かれているかを説明しなければならないが、この点については重遠自身が次のように述べている。「題シテ『戦争ト契約』ト云フハ簡略ノ為メナリ。戦争ノ開始ガ私法上ノ契約関係ニ及ボス直接ノ影響ニ関スル英国法主義、殊ニ一九一四年八月ニ始マル大戦役ニ際シ英国政府議会及ビ裁判所ガ如何ニ此主義ヲ実現シ此問題ヲ取扱ヘルカヲ論評セント欲スナリ」（一頁）。特に重遠が関心を寄せたのは、イギリスの戦時絶交主義と欧州大陸諸国の戦時通商自由主義のコントラストであった。

『戦争ト契約』の原稿（穂積重行氏提供）

重遠が家族法の領域以外の問題について発表した論文の数はごく少ない。その意味では、この大著は例外的な「らしくない」ものであったと言える。しかし、そこには重遠「らしさ」も十分に現れている。それは同書執筆の動機を述べる次の部分によく現れている。「此ノ千載一遇ノ時機ニ欧州ニ居合セ此大事件ヲ比較的子細ニ観察スル機会便宜ヲ有セル同胞ニ取リテハ、各自其専門トスル学術事業ノ方面ヨリ其学術事業ガ現戦役ニ於テ現シタル成績及ビ現戦役ガ其学術事業ニ及ボシタル影響ヲ出来得ル限リ十分ニ観察調査シ、其研究ノ結果ヲ国民ニ報告シ其他国家ノ為メニ利用スルコトガ、其ノ特別ノ責務ナルカノ如キ感ナクンバアラズ」（二頁）。

旧制一高時代に書いた作文「戦争」のくだりが思い出される（本書一八～一九頁参照）。重遠の学問は常に国家・社会とともにある。また、結論部分の次のような文章にも「らしさ」がにじむ。「其ノ主タル動機ハ問題自身即チ戦時絶交制度其モノノ法律学上ノ興味ニ外ナラズ」（四六四頁）。「社会現象ト法律トノ密接ナル関係ノ一端ヲ彷彿タラシムルヲ得バ、著者ノ望ヤ即チ足レリ」（同頁）。ここに問題そのものへの興味と、社会との関係で法をとらえようとする姿勢が端的に現れているが、これらは一生を通じて変わらぬ重遠の学問の基本線である。

一言補足をするならば、「主たる動機」とは別の「従たる動機」はあるのかと言えば、引用の一文に先立ち重遠は、将来に起こるかもしれない日米開戦の際に（イギリス法主義を採用する）アメリカに対して、どのような態度をとるかという実際上の利益にも言及している。しかし、それは主たる動機ではないとしているのである。

「婚姻予約判決ノ真意義」と「男子貞操義務の真意義」

留学中（あるいはそれ以前からの）関心に即して言うならば、仲子が重遠に送った新聞記事に対する感想が、重遠らしい研究を生み出す。「婚姻予約判決ノ真意義」（『法学志林』一九巻九号、一九一七、一頁以下）という著名な論文がそれである。この論文は、先述の新聞記事（本書三二頁参照）が報じた大審院判決に関する研究である。

この判決については、従来、次のような位置づけがなされてきた。「日本の婚姻法、さらには家族法を通じて、最も重要と思われる判決は、婚姻予約有効判決と称される大判大正四年一月二六日（民録二一輯四九頁）といってさしつかえないであろう。従来、法の救済の対象外に置かれていた内縁の妻に対し、法的保護を与える立場をはじめて示したものとして、この判決は、実に画期的なものであった。この判決をきっかけにして、家族法の父ないし母と称される穂積重遠、中川善之助両博士の家族法についての本格的研究が進んだといっても過言ではない。さらに、この判決の後、豊富な判例法が築かれたのであって、まさにこの判決は、家族法の発展のための金字塔をうちたてたものといえる」（川井健『民法判例と時代思潮』日本評論社、一九八一、八九頁）。

その後、一九八〇年代の半ば以降、この判決に勝るとも劣らない重要な判決がいくつか登場しているため、「最も重要」という評価には今日では異論もあろう。しかし、この判決が日本の家族法学の出発点をなすという評価は今日でも揺らがないであろう。

大正四年判決については、多くの民法学者が論評を行っているが、重遠以前の代表的な論客は石坂音四郎（一八七七〜一九一七）であった。石坂は極めて鋭利な頭脳の持主であり、その死がライバル鳩山の研究意欲を失わせてしまったと評されるほどの俊才であった。大正四年判決に対する論評も石坂らしく、その論理的な不備への批判を主眼とした。しかし、重遠の議論はこれとは全く次元を異にする。重遠は「該判決ハ我現行民法ノ解釈適用トシテハ不当デアルカ又ハ少クモ甚ダ牽強付会デアルガ、法律ニ規定ヲ欠ク場合ノ裁判所ノ立法的判決トシテ正当デアル」（「婚姻予約判決ノ真意義」『法学志林』一九巻九号、二頁）としたのである。

すなわち、「従来ノ議論ハ殆ドスベテ該判決ガ婚姻予約有効ノ判決デアルコトヲ疑ナキ事実トシテ前提シテ居ル」（三頁）が、「当事者ハ既ニ結婚式ヲ挙ゲテ通俗ノ意味ニ於ケル夫婦トナッテ居ル」（四頁）のであり、「既ニ結婚式ヲ挙ゲタ者ノ間ニハ最早婚姻予約ノ意思ハナイ」（九頁）とする一方で、

「殊ニ男子ガ婦人ヲ妻トシテ迎ヘナガラ其入籍ヲ拒ムト云フ往往見ル所ノ不徳行為ニ対シテハ、何等カノ制裁ヲ設ケテ其弊害ノ救済ト予防トヲ講ゼネバナラヌト云フ必要ガ今日特ニ感ゼラレテ来タ」（一三頁）のであり、「大正四年ノ大審院ノ『婚姻予約有効判決』ハ、実ハ此ノ入籍ヲ拒マレタ内縁ノ妻ノ不幸ヲ救済慰藉スルコトガ其真動機真目的デアッテ、其法理的根拠トシテ婚姻予約有効論ニ仮託シタモノ」（一四頁）であり、「時弊救済ノ社会的必要ヲ看取シテ、之ニ立脚シタ」（一四～一五頁）ものであるとした。理論構成ではなく結論を直視し、社会的必要に応じるためには裁判所による法創造も認める。「真意義」はこうしたスタンスに立つことによって、先行学説と一線を画したのである。「真意義」で示された考え方は、その後も維持・発展させられる。大正四年判決から一〇年余を経て現れた別の大審院判決（大判昭二年五月一七日）に対して、「男子貞操義務判決の真意義」（『法学志林』二九巻七号、一九二七）が書かれるのである。この論文は「婚姻予約有効判決ノ真意義」と「内容に於ても一対たるべきもの」（二頁）とされているが、「出来得る限り具体的に事件其もの裁判其ものを観察して見たい」（同頁）と言い、「大審院が夫に法律上貞操の義務あることを認めたと云はんよりも、寧ろ夫の貞操が此新判決によって法律上の義務になったと云ひたい」（一一頁）と言う点で、確かに両者は「一対」をなす。

ここで重遠の学風の特徴を一つ挙げておく。それはその継続性、粘り強さということである。ある研究はそれだけで完結することなく、しばらく後になって別の研究に引き継がれて展開される。本項目以下の数項目が二つの研究を掲げるのは、この経緯を示すためである。留学直後に発表された一連の研究は、その後もそれぞれ発展していくのである。別の言い方をすれば、一連の研究はその後の重遠の研究の端緒であり原型なのである。

「フェミニズム」と『婦人問題講話』　研究の端緒・原型に言及した以上は、重遠の初期の論文の一つ「フェミニズム」（『法学協会雑誌』二八巻七号・一〇号、一九一〇）に触れておく必要がある。この論文は、一九〇〇年代初頭に公刊された二冊のフランス書に依拠するものであるが、そこでは三種のフェミニズム（それぞれに革命的・キリスト教的・純正という形容詞が付されている）を区別した上で、フランスにおける動きを「知能上の女権拡張」「経済上の女権拡張」「私法上の女権拡張」に分類・整理している。

女権拡張が留学中の大きな関心事であったことは前述の通りであるが、この関心もやはり長く維持されることになる。その一例としてここでは、『婦人問題講話』（社会教育教会、一九三〇）を掲げておく。版元の社会教育教会については別に触れることにして、目次を見ると次のようになっている。「はじめに」「婦人問題の意義」「婦人教育問題」「婦人職業問題」「婦人労働問題」「婦人政治問題」「婦人法律問題」「結語――男子と婦人」。本論部分に掲げられた五つの「婦人問題」が、（参政権の問題を除き）上記論文の三つの「女権拡張」の延長線上にあることが容易に看て取れるだろう。

もっとも重遠は、これ以上にフェミニズム論を展開することはない。では、その関心はどこに向かったのか。この点が次節以降の話題に一つとなるが、いまは予告にとどめよう。

『法理学大綱』と『法学通論』　留学中に書かれた『戦争ト契約』を別にすると、留学直後の重遠の主な著書は『法理学大綱』と『親族法大意』の二冊であると言える。いずれも一九一七年八月に岩波書店から公刊されているが、新学期に間に合わせるべく執筆を急いだ結果であろう。これら二冊は講義用の教科書として準備されたものなのである。その実質は、一九一六年度の講義をまとめたものであった。重遠自身が言うように、「自ラ其ノ尚早キヲ知ラザルニアラズ」、若書きの観がないわけではない。しかし、その内容には興味深いものが含まれている。まずは『法理学大綱』（以下、『大綱』と略称）の方から見ていこう。

『大綱』は、序論にあたる第一章「法理学ノ意義」から説き起こされ、学説史を概観する前半部分（第二章「法理学ノ分派」、第三章「分析派ノ法理学」、第四章「哲学派ノ法理学」、第五章「歴史派ノ法理学」、第六章「比較法学」、第七章「社会学派」）を経て、法律を各側面から検討する後半部分（第八章「法律ノ進化」、第九章「法律ノ本質」、第十章「法律ノ内容」、第十一章「法律ノ形式」）へと続き、第十二章「法律ノ本位」で結ばれている。

『大綱』には重遠の法理論が集約されていると言っても過言ではないが、今日では顧みられることも少ない。その理由の一つは『大綱』のカバーする範囲が広すぎて、今日の分化した専門の枠に収まりきらない点に求められよう。重遠の法学観と密接に関わっているこの点から見ていこう。重遠は巻頭において次のように述べる。「法律学ハ法律ノ学問的知識ナリ。学問的知識トハ、或現象ニ付テノ独立的知識（即チ経験）ヲ総合分析彙類組織シテ其現象ノ通性ヲ抽象シ、依リテ其現象ノ根本原理ト其ノ万有現象中ニ於ル位置トヲ認識スルコトヲ云フ。」（一頁）その上で「個々ノ法律現象…ノ研究ハ法律ノ科学ニシテ、之ヲ現実法学ト名ク」、「進ンデ抽象的ニ法律其物ノ根本原理…ヲ研究シ法律現象ノ万有現象中ニ於ケル位置ヲ認識スルハ法律ノ哲学ニシテ、之ヲ法理学ト云フ」（四頁）とする。

ここで注目すべきは、第一に、法学を「学問」であるとしていること――『戦争ト契約』はこの考え方に立っていた――、そして第二に、狭義の法哲学に限ることなく法律歴史哲学や立法学などをも含めて、法理学を広くとらえていること――それゆえ「比較法学」や「社会学派」が登場する――であろう。

法律学・法理学に関する以上のような位置づけをした上で、重遠はどのような法理論を展開したのか。誤解を恐れずに言うならば、そこで示されたのは多元的（多層的）な「社会」主義であると言うことができよう。重遠の「社会」主義は、①法の認識の次元における方法的社会主義（社会学的考察を重視し、社会問題への関心を持つ）、②法の目的の次元における価値的社会主義（個人本位ではなく社会本位を標榜する）、③法の存在の次元における非実定法主義＝自然法主義（制定法以前の「法」の存在を想定する）、④法の実現の次元における公権力主義＝社会力主義（法のメルクマールを国家による強制ではなく社会による強制に求める）に分節化される。このうち③④には陳重の影響が観じられるが、①②には重遠らしさが現れている。

以上のような法理論は、その後さらに展開されることはない。法理学の研究は断念され、重遠は民法に集中することになるからである。しかし、『大綱』で論じられたことがらは、後に『法学通論』

（日本評論社、一九四一）において別の形で提示される。重遠は『大綱』で「法理学」と「法学通論」は別物であるとしているにもかかわらず、『大綱』と『法学通論』は内容において通底していると見ることができる。重遠が「法理学」を断念しつつ、「法学通論」を試みた理由については、後で項を改めて検討する。

『親族法大意』と『親族法』

次に、同じく一九一七年に公刊された『親族法大意』（以下、『大意』）を見てみよう。重遠には『親族法』（岩波書店、一九三三）があり、こちらがむしろ家族法に関する主著と目されてきた。確かに分量の点でも成熟度の点でも『親族法』は『大意』を凌駕している。『親族法』こそが重遠の主著であるという見方には十分な理由がある。重遠の法学の特色を摘出するためには、『親族法』の立ち入った検討が有益であると言える（本書第三章参照）。

しかしながら、より簡潔な『大意』には重遠の家族法・家族法学観が凝縮されていると見ることも可能である。特にそこには、重遠の言う「現実法学」のあるべき姿がよく示されている。重遠は、「法律学（現実法学を指すのだろう――著者註）ノ研究方法ニ注釈的研究ト社会学的研究アリ」としつつ、「此二方面ノ研究ハ共ニ法律学ニ欠クベカラザル所ナルモ現在及ビ将来ニ於テ大ナル発展ヲ要シ且大ナル発展ノ余地アルハ、実ニ社会学的研究ナリトス」（一～二頁）と述べる。その上で、特に親族法相続法には社会学的研究が重要であるとして、「一方ニ於テハ社会組織ノ基礎ヲナシテ道義風教問題ト密接シ、他方ニ於テハ経済活動ノ根源ヲナシテ経済政策問題ト関連スレバナリ」（二頁）という。さらに沿革的研究・比較的研究も有益であるとし、「要スルニ法律殊ニ親族法相続法ノ研究ハ、過去現在未来ニ亙、内外ニ跨リ、注釈的研究ニ兼ヌルニ社会学的研究ヲ以テスルニアラズンバ完璧ヲ称スベカラズ」（四頁）としている。

このような社会学指向を最もよく表すのは、『大意』巻末に付された「法律婚と事実婚」である。二〇〇頁に満たない小著の付録部分は三五頁に達しており、教育の面でも、重遠は婚姻の実態に強い関心を寄せていたことがよくわかる。教育と云えば、『大意』には「設問」が付されているのも先進的なことであった。

厳密に言えば、留学直後の重遠の業績として掲げるべきものは以上に限られる。しかし、以下ではやや範囲を拡張して、一九二四年までに公刊された何冊かの書物についても言及しておきたい。このうちの三冊までが一九二一年に出版されているが、最後の一冊が出版されたのは一九二四年である。すぐ後に述べるように、これまでに紹介した何冊かの著作は一九二一年の著作と密接にかかわる。また、少し後に述べるような理由により、著作に関しては一九二四年の一冊が一つの区切りをなすからである。

『国際心のあらはれ』と『日本の過去現在及び将来』

戦乱のヨーロッパ（直接には、戦うイギリス）から帰国した重遠は、その後に訪れた平和の世界をどう見ていただろうか。『国際心のあらはれ――グロチウスの国際法学とアンデルセン氏の国際市計画』（下出書店、一九二一）は小著ではあるが、このような観点から注目に値する。この小著の副題は「グロチウスの国際法学とアンデルセン氏の国際市計画」とされているが、収録されているのは「国際法学の開祖グロチウス」「『国際市』と国際的法律」の二編である。

この書物は「『国際』と云ふ言葉が段々と眼に著き耳に聞こえる。結構な事だ。併し『国際』と云ふ言葉が人皆に十分理解されて居るだらうか」（はしがき一頁）という問いかけから始められている。重遠は直ちに自答する。「世界永久平和の根柢は、国際連盟や軍備縮少会議の施設其ものに存するのではない。各国が充分に『国際』を了解して此等の施設を運用することに存する。各国が了解すると云ふのは、各国民一人一人が了解することである。世界の各個人が『国際心』を有することである」（はしがき一～二頁）というのである。

本書所収の二編は講演原稿に由来するが、ここには以後の重遠の講演を貫く基本的な考え方が現れていると言える。すでに指摘したように、重遠は法は（国家ではなく）社会を基礎として存在すると考えている。注意すべきは、重遠は、社会が法を産み出すという側面ならず、社会に（より正確には社会を構成する諸個人に）働きかけて法を発展させるというヴィジョンを持っていたということである。

ところで、重遠は、国際法の法としての性質についても関心を持っていた。重遠は次のように述べている。「我々が国際生活を為さなければならぬと云ふ事実があり、而して我々が其の事実を感覚する。此事実上の力と精神上の力が相俟って所謂社会力を成し、以て団体生活を維持統率する。権力とは結局此社会力を云ふに外ならぬ。故に権力は必ずしも国家の専有物でなく、苟くも社会生活が或程度に達すればそこに何らかの形の中心権力が発生する。法律も亦必ずしも国家の専有物ではないのである。国家以前にも法律あり、国家以上にも法律あり」（九三～九四頁）。以上は、重遠自身が明示するように「大綱」の主張の核心と重なり合うのである。

「国」を超えた「国際」への重遠の関心は、その後も維持されたようであるが、それが再び明示的に現れるのは『日本の過去現在及び将来』（丸井書店、一九三五、増補版／岩波書店、一九三七）であろう。本書は平壌で行われた講演をまとめたものであるが、帝国日本を植民地朝鮮に開く言説が展開されるとともに、世界との関係にも触れられている。そこには「治国平天下」の思想が見てとれるが、そこでの「国」は、日本の伝統を重視しつつも朝鮮を包摂したものとして構想されている。その意味で異質なものを内包する重遠の帝国日本は、それ自体が「国際的」な性質をもたざるを得なかったと言えようか。

『判例民(事)法』と『判例百話』

『判例民（事）法』（有斐閣、一九二一〜）は重遠の著作ではない。末弘が中心になり、重遠も参加して発足した東京大学判例研究会の共同著作である。七名のメンバーが大正一〇年度の大審院判例のすべて検討した『判例民法』（大正一一年度から『判例民事法』）から始まり、以後、毎年一冊ずつが刊行されて戦後に至る。この継続的な試みは、日本の法学界における判例研究の方法を確立し、「生きた法」として判例を位置づけることとなった。

重遠は従来から、立法ではなく裁判こそが法の原型であると考え、判例の法創造的な機能を承認してきた。また、判例は社会と法の接点であるという感覚を持っていた。「婚姻予約有効判決ノ真意義」はまさにそのような考え方に立って書かれていた。そうであればこそ、重遠は末弘の提案に自然に賛同できたのだろう。

もっとも、重遠の判例のとらえ方には独特な面もある。それは後の著作『判例百話』（日本評論社、一九三二）を見ると、よく理解される。ここでの『百話』は法の知識を得ることではなく、法の見識（とらえ方）を磨くことを目的とする。判例は教育のためのよき素材として利用されているのである。ただし、ここでの「見識」は専門法律家としての研ぎ澄まされた見識ではなく、それ以前の法を生きる人々の素朴な「見識」であると言うべきだろう。末弘は法学教育の革新者でもあったが、重遠はより広い法教育の創唱者であったと言えるのである。

『民法総論上下』と「債権法及び担保物権法講義案」

「法教育」に関しては改めて検討することとして、ここでは「法学教育」にかかわる著作として『民法総論　上下巻』（有斐閣、一九二一、合本改訂版、一九三一）に触れておこう。もっとも、『大綱』や『大意』と同様に、東京帝国大学における教科書として書かれた本書は「法学教育」のためのものにはちがいないのだが、「法教育」を視野に入れたものと評することもできる。

本書の「法学教育」用教科書としての特徴は、重遠自身によって次のように述べられている。本書は「民法講義の教科書として書いたものである。それ故研究的民法論として不十分不完全なことは自分ながら認める。負け惜しみを云ふならば、わざと不十分不完全にして置いたのだと云つても宜い」（はしがき一頁）。確かに「学問的研究書としては、註が附かなければならず、又もっと詳論がしたい。併し法律学講義の一良法は、講義者自身又は他の学者の著書に学生と協力して註と評とを加へて行くことである、と著者は常々考へて居る故、教科書としての本書は故らに骨組だけのものにした。これに肉を附け血を通はせるのは、講堂に於ける講義問答であり、書斎に於ける各自の研究思索であり、而して実生活に於ける観察体験である」というのである（同頁）。

同時に重遠は本書をして「法教育」用の教科書としたいとも考えている。先の引用部分に続けて次のように述べる。「唯だ骨は骨でも枯骨死灰ではない様にと、及ばずながら心掛けた。法律専攻者でない人にも法律の骨組を一見する気を起こして貰ひらいと思ふからである」（二頁）。

この後にさらに続くのが、重遠の法学を特徴づける次の定式が示される部分である。「一つの書物を法律家と非法律家との為めに⁉　二兎を追って一兎を獲ないかも知れない。併し追うべき二兎があると云ふことだけは忘れたくないのである。否二兎は畢竟一兎なのではあるまいか。法律教育の終局の目的は、非法律家を法律家にし法律家を所謂法律家でなくするにある、と著者は考へ居る」（同頁）。

ところで、『民法総論』の評価は今日決して高いとは言えない。重遠がはしがきで言及する鳩山秀夫の民法総則講義はやがて『日本民法総論』として公刊され、その後物長く言及されつづけたのに対して、『民法総論』はあまり言及されることがない。その理由を一言で述べるならば、重遠の『総論』が解説的（記述的）であるのに対して、鳩山の『総論』が解釈的（規範的）であることに求められるであろう。より正確に言うならば、後世の人々は重遠の影響を受けつつ、その影響を自覚しなかったと言うべきかもしれない。

たとえば、『民法総論』に何を書くかという問題がある。『民法総論』と題する書物は多いが、その多くは民法典の総則編（現行民法典は総則・物権・債権・親族・相続の五編に分かれる）を対象とする。ところが、重遠の『総論』には一〇〇頁に及ぶ「緒論」が付されており、そこで「民法」とは何か「権利」とは何かが論じられている。以後の教科書には、重遠が掲げた項目の全部または一部をとりあげて論ずるものが見られるが、この対象選択そのものが重遠に由来するという意識は希薄である。これに対して、『日本民法総論』の中で鳩山がある特定の問題について述べた見解は「鳩山説」としてしばしば引用される。一言で言えば、その後の日本民法学は個別問題に関する意見を「学説」として参照するという傾向を持つのである。

重遠の「学説」の現れ方はこれとは異なる。この点を端的に表すのは後に書かれた『債権法及び担保物権法（講義案）』（有斐閣、一九三四）であろう。この書物は重遠の講ずる民法第二部の教科書として用いられた。当時の東京帝大の民法は第一部から第三部までに分かれており、学年ごとに一人の教授が持ち上がりで教えていた。重遠の第二部は「債権法及び担保物権法」であり「即我々の民法第二部は所謂債権法よりも範囲が広いのである」（二頁）としている。さらに重遠によれば、債権法（民法典の第三編「債権」編――筆者註）に関しては「第一には其発生原因と具体的内容、第二には其内容の実現が問題となる。第一は債権編の後半所謂債権各論の部の主として扱う所であって、研究法としては此部分を先にするのが適当と思ふが、規定の順序に従って本講義の第二段とした」（一〜二頁）のであり、「債権者平等の原則を破った債権内容の特別実現は…担保物権法は物権法の一部（民法典の第二編「物権」編の後半――筆者註）であること勿論だが、その性質上債権法を前提として研究するを適当と認め、それを本講義の第三段とした。」とされている（二頁）。

以上のように、債権各論→債権総論→担保物権法という研究・学習の順序が示されているのだが、この順序は戦後のある時期から、持ち上がり方式から分担方式になった東京大学における民法講義の順序とされるに至る。内田貴や筆者の民法教科書の第二冊が債権各則を、第三冊が債権総則と担保物権を内容とするのもそのためである。しかし、私自身は教科書執筆時には不明にして、この構成が重遠に始まることを知らなかった。鳩山が民法の個々の解釈につき明確な影響（表層の影響）を残したのに対して、重遠は民法の全体の理解につき不明確な影響（深層の影響）を及ぼしているのである。

『離婚制度の研究』

新進学徒としての重遠の著作として、最後に見ておく必要があるのが『離婚制度の研究』（改造社、一九二四）である。索引を含めると九〇〇頁を超えるこの大著（以下、『研究』と略称）は、それまで重遠が書いた離婚論の集大成となっている。『研究』には一七編の論文が収められているが、それらは留学の前後に書かれた六編（英仏の離婚法史を中心とする）と一九二〇年から二三年に書かれた一一編（離婚原因論を中止に縁切寺関係とロシア・ノルウェー法関係を含む）とに分かれる。重遠の研究が、比較法の基礎から日本の現状と歴史に、さらには世界の立法の先端へと広がってきたことがわかる。

もっとも、重遠自身はこの浩瀚な研究に完全に満足していたというわけではない。重遠は言う。「雑誌『改造』の大正十年七月号に『三くだり半の話』を載せたのが機縁となつて、私が諸雑誌に発表した離婚制度に関する論文を一冊に纏める様にと、改造社から頻りに勧められます。私もやや心を動かして、大正十一年の夏頃からポツポツ旧稿の整理に掛かりました。併し私はまだ迷つて居ました。

さうしたい気もしましたし、躊躇もされました。…私は大学卒業前から離婚問題に興味をもつて居ました。そして一生の仕事として『比較離婚制度論』とでも云ふ様な本を書いてみたいと云ふのが私の大願です。…一つ一つとしても、又全体としても、まだまだ極めて不完全不十分なものです。今ここで大願成就とするには余りに早過ぎます。恥しくもあります、惜しくもあります。それで私は躊躇して居ました」（序文一〜二頁）。

思い切って刊行された『研究』は離婚法研究の古典としていまでも参照される（少し前に復刻版も刊行されている）。日本の離婚法研究はこの書物を起点としていると言える。しかしながら、重遠自身が『研究』の続編を書くことはなかった。また、同じ時期に書かれた「寡婦の相続権　一〜三」（『法学協会雑誌』三六巻一・三・四号、一九一八）などの論文が一書にまとめられることもなかった。『研究』刊行の前後から重遠の人生は大きな変動期に入るからである。その意味で、『研究』は新進学徒としての重遠の一連の業績の棹尾を飾るものとなった。

二つの別れ――研究書と愛息

あえて『研究』を公刊した理由を、重遠は次のように述べている。「所が思ひもかけぬ事件が私に起こりました。大正十二年一月十一日、明けて五つの長男重義が病死しました。私に取つて実に大打撃であります。併しそれが大打撃であつただけそれだけ、これで挫折してはならぬと私は奮起しました。奮起して私は此際我子の記念に何か一仕事したいと考へました。否、一仕事せずには居られないのであります」（二〜三頁）。

その悲痛な思いは、続く文章によく表れている。「彼は――所謂『門前の小僧』で――本を読む真似をすることが大好きでした。手当り次第の書物を開いて、子細らしく小首をかしげながら、彼自身に適切な内容に改作しつつ声高に読むのでした。生前には彼は『おとうさまのごようのごほん』にさはることを禁じられて居りました。禁じられれば禁じられるだけ彼はどんなにか父の書架にならんで居る大きな書物がいじりたかったでせう。父は今『昨日まで叱つた瓜を手向け』ます。そして此本の大きさ厚さを喜んで得意にページをめくる子の姿を眼前に浮べます。この不適切な記念著書を、重義はキツト今の彼に適切な文句に改作して読んで呉れるでせう」（三〜四頁）。

重義の死。そして関東大震災。重遠は『研究』を世に送り、その真情を吐露することによって、気持ちを切り替えてこの困難から立ち上がろうとした。愛息に対する気持ちは、後に生まれる三人の子どもたちに向けられるとともに、世の子どもたちに広く及ぶことになるが、この点については後の章で語ろう。

この愛息との別れは、二重の意味での別れであったと言えるかもしれない。すでに一言したように、『研究』以後、まとまった研究書が出版されることはないからである。これは必ずしも、諸般の事情によってそうならざるを得なかったというものではない。これまでに紹介してきた重遠の法学観の中に、研究書とは異なるものへの指向が胚胎されていたからであるとも言える。しかし、胚胎されていたものがいかに成長していくのかを知るためには、重遠の人生をさらに辿っていかねばならない。これも次章以降の課題となる。

さらに、二つの別れ
——法理学と親友

加えて、この時期には別の二つの別れがあった。それは法理学との離別と親友・鳩山との離別であった。一九二六年、父・陳重が逝去し、親友・鳩山が若くして大学を去る。そして元号は昭和に変わる。しかしそれ以前に、法理学との別れ、鳩山流の民法学との別れはすでに生じていたと言えるだろう。ただし、予め付言するならば、これらの離別は離別ならざる離別、表層の離別であったと見るべきかもしれない。

法理学との離別。それは外見上は明らかである。『大綱』の公刊後、重遠は法理学を諦めて民法に専念する。重遠にとって、父・陳重が始めた法理学の放棄は大きな決断だったろう。専門分化が進む中で、民法と法理学の二枚看板を掲げることは次第に困難になってきていた。また、立法や社会教育・社会事業で忙しくなっていく重遠には、狭義の研究のために割く時間が十分ではなくなってきたことも確かであろう。

しかしこの決断は、「撤退」ではなく「転進」であったと見ることもできる。確かに重遠は法理学の看板を下ろしたのだが、それによって重遠が法理学的な視点を切り捨てたということではない。むしろ『大綱』で確立された考え方は、以後、重遠の民法学の中に息づくことになった、さらに言えば法学者としての重遠の活動全般に遍在することになったと考えた方がよいようにも思われるのである。

法理学との離別が重遠自身の意図的な選択の結果であったのに対して、鳩山との離別は意図せざるものであった。鳩山の留学が中途半端なものに終わったことは前述の通りである（本書四〇頁参照）。そのために鳩山は大きな時代の変化——それは牧野英一（一八七八〜一九七〇）がしばしば用いた表現を借りるならば「法の社会化」をもたらした――に適応することができなかった。もちろん鳩山自身も問題の所在を承知していた。転機を見出すためのいくつかの論文を書いてもいる。それでも鳩山は親友である重遠や義弟でもある末弘厳太郎が開こうとする道の先頭に立って、進むべき方向を指し示すことはできなかった。常にリーダーであろうとする鳩山にとって、これは苦しいことであった。判例研究会にも加わらなかった孤高の鳩山の周りには、次第に倦怠の空気が漂うようになる。

しかし、民法学の第二走者として先頭にあったはずの鳩山が途中でリタイアしても、二人の友情の絆が断ち切られたわけではない。重遠は鳩山の引退を惜しみ、彼の学識に対して尊敬の念を失わなかった。常に鳩山を念頭に置きつつ倦むことなく走り続けた。また、穂積・鳩山の家族ぐるみでのつきあいは後の世代にも引き継がれたのであった。

こうして様々な別れを経て、重遠は次の時代に向かう。その姿は颯爽としているが、心の底には悲しみが隠されていることも覚えておこう。

第二章　希望にみちて――立法と社会教育・社会事業（一九一八〜三一）

昭和の民法学を代表する学者・我妻栄は、自身の学者人生を「民法一筋と花模様」と称した。我妻は特に戦後は、求められて様々な職を引き受けた。その際の指針は、中心となるべきは民法研究であり、その周辺の様々な仕事はあくまでも「花模様」でなければならない、というものであった。

我妻のこの表現は比較的よく知られているが、我妻がこう述べた時には重遠の言葉を念頭に置いていたものと思われる。「研究・教育を枢軸とし、社会教育と社会事業とを両翼として」という言葉がそれである。ここには「立法」が出てこないが、立法は研究・教育と社会教育・社会事業にまたがるものととらえられていた。大学教授の本務である研究・教育の他には、「立法」そして「社会教育・社会事業」に限って、様々な仕事を引き受けていこう。これが重遠の指針であったのである。

しかし、重遠の立法と社会事業・社会教育は「花模様」にとどまるものではなかった。重遠は枢軸を維持しつつ、その可能性を最大限に活かすために両翼を広げたのである。あるいは、大きな翼こそが重遠法学そのものの姿であると言った方がよかろうか。

本章では、若鷹から大鷹になった重遠が、翼をいっぱいに広げて自由に空を舞った時代を取り上げる。

1　立法家・重遠――大正改正要綱と改正弁護士法・児童虐待防止法

ロシア革命と臨時教育会議

一九一七年のロシア革命は、日本の指導者たちを震撼させた。二月に始まった革命は拡大し、一一月はじめにはレーニンの指導するボリシェヴィキが権力を掌握した。その後、内戦を経て一九二二年にはソビエト連邦が成立することになる。第一次世界大戦中のイギリス・フランスは、ドイツの関心を東に向けるために、あわせて社会主義革命に干渉すべく、チェコ兵救助を名目にシベリア出兵を企図した。アメリカとともに出兵を要請された日本は、社会主義の波及とロシア・ソビエトの東進を阻止すべくこれに応じ、第一次世界大戦の終結を機に撤兵した各国をしりめに、一九二二年まで駐留を続けた。

外に向かってシベリア出兵がなされたのに対して、内に向かって臨時教育会議が開催されたのは、一足早い一九一七年のことであった。当時の寺内正毅首相は「学制ヲ改革シテ教育ノ完全ヲ期スルハ…既往十数年ノ懸案ナリト雖議論多岐ニ亙リテ帰着スル所ヲ知ラス」（海後宗臣編『臨時教育会議の研究』東京大学出版会、一九六〇、三三頁）、「欧洲ノ大戦勃発以来交戦列国ハ…教育上ノ施設ヲ怠ラス孜々トシテ学制ノ改革ヲ図リ以テ自彊ノ策ヲ講シツツアリ」（三三～三四頁）との認識を示している。しかし、会議は単に学制のみを問題にしたわけではなく、より広く国内外における社会・思想問題に対して、国体の精華の宣揚を期するために設置されたとされており、一九一九年の建議においては、民法改正の必要が指摘された（磯野誠一「民法改正と臨時教育会議」〔『法学志林』五〇巻三・四号、一九五三〕に詳しい）。すなわち、「我国固有ノ淳風美俗ヲ維持シ法律制度ノ之ニ副ハザルモノヲ改正スルコト」が必要であるとの認識に立ち、「諸般ノ法令ニ於テ我国家族制度ト相矛盾スル条項著シキ者アリ。教育ニ於テ家族制度ヲ尊重シ立法ニ在リテハ之ヲ軽視スルガ如キハ撞着モ甚ダシキモノト謂ハザルベカラズ。当局ノ速ニ調査機関ヲ設ケテワガ国俗ニ副ワヌ法規ノ改正ニ着手センコトヲ望ム」（九六二～九六三頁）としたのである。

ちなみに、臨時教育会議は内閣直属の会議体であり、平田東助（一八四九～一九二五。政治家）総裁・久保田譲副総裁のほか三六名の委員が集められた。その三六名の中には、重遠の親戚にあたる阪谷芳郎（叔父）・児玉秀雄（義兄）が含まれている。

臨時法制審議会での活躍

この答申を受けて、一九一九年七月、内閣に設置されたのが臨時法制審議会である。重遠の父・陳重らが起草委員となって民法等の原案を作成した法典調査会はその任務を終えて一九〇三年に廃止されていたが、その陳重を総裁、平沼騏一郎（一八六七～一九五二。後に首相）を副総裁として臨時法制審議会は発足した。二五名の委員のほかに幹事として、内閣法制局や司法省の高官、あるいは家族法や刑事法に詳しい裁判官に加えて、牧野英一・穂積重遠・鳩山秀夫が任命された（臨時法制審議会の審議経過については堀内節編著『家事審判制度の研究　正続』〔日本比較法研究所、一九七〇／七六〕に詳しく、本編の倍以上の分量の付録には議事録なども収録されている）。

幹事の本来の任務は法令調査にあったが「会議ニ出席シ議長ノ許可ヲ得テ意見ヲ開陳スルコトヲ得」（臨時法制審議会議事規則一四条。堀内編『家事審判制度の研究　五六〇頁）とされていた。実際のところ、七月一六日の第一回総会の後、二九日には「民法ニ関スル調査分担幹事氏名」（五六二頁）が定められ、五名の司法官たちとともに重遠が幹事に指名された。その後は幹事会が繰り返され、九月から一〇月にかけて四八項目からなる「諮問第一号ニ関スル調査要目（其二）」（五六二～五六八頁）が定められた。このように審議の方向づけは幹事によってなされ、以後も幹事の活躍は目覚ましかった。資料を詳しく調査した堀内は「なかでも、幹事としては年少の穂積重遠教授の民法親族編相続編にたいする深い理解と家事審判制度実現の熱意には頭が下がる次第であり、その熱意に裏づけられた活躍は目覚ましいものがあった」（正編一四頁）と評している。

その後、一〇月二四日には第二回の総会が開かれる。そこでは審議の方法につき若干の（しかし重要な）議論があった後に、諮問第一号と第二号とに分けてそれぞれを審査する主査委員が指名されている。民法（家族法）に関する諮問第一号に関する主査委員は一〇名であったが、主査委員長に互選された富井政章のほか、岡野敬次郎・仁井田益太郎、また阪谷芳郎などこれに加わった。

諮問第一号と第二号

ここで、しきりに現れる諮問第一号・第二号とは何を意味するのかを説明しておこう。まずは当時の首相である原敬（一八五六～一九二一）から総裁・穂積陳重に対してなされた諮問の内容を掲げる。

諮問第一号　政府ハ民法ノ規定中我邦古来ノ淳風美俗ニ副ハサルモノアリト認ム之カ改正ノ要綱如何

諮問第二号　政府ハ司法裁判ニ付陪審制度ヲ採用セムトス其ノ可否ヲ審議シ可トセハ其ノ綱領ハ如何ニ定ムヘキヤ

このように臨時法制審議会には、民法改正と陪審法制定とが同時に諮問されているのである。陪審法制定への動きがどのような背景から浮上してきたのかはそれ自体が興味深い問題であるが、この点に関してはいまや古典となった三谷太一郎の研究（『政治制度としての陪審制』東京大学出版会、二〇〇一）に委ねる。

ただ、次の点のみを指摘しておく。それは当時もまた、民法改正は刑事司法への国民参加とともに論じられていたということである。「当時もまた」と書いたのは、現在もまた民法改正が、裁判員制度の導入に引き続き議論の対象となっているからである。このことは、社会の変革という点から見た場合、民法改正は司法制度改革に匹敵するほどの大問題であること、民法典と刑事司法制度とは領域を異にはするものの、いずれも社会の根幹をなす制度であることを示すと言えよう。

こうして主査委員会に付された諮問第一号関係の審議が次に総会の場で行われることとなったのは一九二五年一月の第一八回総会においてであった。六一回に及ぶ小委員会（委員三名と幹事から成る）を経て小委員会報告案を作成、一九二四年九月下旬から一一月上旬まで主査委員会を毎週開催し検討し、さらに整理を経て一二月上旬に確定された案がこの会議で示された。

その後、総会での審議は一月一六日、一九日、二一日と続き、計四回で全項目の質疑を終了した。さらに帝国議会の会期を挟んで、総会は四月三〇日から再開された。この日の会議で陳重が総裁を引き、岡野敬次郎に交代した。そして五月二日、六日、七日、一五日、一九日と項目ごとの検討・採決が続き、一九日の第二七回総会で親族編を終えた。

大正改正要綱

こうして確定されたのが三三項目からなる「民法親族編中改正ノ要綱」である。同様にして、相続編についても審議がなされ、一九二七年一二月一日に一七項目からなる「民法相続編中改正ノ要綱」が定められている。これら二つの要綱をあわせて「大正改正要綱」と呼んでいる。

その全部をここに掲げることは紙幅の関係でできないが、親族編の項目のみを掲げると次のようになる。「第一・親族ノ範囲、第二・継親子、第三・庶子ノ入家、第四・分家、第五・廃絶家再興、第六・戸主ノ監督義務、第七・戸主権ノ代行、第八・離籍及ヒ復籍、第九・離縁又ハ離婚等ニ因リテ家ヲ去ル者ノ子ノ家籍、第十・廃戸主、第十一・婚姻ノ同意、第十二・婚姻ノ成立、第十三・重婚及ヒ近親結婚、第十四・妻ノ無能力及ヒ夫婦財産制、第十五・協議離婚ノ同意及ヒ子ノ監護、第十六・離婚ノ原因及ヒ子ノ監護、第十七・離婚ニ因ル扶養義務、第十八・嫡出子ノ否認、第十九・私生子ノ名称、第二十・子ノ認知ノ無効及ヒ取消、第二十一・養子ノ種別及ヒ相続権、第二十二・縁組ノ許可、第二十三・縁組ノ同意、第二十四・尊属又ハ年長養子、第二十五・協議離縁ノ同意、第二十六・離縁ノ原因、第二十七・親権行使ノ制限、第二十八・親権ノ喪失、第二十九・法定後見人、第三十・後見監督人及ヒ後見監督ノ事務、第三十一・親族会ノ構成、第三十二・親族会ノ代表、第三十三・親族会ノ決議」。

このように項目を列挙しただけでは、どの部分に重要な改正案が含まれているかを直ちに知ることは難しいが、この要綱が親族編全体に及ぶものであることは窺われるだろう（なお、重遠は大正改正要綱の解説を執筆している。『法学協会雑誌』に六回にわたって連載されたものが、その後、『相続法　第三分冊』〔岩波書店、一九四七〕の付録第一として掲載されている）。

新進学徒の面目躍如

前述のように、改正要綱作成に向けて最初になされたのは「調査項目」の確定であった。重遠は幹事案の確定に向けて「諮問第一号ニ関スル調査要目私案」（一九一九年九月一七日付。堀内編『家事審判制度の研究』三六一〜三六五頁）を作成している。その内容は最終的な要綱よりも簡潔なものであるが、要綱にはない項目も含まれており、重遠の関心がどのあたりにあったのか、またそれは要綱に結実したのかを知る上で貴重な資料であると言える。

重遠が掲げた項目は親族編・相続編あわせて二一項目、親族編に限るならば一六項目であった。その中で注目されるのは、①妻の無能力（第二項目。名称・規定の位置が不適当。家庭生活の基礎となる不動産・動産の処分には妻の同意を必要とする)、②継親子・嫡母庶子関係(第四項目。この二種の法定親子関係を廃止すべきではないか)、③戸主義務の拡張(第七項目。扶養義務・家族財産保全義務や責任無能力者に対する保護監督義務など)、④家産制度の導入(第九項目。家財団の設立)、⑤婚姻の同意(第一〇項目。同意権を拡張することの可否)、⑥婚姻の手続(第一一項目。内縁の弊害を除去する方法)、⑦夫婦財産制(第一二項目。現行法の管理共通制の可否)、⑧離婚(第一三項目。届出で当事者の合意は保障されるか。また、夫の姦通も離婚原因とすべきではないか)、⑨親権(第一五項目。親権をより拡張すべきか。成年の子に対する親権は空虚ではないか)などである。

全体として見ると、家や養子・親族会に対する関心よりも、妻や家族の財産の保護(①③④⑦⑧)、広すぎる法的効果の制限(②⑤⑨)、婚姻や離婚の手続整備(⑥⑧)などに重点が置かれていることがわかる。

その提案は改正要綱のそれよりも数歩進んでおり、実現したものは必ずしも多くはないが(⑥⑦⑧の一部など)、それでも問題提起の意味は大きく、また、革新的な提案がなされたために要綱自体の保守化を避けることができたという面もある。特に、私案冒頭に掲げられた次の一文は、新進学徒の面目を示すものであり、(反対派を含む)幹事・委員に大きな影響を与えたことだろう。

「按ズルニ諮問第一号ノ『我邦古来ノ淳風美俗』ト云フハ、主トシテ家族制度ヲ指スモノナルベシ。然レドモ我国古来ノ家族制度的風習法制ガ必シモ総ベテ淳風美俗トハ称シ得ザルベク、或ハ既往ニ正当ニシテ将来ニ適応セザルモノ亦少ナカラザルベシ、蓋シ我邦古来ノ淳風美俗ニシテ将来モ亦淳風美俗タルベキモノハ、結局一家ノ親密平和ニシテ正当公平ナル共同生活ソノモノニ外ナラズ」（堀内編『続家事審判制度の研究』、三六二頁）。

新しい女からモダン・ガールへ

様々な限界・制約はあるとしても、大正改正要綱は変化しつつある家族のあり方に棹さす方向に向かった。私案冒頭の宣言は、そのことを端的に示すものであった。この時代の女性の動向は、こうした状況を支える背景として、また、こうした状況が生み出した帰結として、やはり逸することはできない。

世紀末から世界的な趨勢であった「フェミニズム」「女権拡張」は、第一次世界大戦を経てさらに加速されることになるが、日本ではそれは「新しい女」から「モダン・ガール」への流れとして、可視化されることとなった。平塚らいてう（一八八六〜一九七一）らの『青踏』が創刊されたのは一九一一年のことであった。

平塚らいてう
（日本近代文学館提供）

実はらいてうと重遠の間には接点がある。一九一九年、らいてうは市川房枝（一八九三〜一九八一）・奥むめお（一八九五〜一九九七）らとともに新婦人協会を創設するが、同協会は「衆議院議員選挙法の改正」（参政権）、「治安警察法第五条の修正」（集会・結社の自由）、「花柳病患者に対する結婚制限並に離婚請求」の請願を行った。このうち最後の請願にあたって、らいてうは重遠の助言を求めたとされているからである。

請願の理由は、大略、次のようなものであった。
「斯かる国民的惨害（花柳病の蔓延をさす——筆者註）に対し国家が種族衛生の立場から、その損失を出来るだけ軽減するやう何等かの方法手段を講ずべきは当然のことであって…善種学的禁婚法によって、花柳病者の結婚禁止を実施しているところも…少なくありません」（折井美耶子・女性の歴史研究会編著『新婦人協会の研究』ドメス出版、二〇〇六年、二八七頁）。また、これは「婦人を該病毒から保護すると同時に未来の子供を保護し、国力の本源である国民の実質的改善を計り男女共同の義務であり使命である種族への奉仕を全うせんとするものであります」（二八八頁）。婦人・子どもの保護が、国家的な優生政策と結びついているのが興味深い（この点につき重遠の見方を示すものとして、「優生学と婚姻法」『東洋学芸雑誌』三七巻三冊、一九二〇）。

高群逸枝
（熊本近代文学館蔵）

重遠はらいてうのような運動家を支援しただけではなかった。女性史研究の先駆者となる高群逸枝（一八九四〜一九六四）を応援していたこともよく知られている。重遠は彼女の著作の予約購入者第一号でもあった。彼女の日記には重遠の逝去のことが記されており、この市井の学者の心中に長く感謝の念が保たれていたことが窺われる。

らいてうや逸枝に続くモダン・ガールの世代と重遠との関わりについては、別の項で述べることにして、大正改正要綱の話に戻ろう。

人事法案と戦後改正

大正改正要綱をもとにして民法改正を行う試みは、その後、一九二八年一〇月に司法省に設けられた民法改正調査委員会において続けられた。この委員会は引き続き富井政章が委員長を務め、そのもとで重遠は親族編の起草担当者に指名された（相続編は司法省民事局長・池田寅二郎〔一八七九〜一九三九。司法官〕）。そして、第一草案から第五草案に至る数次の草案が作成されたが、一九四三年ころ作業は戦争の激化によって中断されるに至った（今日では、『人事法案（仮称）第一編親族〔昭和一六年整理〕第二編相続〔昭和一五年整理〕』〔信山社、二〇〇〇〕によってその内容を知ることができる）。

しかし、この長きにわたった立法作業は全く無に帰したわけではない。第二次世界大戦後の一九四七年に行われた民法の大改正は、戦前の立法作業の延長線上に位置づけられるからである。もちろん、そこには占領軍の下でなされた憲法改正に対応せざるを得なかったという側面があるのも確かであるが、大正改正要綱から人事法案に至る作業なしに、短期間で全面改正を行うことができたとは考えられない。

人的に見ても、戦後改正の中心となった我妻・中川両名は途中から調査委員会に加わっていた。もっとも、それまでの経緯を考えるならば、戦後改正は重遠を中心に行われるべきであった。そうならなかった理由については、第五章で詳しく説明する。

私立法律学校と代言人

ここまで、家族法改正と重遠の関係につき、その概略を述べてきたが、続いて弁護士法の改正に触れておきたい。そのためには、私立法律学校と代言人について、予備的な説明をしておく必要がある。

近代法の知識を持つ法律家の養成は、まず、司法省法学校で始められた。お雇い外国人ギュスターヴ＝エミール・ボワソナード（一八二五〜一九一〇）が教えた学校であり、民法典の三名の起草者のうち最年少の梅謙次郎（一八六〇〜一九一〇）はこの学校に学んだ。ちなみに、年長の陳重や富井政章は日本国内では法学教育を受けていない。その後、一八七七年に東京大学が設置され、一八八五年には東京大学法学部が司法省法学校を吸収するに至る。こうして一八八三年の帝国大学令によって「国家ノ須要ニ応スル学術技芸」を教授するものとされた帝国大学は、法学教育を一元的に所管することとなったのである。実際、帝大で法学を学んだ者の多くは、近代法を操る行政官・司法官となった。

明治期に法学を教えたのは帝大だけではなかった。この時期には私立法律学校の設立が相次いだ。その代表格は五大法律学校と呼ばれる東京法学院（専修学校（一八八〇年設立。現・専修大学））、明治法律学校（一八八一年設立。現・明治大学）、東京法学校（一八八一年設立。後に和仏法律学校。現・法政大学）、東京専門学校（一八八二年設立。現・早稲田大学）、英吉利法律学校（一八八五年設立。現・中央大学）であった。

これらは当初は帝大の監督下にあった。たとえば、英吉利法律学校の設立に陳重が深く関与しているのも、それゆえであろう。しかし、各校は次第に独立性を強め、通信教育などを利用して多くの学生を集め、特に在野法曹（弁護士）の供給源となった。別の言い方をすると、私立法律学校は帝大に進学して官吏になることができない人々が、一念発起して弁護士になるための場、すなわち傍系エリート養成の場として機能したのである。

たとえば、花井卓蔵（一八六五〜一九三一）は、足尾鉱毒事件や大逆事件の刑事弁護で知られ、臨時法制審議会・民法改正調査委員会の委員としても活躍したが、彼は英吉利法律学校の最初期の卒業生であった。あるいは、治安維持法違反事件などを多く手がけ、朝鮮半島の独立運動家の弁護なども行った布施辰治（一八八〇〜一九五三）は、明治法律学校の卒業生であった。

弁護士法の改正への情熱

私立法律学校に学んで弁護士になるというルートが開けていたのは、弁護士試験の受験資格として特別な学歴が求められていなかったからである。ともかく勉強して試験に合格すればよかったのである。弁護士試験は一九二三年以降は高等文官試験の司法科試験となり、高等学校卒業以外の者には予備試験等が課された。

ところで、弁護士になるためには、学歴や法知識の壁があるだけではなかった。一八九三年の弁護士法は、その要件として「日本臣民ニシテ民法上ノ能力ヲ有スル成年以上ノ男子タルコト」と定められていたため、女性は弁護士になれなかった。この規定は、一九三三年の改正弁護士法によって改められ、性別要件（「ノ男子」の三文字）が削除された。もっとも、新制度の下での最初の女性弁護士誕生には、一九三六年の同法施行からさらに数年を要した。

重遠は、一九三三年の弁護士法改正の際の弁護士法改正準備委員会の委員であった。残念ながら同委員会の議事録のうち、性別要件削除に関する部分は手元にはない。しかし、重遠がこの改正に情熱をもって取り組んだことは明らかである。このことを端的に示すのは、一九二九年の明治大学女子部創設への関与であるが、これについては第三節で改めて述べる。

養育院から子どもの家へ

最後に掲げる立法は児童虐待防止法の制定であるが、この点に関してはまず、養育院の話から始める必要がある。養育院は、東京市内の浮浪児などを収容するために明治初年に設けられた施設であったが、二〇世紀の末年に至って廃止された。

その院長を長期にわたり重遠の祖父・渋沢栄一が務めていたこともあって、重遠は早くから、恵まれない環境にある子どもたちに対して何かをしたいという姿勢を持っていた。次の文章は二男・重行の誕生祝いへの礼状の草稿（一九二二年一月）であるが、重遠の気持ちがよく表れている。

「…先般は次男重行出生につきまして、御心入の御祝品を頂戴致し、誠に有難く御礼申上ます。児も御陰様にて順調に発育致して居ります故、此度取敢ず皆々様の御厚情に対する感謝の心持ちを表したく、賛育会に心計の寄附金を致しました。同会は東京市本所区柳島梅森町に産院、保育所、妊婦相談所及び乳児相談所を設け、貧しい人々の御産の世話と幼児の保育とに尽力して居る社会事業で、先年長男の出生及び今般次男の出生について厚い御世話になりました木下正中先生が特に骨折つて居られること故、皆々様への御返礼に代えて同会に寸志を致しましたならば、皆々様から斯くも御愛顧を蒙りました重行の同じ頃生れの不仕合せな嬰児達に御福分することになりまして、或は御礼心の一端を御汲取願へやうかと考へました次第で御座ます。…」

ここで言及されている「賛育会」は、留学中に重遠が見学した福祉施設を思わせるが、それゆえにこそ重遠の共感を誘ったのであろう。さらには重遠は、高島巌（一八九八～一九七六）とともに、自ら「子どもの家」を開設にするに至った。この施設は双葉園と名前を変えて今日も存続している。重遠は、戦後、多忙を極めるようになっても双葉園のクリスマス会などに足を運んでいる。

児童虐待防止法の制定

一九三〇年前後、昭和金融恐慌に続き世界恐慌の影響を受けて、日本は不況に苦しんでいた。東北地方ではこれに大凶作が追い打ちをかけ、農家の娘の身売りされるようになった。子どもたちも過酷な労働を迫られるようになった。

身売りからの解放に関しては芸娼妓契約の効力が問題になり、多数の大審院判決が現れたが決定的な解決には至らなかった。他方、子どもの保護に関しては、一九三三年には児童虐待防止法が制定されることになった。重遠はこの立法にも関与しており、特に、「児童虐待防止法」という名称にこだわったという。児童愛護法などという曖昧な名称は避けて、事態を直視すべきだというのである。また、「国家が児童虐待を否認する旨が法律の標題として力強く表示されているその事に価値がある」として、法律名の「宣言的教育的効用」を強調している（『有閑法学』、二〇二～二〇三頁）。

もっとも、法律を作っただけで児童虐待がなくなるわけではない。「子どもの家」は、新法制定の精神に基づく、児童を擁護する施設を作ろうということで設けられた。また、この法律の普及のために講演会が行われ得たり小冊子が作られたりしたが、重遠はこれらの活動にも積極的に加わった。

一九三三年の旧児童虐待防止法は、戦後、児童福祉法が制定されたのに伴い、この法律に吸収されて消滅した。現行児童福祉法三四条は、障害のある児童を見世物にしたり、児童にこじき・物乞いやサーカスをさせたりすることなどを禁止しているが、この規定は旧児童虐待防止法に由来する。

身体的暴力・精神的暴力・ネグレクト・性的虐待など今日の児童虐待は、この規定が想定するようなものとは異なるものとなっている。序章で一言したように、二〇〇〇年に新しい児童虐待防止法が制定されたのは、こうした虐待に対応するためである。言い換えるならば、児童福祉法三四条によっては、現代型虐待の増加に対応することはできなかったのである。

今日、児童虐待防止法の歴史が語られる時、その前史としての旧法に言及されることは少ないが、早い時期に虐待に着目されていた点は高く評価されてよいだろう。

2 社会活動家・重遠――東大セツルメントと社会教育協会

関東大震災の救護活動

一九二三年九月一日午前一一時五八分三二秒、関東地方をマグニチュード七・九の大地震が襲った。死者行方不明者は約一〇万人、全壊全焼家屋は三〇万戸にも及ぶ大災害であり、東京の家屋の半分以上が損傷したと言われる。浅草の凌雲閣大破に象徴されるように、東京では城東地区の被害が大きかったが、実際には火災による部分が大きかった。東京市内の出火箇所、延焼の様子は、後に東京帝国巻大学の学生たちの手によって調査され、『帝都震災火災系統地図』にまとめられることとなる。ところで、東京よりも被害が大きかったのは神奈川であった。震源地が相模湾であったことを考えれば、当然と言えば当然のことである。建物の全壊による死亡者に限ると、神奈川の死亡者数は東京の倍近くに達しており、被害の深刻さが窺われる。

この年、穂積一家は避暑先の葉山から八月二七日に東京に戻ってきていたが、陳重だけが九月一日朝、再び葉山に赴いている。地震発生の際、重遠らは自宅にいて無事であったが、葉山の陳重が心配された。重遠は懇意にしていた八百屋の若い衆に頼んで、葉山まで自転車で行ってもらった。一日午後四時に出発した自転車は翌二日午前六時に葉山着、陳重の無事を確認、直ちに東京にとって返して同日午後五時に帰着したという（『父を語る』二四〜二六頁）。その後の重遠は、おそらく親類縁者の無事を確認した上で、大学に向かったのであろう、学生の側の証言によれば「そのうちに穂積先生もお見えになりまして情報局ができ林君ら数名が先生の指導のもとに活躍することになりました」という（初代主事・石島治志の証言。福島正夫・川島武宜編『穂積・末弘両先生とセツルメント』東京大学セツルメント法律相談部、一九六三、五七頁。なお、「東京罹災者情報局」については穂積重遠「返事を書く郵便局——学生連の罹災者情報事業」『改造』大正一二年一一月号を参照）。

帝都震災火災系統地図（部分）

重遠到着以前に集まっていたのは、学生有志と末弘厳太郎

末弘厳太郎（東京大学提供）

であった。学生たちの中心をなしたのは、南洋委任統治諸島見学に参加した三八名であった。二ヶ月半の旅行を終えて九月二日に東京に戻った彼らは、そのまま大学に向かい二〇〇〇人以上の避難者で混乱する大学の警備にあたっていた。ちなみに、東京大学の建物もまた震災による被害を受けていた。その東大に避暑先の軽井沢から戻った末弘がやってきたのは六日ごろだったという。末弘の指揮の下で学内の救護活動一応は落ち着いた二〇日ころ、「上野の山には一万の避難民がおるが、全くの無秩序で、それに黄金の山と化して非常に不衛生な状態である。これも救済しようじゃないか」（福島正夫・川島武宜編『穂積・末弘両先生とセツルメント』石島証言、五七頁）と重遠が提案した。救援物資を効率的に分配するには、そのための権限が必要だったが、末弘が「上野の山の救済は、すべて東大学生救護班に委任する」（石島証言、同頁）という警視総監の一札をとりつけた。

この救援活動の中から、先の『帝都震災火災系統地図』が生まれることになる。その経緯は、大略、以下の通りである（地図作成者・林暲の証言）。「在京の縁故者を心配する地方の人は上京をやめて、情報局に問合せよという指令が全国で出まして、それに対応する仕事であります。いろいろ問い合わせが来るのですが、それに対する返事をする資料をつくらねばならん。大体そこが焼けたのか焼けなかったのか、その辺は死傷者が多かったのかどうかということくらいを調べようということになり…、私が地図を片手に足にまかせて東京中の焼跡の境をまわって、焼けたところをはっきりさせました」（二五～二六頁）。この調査を元に作られたのが先の『帝都震災火災系統地図』であり、今日でも学問的な価値が高いと言われるものである。

復興期の精神と「社会」の登場

一九九五年の阪神淡路大震災、そして二〇一一年の東日本大震災は日本社会のあり方に大きな影響を及ぼしたが、関東大震災の刻印も、当然ながら極めて大きなものであった。もちろん都市としての東京が大きな変貌を迫られた。後藤新平（一八五七～一九二九）の帝都復興計画は部分的にしか実現しなかったが、復興公園や同潤会アパートなど新しいライフスタイルを示すような空間が産み出されている。

思想面でも影響も大きかった。特に法学の世界では、この時期を境目に個人の権利よりも社会の利益が強調されるようになる。従来から「法の社会化」を説いてきた牧野英一は、震災後に書かれた「復興的精神」（牧野英一『法律に於ける具体的妥当性』有斐閣、一九二五）という論文を次のように書き起している。「すべてが復興せしめらねばならぬ。復興事業として第一に着手せられるのは、それは固より謂はば有形的な仕事に違ひない。しかし、有形的な仕事は、無形的な精神的な背景乃至素地の上に立たねばならぬ。わたくしは、復興事業の精神的方面を考へて居る者の一人として、其の精神的方面の一面たる法律思想に関して、若干の議論をして見たい」（二三二頁）。

牧野があげる具体的な問題は後回しにして、ここでは彼が強調する基本的な考え方にふれておく。「抑も、従来の法律思想は、個人の権利自由を保障することを其の主眼として居る。謂ゆる所有権及び契約の自由の原則がそれである。従来の考へでは、社会の構成員たる各個人の権利自由を保障することは、依つて社会秩序を確実ならしめ、以て共同生活の安寧を維持する所以なりとされて来たのであるが、それはむしろ単に平時の現象たるに止まる。此の異常時に際しては、個人の利益を保障することは、却つて、社会の安固を脅かす所以になるのである。…ここに、従来の法律思想が根本的に改正されなばならぬ或るものが存するのである。」(二八七〜二八八頁)

この思想の転換は、異常時ゆえの特例ではない。牧野は続ける。「十九世紀の過程に於て漸時に醞醸された法律思想の変革は、二十世紀になつて、大戦争を機会に、著しく其の色彩を明かにしたことであつた。わが邦は大戦争の影響を受けることが少なかつた。従つて法律思想の変革も亦甚だしく徹底を欠くの憾があつた。しかし、今時の厄災は、大戦争に因つてフランスやドイツの受けた損害とおなじ損害をわが邦に与へたのであつた。わたくしは、重要な社会的変革がここに大成されねばならぬと思ふ」(二八七頁)。

焼跡バラック問題

重遠の『法理学大綱』の基調をなし、牧野英一が震災に寄せて強調した「社会本位」の思想は、具体的には、いわゆる「焼跡バラック問題」において顕著に表れることになる。実際のところ、この問題は牧野が「復興的精神」の中で論じた二つの法律問題の一つでもあった(この問題については、小柳春一郎『震災と借地借家』、成文堂、二〇〇三を参照)。

話の流れからして、まずは牧野の見解を紹介しよう。まず彼は「焼跡バラック問題」とは何かを説明する。「借家人が焼け跡にバラックを建造した。適当の住居を見出すことができない罹災者に採つてこれは緊急必要なことであつたのである。さうして、其の罹災者は、其のバラックに於いて其の事業を継続して行かうとさへして居るのである。しかし、家主なり地主なりは、之を不法な行為として即時に立退きを迫つた。そこで、其の一種の社会問題が同時に法律問題としてわれわれに提示されたのである」（牧野「復興的精神」『法律に於ける具体的妥当性』二四〇頁）。

この問題に対する「従来の法律思想」（二四六頁）からの帰結は明らかであった。建物の滅失は賃貸借契約の目的物の消滅を意味するので、契約は当然に終了することになる。契約が終了すれば、借家人はもはや土地を占拠する権限を持たない。勝手にバラックを建てるのは不法占拠ということになる。しかし、牧野はこれとは異なる考え方を提唱する。牧野は「二十世紀に於ては、所有権及び契約の自由の原則と人格尊重の原理とは一致しなくなつた。前者は常に後者によつて制限され調整されねばならぬことになった」（二五四〜二五五頁）とした上で、次のように言う。

「厄災は甚だ突然であった。之は丁度、賃貸借がおもひがけず解約されたやうなものであつた。期間の定めのない賃貸借が解約されたときは、相当の期間なほ借地人の住居乃至営業の安全が保護されねばならぬ。此の趣旨を厄災の場合に適用して見ると、厄災に因つて賃貸借関係は消滅するにしても、其の賃貸借関係に包含された住居乃至営業の安全はなお保持されねばならぬのである。バラック問題は、斯やうな立場から理解されて行かねばなるまい。さうして、其の結果として、賃貸借に関する従来の単純な財産的観念は、更に人格的な或るものに改造されねばならぬことになるのである」（二五七頁）。

思想の転換という大きな流れを背景にしつつ、現実に行われているルールを転用しようとするなかなか巧みな議論であり、当時としてはずいぶん思い切った議論でもある。しかし、この議論によれば、借家人は「相当な期間」はバラックに住み続けることができるものの、「相当な期間」を過ぎれば、やはり出て行かなければならないことになる。

調停による解決

この問題については、実は重遠もその見解を示している（「大震火災と社会借家調停法」『法学協会雑誌』四二巻五号、一九二四）。この論文は震災後の借地借家調停の結果を報ずるものである。彼は次のように説き起こす。「大正十二年九月一日の大震火災によつて東京の下町全部が焼失した後、必然起るべくして果然起こった問題は、自己の所有地でない場所に居住営業して居た人々―東京下町の住民は大部分それである―が其場所にバラックを建てて住居営業し得るか、と云ふことであった。而して従来の住居営業者は勿論大部分それを希望主張し、地主家主側ではややもすればそれを否認拒絶するので、紛争が続出し、其侭に捨てて置いたら如何様の騒動にもならうかと心配された」（一五三頁）。

この「急場の解決方法」の一つの解決策は緊急勅令を発するというものであったが、司法省はもう一つの案を採用した。それが借地借家調停の活用であった。一九二一年の借地法借家法制定を受けて翌二二年に借地借家調停法ができたばかりであったため、これを活用しようというわけである。それまで調停は日比谷の区裁判所のみで行われていたのに対して、市内一三区に各一ヶ所の出張所を設けて調停を行ったのである。そして、この調停は「牧野博士が京橋区、三潴博士が芝区、鳩山博士が小石川区牛込区、末弘博士が下谷区、私（重遠——筆者註）が日本橋区」（一五九頁）を担当した。ちなみに重遠によれば、「其設備は区によつて多少違つたが、焼けた各区のは大抵最初は天幕張、後には小さなバラック建の、所謂震災気分に富んだものであつた」（一五四頁）という。

建物よりも生活を

重遠の報ずる調停成績に関するデータはそれ自体興味深いものであるが、ここでは牧野の論じた問題に対して、重遠がどう述べているかを見てみることにしよう。重遠はまず「解決の第一前提は、即ち借家人は元借家の焼跡について何等かの権利を有するかと云ふ問題であつて、これについては諸家の説がある」（一六九頁）とし、「今ここではそれ等の諸説を論評するのではないが、調停的解決の基本としては今までの諸説がいずれも不十分なように思はれる」（同頁）とする。

より具体的には、「諸説中借家人の権利を最も強く認めるもの、即ち生存権としての住居権及び営業権によつて借家人はバラックを建設し得るとする説も、差当りの緊急状態を救ふに力強い代りにそれだけ永続的経常的関係を設定するには却つて弱い様な感じがする」（一六九～一七〇頁）。ではどう考えるかと言えば、「諸説はいづれも家屋の焼失によつて従来の賃貸借関係が消滅し即ち借家人の主たる権利は消滅すると云ふことを前提とし、而して緊急権とか生存権とか土地使用権とかが発生し又は残存するとするのであるが、調停の基礎としては家は焼けても賃貸借関係は続くと云ふ観念から出発したい様な気がする。家主の義務は単に家屋の供給だけでなく住居の供給である、家屋が破損したら家主はそれを修繕せねばならぬ。家屋が倒壊したら家主がそれを引き起こさねばならぬではあるまいか。而して家屋が焼失したら―家主は家屋を新築して従来の借家人に貸与すべきではあるまいか」(一七〇頁)。

重遠は「勿論それには甚しい論理の跳躍があつて、法律論としては不完全に相違ないが、調停者の論法としてはこれが相当に自然で且効果が多いように思ふ。現にさう云ふ趣旨で調停が成立した例が少なくない」(同頁)と言う。確かに、重遠の議論は牧野の議論のように整ったものではないかもしれない。しかし、重遠は社会の現実を見た上で、借家人の側の必要性に理解を示し、それを法律論に反映させようとしている。その際に、単なる建物という「物」の賃貸借という考え方を超えて、住居という「生活基盤」に対する権利を観念しようとする。そして、その根拠は実際の調停の場における妥当性に求められているのである。これこそが庶民の生活感覚であるというわけである。別の言い方をすれば「民の声は神の声」、制定法とは異なる自然法を調停の現場に見出したと言うこともできる。重遠の教え子・来栖三郎はこの議論は重遠らしい議論であったとしているが(「穂積重遠先生の法律学」福島正夫ほか『穂積重遠先生を偲んで』一九八二、非売品、二七頁)、まさに適切な評価であろう。

ところで戦後の住宅難の時期には「居住権」論が説かれるが、これは重遠の「住居」賃貸借論と牧野の「人格権」論を結び付けたような性質の議論であった(鈴木禄弥『居住権論』〔有斐閣、一九五九〕)。法律論としては十分な支持を得たとは言えなかったが、興味深いことに、最近のフランスで(ホームレスたちの)「住居に対する権利(droit au logement)」として論じられていることの内実は、この議論に近い議論のように思われる。その意味では、現代の議論を先取りした議論であったと言えようか。

東京帝大セツルメントの設立

学生による救護活動、そして借地借家調停。やがて、これら二つの流れは一つに合流することになる。行き着く先は、東京帝大セツルメント法律相談部であるが、その前にまずは、東大セツルメントの設立の経緯を見ておかねばならない。

再び石島の証言に耳を傾けよう。発端は次のように語られている。「セツルメントのそもそものきっかけは賀川豊彦さんでした。上野の山が一段落ついた、たしか十月上旬だったと思いますが、その賀川さんが、一応救済の方法はついたが、この冬の寒さを罹災者がどうして過すか、それが心配だ。この冬のためにこのまま活動を続けてくれないかと話があったが、どう思うかと末弘先生が…立話で言われました」（福島・川島編『穂積・末弘両先生とセツルメント』四頁）。話を持ちかけられた石島はいったんは「学窓に帰って勉強にかからねばなりません」（同頁）と応じた。しかし、再度の要請に対して「それではこの冬のことだけなく、いっそ永久的な学生の活動にしたらどうでしょうか、例えばトインビーのオックスフォード大学セツルメントのような」（同頁）と反対に提案したという。

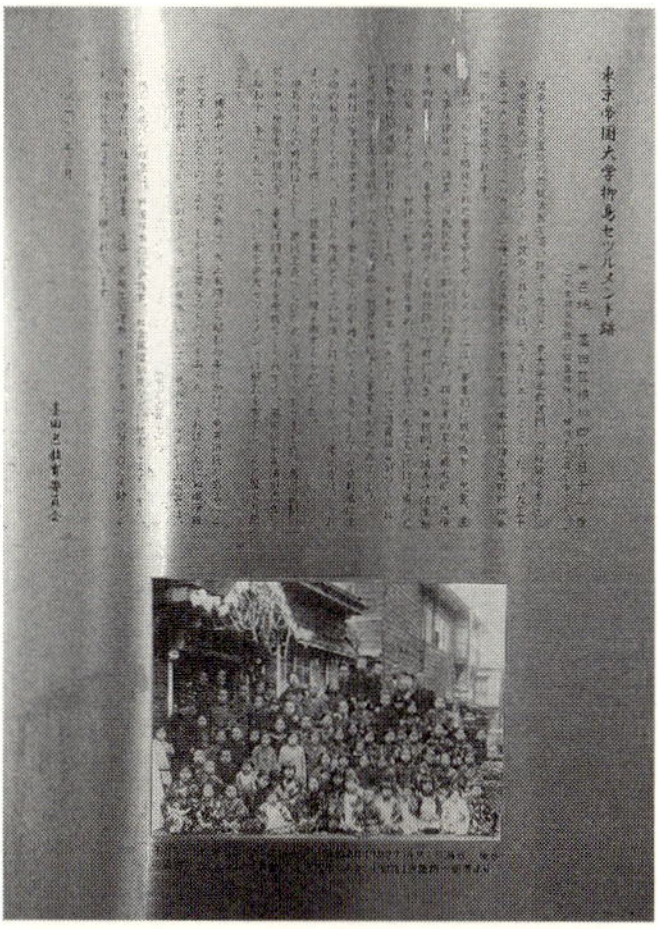

セツルメント記念碑（著者撮影）

その後、「対象をどんな社会層に置いたらよいか…活動の拠点をどこに置いたらよいか」（二二頁）が問題となったが、「（東大のある——筆者註）

賀川豊彦
（賀川豊彦記念松沢資料館提供）

本郷からあまり遠くなく、生活に希望を持ち、若干向上心のある労働者街を選ぶべきだ」（同頁）ということになったという。結局、本所柳島元町に約三〇〇坪の借地をすることになり、セツルメント・ハウスの建設が始められた。今和次郎（一八八八～一九七三）が設計した建物が完成したのは大震災の翌年（一九二四）の六月であった。主事を含め八名のレジデントがさっそく住み込むとともに、成人教育部・調査部・児童部・医療部・相談部・市民教育部の六部門が置かれ、さらに託児所・労働学校・消費組合が開設された。

東大セツルメントは一九三八年まで続く。一九三六年の段階で参加した学生（セツラー）の数はOBだけで二五〇人以上に及んだ。一四年の歴史は短いと言えば短く、長いと言えば長い。前述の通り、重遠は当初からこの活動に積極的に参加したが、当初のリーダーは間違いなく末弘であった。しかし、当初は表に立つことの少なかった重遠は、やがてこの活動に対する批判の矢面に立ちセツルメントを支えることになる。石島の言うように「末弘先生は創業の人、穂積先生は守成の人」（同頁）であったと言える。二人の間には「その赴かんとする歩み方に対しては稍々明瞭な意見の相違のある」にもかかわらず、「両先生相互の信頼、依存のこの上ない組み合わせ」があったという（福島正夫ほか編『回想の東京帝大セツルメント』日本評論社、一九八四、二頁）。

セツルメントの思想

ところで、セツルメントは何を目指す組織だったのだろうか。前述のように東京帝大セツルメントは関東大震災の救護活動の延長線上に誕生した。その「生みの親」にあたるのは主唱者・末弘であるが、その生い立ちにはアーノルド・トインビー（一八五二〜一八八三。経済学者・社会改良家）と賀川豊彦（一八八八〜一九六〇）が関与している。

セツルメント運動は、一八八四年にロンドンのスラム街にトインビー・ホールと呼ばれる建物が建てられたことに始まる。トインビーは志半ばに早逝したが、オックスフォード大学講師であり、大学拡張運動の一環として、貧困地域に根ざした学生の福祉活動を志していた。学生主体の東大セツルメントは、確かにトインビー・ハウスを模範とするものであったと言える。

賀川は、宗教家・社会運動家として知られるが、労働運動・農民運動・生協運動などの指導者としても著名である。早くから神戸のスラムに住んで布教を行っていたが、その後アメリカに留学、一九一七年に帰国した。アメリカではシカゴのセツルメントして著名なハルハウスを知ったとされている。賀川は震災翌日の九月二日に、救援物資を積んだ船で神戸港を発ち、被害の最も甚大であった本所にテントを張り、長く救援活動に従事した。これが賀川のセツルメント活動である。東大セツルメントは浮浪者ではなく、労働者を対象とした点でも賀川の活動とは異なっていた。また、東大セツルメントには宗教的な色彩がなかったが、賀川はこの点を不満に思っていたようである。しかし、賀川から末弘への働きかけが発端であったことは確かであるし、消費組合などは賀川のアイディアによるものを取り入れている点もある。

末弘自身は設立趣意書の中で次のように述べている。「幸に家富みて、学習の余裕を有し又或は幸福なる運命によって修学の機会を与へられた最高学府の教授並に学生、彼等は此の意味に於て現代社会に於る知識の独占者である。此の独占者が其の天与の幸福を感謝しつつ其の割き得べき一日一時の余暇を彼等貧しき人々のために捧げ、以て、其の知識を彼等に分与する事は、社会国家のために大いに意義ある仕事と云はねばならぬのみならず、正に彼等幸福なる独占者当然の義務なりと云はねばならぬ。それは実に彼の『富は債務を生ず』との原則の一適用に外ならないのである。次に現代社会科学の最大欠点は空理徒らに進みて、之を基礎付くべき現実資料の万集が之に伴はないことである。……真に吾国の学問を活かし其の独自なる発達を期するが為には机上の思惟に先立って、先づ社会を調査する事が必要である。」（福島正夫ほか編『回想の東京帝大セツルメント』、六〜七頁）つまり、「知識の分与」と「社会事情の実地調査」が必要であり、そのための定住（セツルメント）であるというのである。

法律相談部の活動

末弘の言う「知識の分与」は「社会教育と人事相談と医療」という形で実現されたが、このうちの人事相談は「法律相談」という形で具体化した。セツルメントの諸活動のうち重遠が直接に関わったのは「主として託児、児童、法律相談」（九頁）であったが、特に法律相談に関しては、「当初は両教授が交替に出席、相談に当るほか、穂積教授は教育活動の一つとして毎週一度『日常必要な法律の話』を講義した。そして末弘教授がこの業務を担当できなくなった一九二七年度以後は、みずからこれをひきうけ、最後までこれを継続した」（九〜一〇頁）と伝えられている。

自らもセツルメントに参加した彦坂竹男（日本評論社元社長）も、次のように述べている。「毎週きまった曜日の夕刻、食堂で必ずお目にかかるのは穂積先生であった。雨がどしゃ降りでも、先生はゴム長靴をはいて、法律相談部にあらわれた。相談者が帰ると、食堂に出てこられ、われわれと同じテーブルで同じ食事をされる。…先生の相談日にはセッツラーの参加者もとくべつ多かった。」（一三四頁）このほかにも、重遠と食堂で歓談した思い出を語るオールド・セツラーは少なくない。

重遠が法律相談を積極的に引き受けたのは、末弘への様々な批判に対する防波堤になるという意味があった。しかし、重遠自身がこの活動を積極的に推進するに値すると考えていなければ、いかに粘り強い重遠であるとはいえ、困難な時代に活動を継続することはできなかったろう。「社会事業」「大学拡張」「臨床法律学」。これらはいずれも留学中の重遠が強い関心を持ち、日本でも実現したいと考えたものであった。セツルメント法律相談部はこれらを一気に実現できる場であった。そう思えばこその努力であったと見るべきだろう。

法律相談部に寄せられた相談の内訳を見ると、借地借家事件が全体の三割近くを占める。すでに触れたように、この問題は借地借家調停にあたった重遠の関心事であった。また親族相続事件も全体の二割に達したが、重遠の研究対象であった内縁につき、東大セツルメントによる調査が行われたのが注目に値する。一九二四年に柳島元町で戸口調査をしたところ、同町の夫婦三四六組中内縁の夫婦が七一組あったことが記録されている（穂積重遠『親族法』二五三頁）。これは当時の内縁の実態を今日に伝える貴重な資料であると言える。

優しい語り口

では、実際の重遠の相談はどのようなものだったろうか。重遠自身は、相談の様子について次のように述べている。「僕は、相談者をも、学生諸君をも、教へる積りであった。しかし実際には教へられることの方が多かった。そして常に相談者の切実と、学生諸君の純真に打たれる。…もし僕が教へ得た事があるとするならば、相談者に対しては、自分の事情や主張の道理ある点のみでなく無理である点をも反省せねばならぬことであった。学生諸君に対しては、実際問題は民法だけ又刑法だけでは解決できぬものであり、而して断案は軽々に下すべきでない、ということであった。」(福島ほか編『回想の東京帝大セツルメント』一〇頁)

こうしたやり方を、民法学者・舟橋諄一は「穂積先生のほうはどちらかといえば、人情法学的にやわらかく包んでいくというやり方で、常識的にやっておられたようです」(「座談会・柳島セツルメント——大正末期の大学拡張運動と穂積・末弘両博士の法学：第二部」『法律時報』四五巻七号、一九七三年、一六三頁)と評している。別のセツラーは、興味深い例を紹介している。ある日、下宿人である帝大生と関係ができた未亡人から、その帝大生の結婚後も清い交際を続けたいという相談が寄せられた。重遠は未亡人と亡夫の若いころの話をひとしきり聞いた上で、次のように言った。「どおお、あなたにもいい青春があったのだし、あなたから去っていった学生にも、一生に一度しかない青春を与へてやったら。つらいだろうが、そってしておいてあげなさいよ」(二四七頁)。未亡人は深くうなづき、それからも細々としてことを話し、晴々とした表情で部屋を出て行ったという。話の運びはまさに重遠流であるが、「どおお」と表記されたその優しい語り口にも注目したい。

セツルメントと左翼学生

東大セツルメントには様々な学生たちが集った。医療部の医学生たちは診療室を開いた。セツラーの中には曽田長宗（一九〇二〜八四）や庄司光（一九〇五〜九四）など後に公衆衛生の専門家となる人々の名も見られる。また、児童部の学生たちはともに唱歌を歌い遠足に出かけた。後に歌声運動のリーダーとなる関鑑子《あき》（一八九九〜一九七三）もやってきて、唱歌指導をしていたという。彼女のリードで歌う「誰が風を見たでしょう」はセツルメントの愛唱歌となった。歌の好きな重遠もこれに加わったことがあったろうか。後年、彼女は「このような平和なのどかな快よい事はきっと穂積先生の御人柄の影響ではなかろうかと思います」（福島・川島編『穂積・末弘両先生とセツルメント』四八頁）と述べている。

他方、学生の思想傾向も様々であったが、年を経るにつれて次第に左翼学生が増える。ジャーナリストの扇谷正造（一九一三〜九二）は一九三二年ころのセツルメントを振り返って、次のように言っている。「歴代、左翼学生が住みつくか、あるいはセツルで働いているうち、資本主義社会の矛盾を感じて、そうなってゆくのか、たぶん、その半々だろうが、そのころのセツルは、隠然たる半非合法の左翼の拠点であった」（福島ほか編『回想の東京帝大セツルメント』二二三頁）としている（当時の様子は、加賀乙彦の大河小説『永遠の都』〈新潮文庫、一九九六〉で活写されている）。先述の関による「そのうちいつとはなし学生も入れかわり、穂積先生の御姿も次第に見えなくなり、何となく以前のおちつきとはちがった空気が感じられるようになりました」（福島・川島編『穂積・末弘両先生とセツルメント』四九頁）

という述懐も、こうした事情を指しているのかもしれない。

左翼は学生たちに限らなかった。特に労働学校については、初期は平野義太郎（一八九七～一九八〇）、大森義太郎（一八九八～一九四〇）の二人（それぞれ法学部助教授・経済学部助教授）が参加していた。彼らは山田盛太郎（一八九七～一九八〇）とともに「マルクス主義の三太郎」として知られていたが、平野は一九三〇年に共産党シンパ事件に加わったとして逮捕・辞職、大森はそれよりも早く一九二八年に三・一五事件でやはり逮捕・辞職していた。

このころからセツルメントをめぐる環境は悪化をたどった。福島正夫の表現を借りるならば、「春の日に生まれた帝大セツルメントは、すでに盛りの夏をすぎ、秋は短くして、すぐ冬に入った」（八八頁）のである。この時期に、重遠は末弘からセツルメントの責任者の地位を引き継ぐ。末弘が一九三三年九月に法学部長に就任したからである。重遠は苦しい状況に置かれた。「その自由主義的傾向は陰に陽に非難され、また各方面から赤の温床と目されたセツルメントから手をひくように強要されたようである。いうまでもなく、穂積博士が退かれたならば、その瞬間にセツルメントは打ち壊されてしまう。博士は、大黒柱というよりも、巨大な防波堤として、みずから山なす怒濤をあびられたのである」（同頁）。

帝大セツルメントの終焉

そしてついに終焉の時が訪れる。一九三八年にセツルメント関係学生が警視庁特高部に出頭を命じられ、厳重注意を受ける。最後の主事を務めた大森俊雄は次のように述べている。「その時の取調内容は事実に即した事もあり嫌疑に過ぎない事もあったが、要点は貴族院に於いてセツルメント自体が左傾的であり学生セツラーの中には左翼団体に関係があったり過激思想を持つ者が居る事及び赤化思想のグループがセツルに出入りし赤化の温床として利用されて居ると曲解されて居ることであった」（福島ほか編『回想の東京帝大セツルメント』九九頁）。

この時には学生たちは、重遠の釈明などにより放免されたようである。その後の経緯は大森によって次のように語られている。「その翌日穂積先生がセツルメントにお見えになり現在のセツルメントの実状と警視庁に於ける取調内容を詳しく聴取された上『私に累が及ぶことは構わないから、君が苦労して再建したのだから君の考えに依って存続可否何れでも決定せよ』との御言葉を頂いた。此の先生の決然たる真摯な御情熱を恐縮至極に思い苦慮熟考した結果、各部委員会にも諮り解散を決意し翌日最終的に穂積先生の御承認を得て涙を呑んで解散を声明した次第である」（一〇〇頁）。

『帝大新聞』（昭和一三年二月七日号）は「時局に対応すべく去る二九日『大学隣保館』と名称を改変しその組織内容に根本的改革を断行、国策の線に沿ふて再出発した帝大セツルメントはその歴史的再生の意図も空しく遂に三日自発的閉鎖を断行、内務、文部両当局並に警視庁にその旨正式に通告した、この閉鎖の理由としては『大学隣保館』として更新した帝大セツルメント先般の改革案に対してすら監督官庁は難色を示し暗にその解散を要望するが如き空気が推察されるに至った」と報じた。

また長くセツルメントに協力してきた我妻栄・川島武宜は、後に次のように述べている。「時勢の変転のきびしさは、先生の徳をもってしても守り切れないものとなりはしたが、それまでの事業の整備そしてその引き際さえ、歴史に残るものであった。退却戦は攻撃戦より難しいといわれるが、セツルメントの退陣は、穂積先生のお陰で実に見事なものであったと思っている」（我妻。東京大学セツルメント法律相談部編『穂積・末弘両先生とセツルメント』四八頁）。「セツルメントに対する有形無形の圧迫の中で、先生が最後までねばりづよくセツルメントの面倒を見て下さったのは、まさにこの『やせがまん』ゆえであった、と私は信じている。先生の『やせがまん』がなかったら、セツルメントはもっと早い時期に横死していただろう」（川島。同六六頁）。

引き継がれるセツルメントの灯

しかし、重遠が守ろうとしたセツルメントの灯は完全に消えてしまったわけではない。戦後、一九四九年のキティ台風による被災をきっかけにセツルメント再興の機運が生じた。そして一九五〇年には東京大学セツルメントが正式に発足した。一九五二年からは亀有地区・川崎地区を活動拠点とするようになり、その後、菊坂地区・氷川下地区にも広がった。法律相談部はほかに川崎市労働会館や文京区竹早町社会福祉会館でも法律相談を行っていた（その活動の成果として川島武宜ほか編『法律相談』〔岩波新書、一九五七〕がある）。

さらにセツルメント活動は東大の枠を超えて全国に広がる。一九五四年一一月には関東セツルメント連合が、翌五五年一一月には全国セツルメント連合が結成されている。また、各大学からセツラーが集まり地域のセツルメントを運営するようになる。たとえば、氷川下セツルメントには東大セツルのほかお茶大セツルや日医大・東京教育大・跡見学園女子短大などが参加し、活況を呈していた（氷川下セツルメント史編纂委員会『氷川下セツルメント――「太陽のない街」の青春群像』エイデル研究所、二〇〇七）。

しかし、その後の高度経済成長の過程でセツルメントの基盤であった貧困が眼に見えにくくなったこともあって、八〇年代になるとセツルメント運動は退潮する。たとえば、長く続いた氷川下セツルメントも一九九一年には閉鎖されるに至っている。

他方、セツルメントとは別に、大学の法律相談所は戦後に活況を呈する。東京大学法律相談所は学園祭（五月祭）の無料法律相談を契機に一九四七年に発足し、以後、今日まで毎年二〇〇人以上の学生を集めて活動をしている。これも全国に広がり、今日に至るまで少なからぬ大学で同様の試みがされている。二〇〇四年の法科大学院開設に伴い、新たに法律相談所を開設したという大学もある。こちらも、自治体や弁護士会などが法律相談サービスを提供するようになった今日では、かつてのような存在感を持たなくなってはいる。しかし、学生が社会と接触する機会としては依然として重要な意味を持っている。

重遠はセツルメント解散にあたって学生たちに次のように話したという。「自分が上に立っていながら潰してしまうとは何とも申し訳がない。セツルメントにも批判されるべき点はあったが、その功績は大いに認めるべきである。自分個人としては喧嘩してでも事業を継続したかったが、学校に及ぼす影響、その他を考慮して閉鎖することに決定した。諸君は将来大いに勉強するとともに、大いに人を救ってもらいたい。そこにセツルメントは永久に生きている」（後藤傳一郎『東大セツルメント物語——それはスラム街に生まれて消えた』一九九九、頒布品〔小倉武一発行〕）。セツルメントの名前は消えたが、その精神は今日に引き継がれていると言えようか。

小松謙助（樋口秋夫氏提供）

社会教育協会と小松謙助

重遠が子ども好きであったことは、セツルメントに関する証言の中にもしばしば出てくるところである。たとえば、最後の児童学校卒業式に重遠は都合により参加できなかったが、『帝大新聞』一九三八年一月三一日号は、重遠の欠席を伝えるセツラーの挨拶に対して「慈父とも仰ぐ穂積先生がお見えにならないと来て児童達一寸淋しそう」と報じている。また重遠は託児所をこまめに訪れ、臨海学校にも同行していた。「法律相談日にたまたま時間が早い時は、汚い託児所の遊戯室をよく訪問せられた」。「私も相州真鶴の児童部臨海学校に参加したことがあるが、ここにも同先生（重遠のこと——筆者註）がお見えになられた。そのお話は小学生児童にもよく通じたのである」などと伝えられる（松本征二、福島正夫の証言。順に、東京大学セツルメント法律相談部編『穂積・末弘両先生とセツルメント』九三頁、福島ほか編『回想の東京帝大セツルメント』一五〇頁）。

セツルメントのほかには、東京家庭学園の創設が女性と子どもに関心を寄せた重遠らしい事業であるが、その様子を説明するには、同学園の母体になった社会教育協会の話から始めなければならない。社会教育協会は、一九二五年一一月一六日、文部省の認可を得て設立された財団法人である。関東大震災の後、学校教育とは別に公民教育を行う必要が説かれるようになり、文部省にも社会教育局が設けられた。こうした情勢の下、社会教育協会の設立は新聞記者であった小松謙助（一八八六〜一九六二）の手によって準備された。当時、毎日新聞学芸部長であった小松は学芸欄に掲載された論文をめぐる不敬事件で同社を辞職した。小松は記者時代に知り合いであった牧野英一を通じて重遠と知り合った模様である。同年の一〇月までには牧野に相談の上、社会教育協会を設立する構想を固め、重遠から金三〇〇〇円を「恩借」した。そして、同年一一月二日、小松の日記によれば、「文部省にて関屋局長と穂積博士と会見し、協会の設立につき相談の結果博士が理事長たることを承諾す。会長には阪谷芳郎を内定し局長より交渉することになる。設立準備は文部省にて運ぶこととなる」（『社会教育に生涯を捧げた人――小松謙助氏を偲ぶ』〔『国民』三月号別刷、一九六二、非売品〕一九頁。重遠の手帳には、一一月四日の欄に「社会局」とある）。

重遠は以後、一九四五年八月に東宮大夫に就任するまで理事長を務め、その死に至るまで、阪谷の後を受けて会長の職にあった。この二〇年の間、重遠は小松とともに同会の活動に精力を注いだのである。重遠が亡くなった日の小松の日記には、「穂積邸よりお電話にて、十一時十五分息を引き取られしとの報あり。この夜気温高くむし暑く、不気味なほど静かな夜なり。わが協会の設立者大恩人穂積先生終に逝去したまう。茫然として言うべき言葉を知らず」（二六頁）と記されている。

協会の理念と事業

協会の目的は「本会ハ社会教育ノ発達普及ヲ図ルヲ目的トシ特ニ青少年男女ノ教養指導ニ資センコトヲ期ス」（寄付行為二条）とされ、その事業としては「社会教育ニ関スル各種ノ研究調査及発表」「講演及講演会ノ開催」「雑誌及ビ図書ノ刊行」「其ノ他本会ノ目的ヲ達スル為必要ト認メタル事業」（三条）が掲げられていた。

では、社会教育はなぜ必要とされたのか。この点に関して様々な見方がありうるだろう。たとえば、会長の阪谷は「社会も…美しくなり、安寧幸福を増進してゆくこと」(『社会教育協会の事業と使命』社会教育協会、一九二九、非売品、五頁)を説いている。あるいは、小松の相談を受けた緒方竹虎(東京朝日新聞主筆)は「政治の改善には、一に教育、二に教育、三に教育である。…他事のやうに思つて居る政治を自分のものと感ぜしむるのである。自分から働きかけて自分の生活を改善する癖をつけることである」と述べている(八〜九頁)。

重遠自身は次のように述べている。「個人個人の幸福が、社会という全体の進歩によつて増進してゆくと同時に、社会の幸福は、個人個人の発達と協力とによつて初めて得られるのであります。社会教育協会が『個人的自覚から社会的自覚へ』を目標とし、社会教育を第一の仕事として起つたことは、実にこれがためであります」(四頁)。

さらに彼は続ける。「学校の教育上大切なことは申すまでもありませんが、学校だけが学校ではありませぬ。古人の詩句に『天地間一大劇場』といふのがありますが、同時にまた『天地間一大学校』ではありますまいか。この社会といふ学校には、先生と生徒の別はありません。皆が先生で、皆が生徒で、社会そのものを実物教材として、共同研究をするのであります。」(同上)

重遠は、社会的自覚と言いつつも社会の安寧のみを求めるわけではない。また、政治の改善のみを目的とするわけでもない。こうして見ると、セツルメントと同様に、社会教育協会もまた重遠の社会観・教育観を実践する場として捉えられていることがわかる。

さまざまな出版物

協会の活動の中心は出版にあった。「社会教育パンフレット」（一九二六年創刊）、「民衆文庫」（一九二七年創刊）、「処女の友」（同年）、「社会教育新報」（一九二八年創刊）、「婦人講座」（一九三〇年創刊。第一冊は重遠の『婦人問題講話』。ほかに第二〇冊として『法律五話』（一九三一年）があるが、これについては後述する）などの刊行物を出したほか、青年学校教科書の刊行も行った。

また戦後は、「社会教育文庫」（重遠の『戦ふイギリス』や『正義と識別と仁愛』などを含む）「国民講座」「公民教育講座」などを刊行した。重遠はこれらの叢書・雑誌にしばしば執筆している。特に、中心となって編集した青年学校教科書の発行部数は二五〇万部に達し、戦後の著書『私たちの民法』（社会教育協会、一九四八）、『私たちの憲法』（社会教育協会、一九四九）などもよく売れたという。

また講演会も活発に行われたようである。たとえば、一九二七年度の講演数は、講演会の数で八八回、講演の数で一三四回、一九二八年度の講演数は、同じく二一六回、四〇四回となっている。重遠自身の講演の様子については、次節で改めて述べることにしよう。

東京家庭学園全景
（樋口秋夫氏提供）

東京家庭学園

社会教育協会の活動として、もう一つ特筆すべきことは、東京家庭学園の設立である。同学園は社会教育

学校法人白梅学園全景（2010年）
（白梅学園高等学校提供）

の一環としての家庭教育を行うべく、一九四二年三月三日付で東京都の認可を得て設立された。協会理事長として学園長を兼任した重遠は、「文部省令によらない自由な構想とカリキュラムのもとで運営したい」という方針を立て、あえて各種学校の認可を受けたという（白梅学園短期大学『白梅学園短期大学創立二五周年記念誌』白梅学園短期大学、一九八二、五頁）。

重遠自身も教壇に立ち、「修身及公民」を教えた。また、その卒業証書には重遠の発意により「本学園所定ノ課程ヲ修メ教養ヲ積ンダコトヲ証スル」と記された。教育目的、教育内容に対する自負を示すものと言えようか。同学園は戦時中いったん休止されるが、戦後再開される。重遠自身も再び教壇に立ち、「法律概論」を講じた。なお、当時の講師陣の中には「リトミック」を教えた小林宗作（一八八三～一九六三。トモエ学園の創設者）の名が見られる。また、重遠の二男・重行が「文明史」を教えている。

東京家庭学園は様々な方向への展開を試みたが、やがて保育学・児童心理学を中心とするようになる。特に、保母資格の取得に力を入れるようになったという。こうした事情に加え、地域住民の強い要望もあって、一九五〇年四月から附属白梅幼稚園が設置されることとなった（カバー写真を参照）。園長はやはり重遠が兼任し、教職員には前記の小林宗作の薫陶を受けた人々を集めて、徹底した自由保育が行われるようになった。入園希望者は初年度に二〇〇名を超え、数年後には四〇〇名に達した。重遠は幼稚園の開園から一年あまりで亡くなっているが、「その人間尊重の精神は今日でも承継されている」（白梅学園短期大学附属白梅幼稚園編『白梅幼稚園の軌跡』白梅学園短期大学附属白梅幼稚園、一九九〇年、三八頁）。

その後、東京家庭学園は白梅保母学園となり、学校法人として社会教育協会から独立する。学校法人白梅学園は今日では、短期大学・幼稚園のほかに大学院・大学（子ども学部を持つ。現在の学長は東大教授であった教育学者・汐見稔幸）や中学校・高等学校を併せ持つ総合学園に成長している。校地は都心から杉並区へ、そして現在は小平市に移っている。重遠の播いた種は今もなお、この地に息づいているのである。

3　教育家・重遠——夏期大学・明大女子部・公民教科書・有閑法学

大学拡張運動

すでに触れたように、東京大学セツルメントは大正デモクラシー期を代表する（少なくとも象徴する）社会事業の一つであったが、それはあくまでも学生セツルメントであり、重遠はこれを大学拡張運動の一環として理解していた。重遠はセツルメントにおいても「教育」「普及」を重視していたが、これらもまた大学拡張運動と密接な関係を持っている。では、大学拡張運動とは何か。まず、この点を簡単に説明しておこう。

欧米では一八八〇年代の後半から高揚期を迎えていた大学拡張運動(University Extention Mouvement)はその後に日本でも知られるようになったが、特に吉田熊次(一八七四〜一九六四)の『社会教育』(一九一三)は「大学拡張とは大学教育拡張の意味であって、大学に入学することの出来ない人に、大学教育の一斑を授くることを旨とする」と説き、欧米の大学拡張運動とセツルメント運動を紹介した(三二四頁。田中征男『大学拡張運動の歴史的研究——明治・大正期の「開かれた大学」の思想と実践』(野間教育研究所、一九七八)も参照)。

こうした発想から、日本の私立大学の中には、自校の歴史を回顧しつつ、その通信教育や校外生制度を大学拡張運動の一環であったとするものが少なくない。確かにそうした要素もあったと言えよう。しかし、意識的な大学拡張運動としては、いわゆる自由大学・夏期大学の運動を挙げる必要がある。自由大学運動とは、一九二一年の上田自由大学に代表されるものである。上田自由大学は、土田杏村(一八九一〜一九三四)を指導者に、独特の理念とカリキュラムが掲げられた。その担い手は豊かな農民たちであり、自由大学は彼らの知的欲求の充足と社会参加のための自主学習機関となった(上木敏郎『土田杏村と自由大学運動——教育者としての生涯と業績』誠文堂新光社、一九八二)。この運動は、終戦直後の鎌倉アカデミアや京都人文学園、庶民大学三島教室などに継承される。今日の世田谷市民大学・川崎市民アカデミーなどもその延長線上にあると言えよう(かわさき市民アカデミー市民トークの会編著、篠原一監修『デモクラシーの展開と市民大学——大正から現代まで』かわさき市民アカデミー、二〇一〇年)。

上田自由大学はそれ自体が興味ある研究対象となりうるが（長野大学編『上田自由大学とその周辺——長野大学からの二十世紀メッセージ』郷土出版社、二〇〇六）、ここでは、重遠の友人であった山本鼎（一八八二〜一九四六）がやはり上田で展開していた自由画運動と密接な関わりがあったことだけを指摘しておこう（山本については、神田愛子『山本鼎物語——児童自由画と農民美術　信州上田から夢を追った男』信濃毎日新聞、二〇〇九を参照）。

もう一つの重要な流れは、夏期大学であった。代表的な夏期大学としては信州木崎夏期大学が知られている。一九一七年に同大学が開設された背後には、県内の大学設置運動や「通俗大学会」を設立していた後藤新平などの後押しもあったようだが、結局、夏期大学という形態が採用された。八月の数週間にわたり、講師と受講者が自主的に学習するという運動は息の長い運動となり、今日に至っている（北安曇教育会編『信州木崎夏期大学物語』北安曇教育会、一九七八）。この木崎の例に続き、各地に様々な夏期大学が開設されることになった。

夏休みの講演旅行

重遠は、先に見た留学中の日記のほかに、一九二五年から三〇年までの間の夏休みの日記を残している（『終戦戦後日記（一九四五〜五〇年）』付録1「大正一法学者の夏休み」）。これらの日記を見ると、この時期、重遠が講演や夏期大学に相当の時間を費やしていることがわかる。まずは一覧表を示そう。

大正一三（一九二四）年七月二七日〜八月一五日

南豫文化

思想界の明星を集めた
夏季大學
愈々目睫に迫る

南予文化（穂積重行氏提供）

宇和島・鹿児島旅行日記
大正一四（一九二五）年七月一九日～九月一日
鮮満日記
大正一五（一九二六）年七月一二日～二一日
宇和島日誌
昭和二（一九二七）年八月五日～二四日
樺太紀行
昭和四（一九二九）年八月八日～二一日
宇和島・松江旅行通信

昭和五（一九三〇）年七月二九日～八月六日
宇和島日記

なお、一九二八年については日記は残されていないが、歌子の『歌日記』（一九三一、非売品）によると、七月二三日に真六郎の妻・敏子が子ども四人を連れて朝鮮から内地に戻ってきている。八月には葉山の渋沢別荘を訪れており、一三日には「歌子、重遠、仲子、季子、元治、孝子、光子、敏子、三喜、晴子の十人、孫たち十八人、集まりて共に撮影す」との記事がある。実際に写真も残っている（口絵写真参照）。この年は、義妹が四人の子とともに帰って来るというイベントがあったため、重遠も講演旅行には出かけなかったのかもしれない。

さて、各年の旅行中にどれくらいの講演が行われたかを見てみよう。たとえば、一九二四年の場合、二〇日間の滞在中に、宇和島の夏期大学で三回、鹿児島の夏期大学で四回の講演がなされている。テーマはそれぞれ「婚姻制度と現代思潮」「親族法の四大問題」（前者は南予文化協会から講義録が出版されている。この団体が夏期大学を主催したのだろうか。なお、重遠らの講演の記事も残っている）であった。このほかに、宇和島で七回の講演が行われているので、合計一四回に達している。その中には一日に三回別の場所で話している日もある。さらに一九二五年になると、光州（朝鮮）、大連（関東州）、長春と撫順（満州）で夏期大学を行い、計一五回話している。他の講演を加えると合計で三二回となっている。民法や家族法の話のほかには、「権利義務の真意義」「陪審裁判の話」「法律と道徳」などが何度も語られている。このあたりは得意の持ち話だったのだろう。

頻度からも内容からも、重遠が夏休みを費やして講演に勤しむ様子が窺われる。

明大女子部と女性法曹

重遠が力を注いだのは一般市民に対する教育だけではなかった。特に注目に値するのが、明治大学女子部の創設である。明大女子部の創設の経緯は次のように記録されている。「たまたま松本（重敏──筆者註）が委員をしていた弁護士法改正委員会で、婦人に弁護士の資格を認める案件が提案され、また、穂積、松本らが関係した公民教育会において、女子に法律を教える学校の必要性が話し合われたりして、いよいよその機運が熟した。そこで昭和三年に至って、二人は、明治大学に女子専門部を創設することを提案することとなり、この案を法学部にはかってその賛同を得た。そしてこれを大学当局に伝えたところ、当時の学長横田秀雄もこれに賛成した。横田は…男子にも貞操義務があるとした大審院判決の際の裁判長であった人であ(った——筆者註)」(明治大学短期大学『明治大学短期大学五十年史』明治大学短期大学、一九七九、三頁)。

こうして一九二九年四月から明治大学専門部に女子部が開設された。第一回生は一八歳から四〇歳以上の人まで様々な人が集まった。「女子部創設の一番大きな目的である女性法曹人になることを目指して、入学したものが多いのであるが、なかには、当時の婦人解放運動に刺激されて、また直接には女性の地位問題で広く活躍していた穂積を慕って入学したものもいたと思う」(一〇頁)という。入学者は約一五〇名だったが、一九三二年に卒業できたのは五四名であった(一九四五年までの累積卒業者数は四〇〇名ほどである)。

横田秀雄
(『父を語る』より)

その後、一九三三年には弁護士法が改正され、一九三六年からは実際に女子が高等文官試験司法科を受験することが可能になった。この年の受験生三六一〇名中は女子は一七名(うち一三名が女子部出身)であったが合格者なし、翌三七年も論文合格者一名を出したものの最終合格者はなかった。三年目の三八年になって、前年の論文合格者田中(後に中田)正子に加えて、武藤(後に三淵)嘉子、久米愛三名が遂に合格をはたした(この三人については、佐賀千恵美『華やぐ女たち——女性法曹のあけぼの』〔早稲田経営出版、一九九一〕を参照)。日本の女性弁護士の数は、一九七五年には三〇〇人に、そして二〇〇六年には三〇〇〇人に達したが、その歴史は明大女子部から始まったのである。

重遠の抱負と講義ぶり

重遠の女子部開校式における挨拶で、比較的よく知られているのは「民法改正審議に加へられる丈けの婦人法律家が我国にはない。是は私は非常に遺憾と思う」（明治大学短期大学『明治大学短期大学五十年史』二六一頁）というくだりである。「民法といふ法律は殊に婦人に重大なる関係のある問題で、家庭に密接な影響を及ぼす法律である。その法律を審議するのに男子だけでやってよいものか」（同頁）というのである。

ただし、ここでいう婦人法律家は女性弁護士とイコールではない。「法律を作っていくその根本問題の審議に与り得る丈けの能力がある婦人法律学者」（同頁）を育てようというのである。重遠は次のようにも言っている。「良い弁護士を造るため、婦人代議士を造るためといふこともあり得るでありませう。併し私はさういふ外の目的に余り重きを置かないで、婦人が法律を勉強されるといふその事がこの明治大学女子部の目的である」（二五九頁）と考えたいとしている。「すべての教育が余りに何かの手段となつて居る」が、「それが最も遺憾なことであると思ふ」（二五八頁）というのである。

さらに重遠は、「法律が今まで動もすれば無味乾燥に流れたり或は殺風景、不人情、非常識に走ったりしたのは男だけが研究して居た為である」（二五七頁）、「婦人の法律家が出来るということが良き法律家を良き隣人ならしむる」（二五八頁）とも述べていた。

重遠の講義ぶりは次のように伝えられている。「開講時刻を遅れられることは一度もなく、学生が遅刻して入ってくることを恥ずかしいと感じる雰囲気はきびしかったが、講義はユーモアに富みユニークであった」、「不逞の娘たちは、多少背を丸めて足早に歩かれる先生の後ろ姿に『いのしし』のニックネームを呈して、親しみを現したものだった」（鍛冶千鶴子の証言。一九三頁、福島ほか編『穂積重遠先生を偲んで』一九頁）。「民法総則の講義の合間に、大津事件の真相に言及し、時の大審院長児島惟謙氏の勇断をたたえたり、科学者キュウリー夫人を尊敬すべき人として、その生い立ちから業績まで話されたり、また外国には『グッドローヤー、バッドネイバー』という言葉があるが、これではいけない、良き法律家は良き隣人でなければならない、と厳に権利の乱用を戒められたりもした。そして時にはお得意の義太夫を声色入りで聞かせてくれたり、この先生の思い出はとても多い」（唐崎ヒデの証言。明治大学短期大学『明治大学短期大学五十年史』一六九頁）。

さらに重遠自身は、「私は明治大学女子部の民法講義では、教科書を学生と一所に読むと云ふ態度を執り、断えず学生に問をかけ、学生からも質問を受けつつ、所謂一問一答式に講義を進めて居る。…ただこれは明大女子部が一級三、四十年の少人数だから出来るので、帝大法学部の如く五百六百、事によると一千もの学生が大講堂に一杯の講義では、中々さふ云ふ訳に行かない」と述べている（「法律と教育」『岩波講座教育科学』第二〇冊、一九三三、九頁）。

以上の抱負にも講義振りにも、重遠らしさがあふれている。あえて言えば、重遠にとって明大女子部は、自らの理想とする教育を自由に展開する場であったとも言えよう。

黎明期の女性法律家たち

明治大学女子部は（広い意味での）女性法律家の揺籃となったが、同大学を通じて、あるいはその外で、重遠は初期の女性法律家たちの多くと関わることになった。実際、重遠没後三〇年の際に催された「偲ぶ会」には、女性の参加者が少なくなかったようである（福島ほか編『穂積重遠先生を偲んで』に寄せられた回想二九編のうち五編が女性の手になる）。ここではそのうち、モダン・ガールの世代に属する二人に限って触れておこう。

まず一人目は立石芳枝（一九一〇〜八三）である。明大女子部の一回生として重遠の教えを受けた立石は、その後、明大法学部を経て東大大学院に進学する（学部に女子の入学が認められたのは戦後のことである）。一九三五年のことであった。博士課程を修了したのは五年後の一九四〇年であるが、それに先立ち明大女子部の教壇に立っている。立石は、戦後にいち早くコンメンタール『親族法・相続法』（日本評論新社、一九五二年。我妻栄と共著）を公刊したほか、法制審議会のいわゆる三幹事の一人として家族法の改正に従事した。長く明大女子部（戦後は短大）で教え、学長も務めている。

立石芳枝
（『法律論叢』第53巻第３・４合併号より）

立石の人となりは、『立石芳枝教授退職記念論文集』（明治大学法律研究所編、一九八一）の巻頭に当時の法学部長・鍛冶良堅が引用する一文によく示されている（「立石芳枝教授のこと」）。「民法改正三十年に思う」というエッセイの一節である。「われわれの夫・妻・親・子の法律も、昭和二十三年の苗付け以来、三十年に及ぶ歳月を経て、今は大樹に育ちつつある。亭々と天に聳え、人みな振り仰ぐ信頼の大樹に、今後ますます育てていかねばならない。育てるためには、育たねばならないと思うし、育ちたい。産むために死ぬ鮭の母や蜻蛉の母では、ありたくない。母の犠牲も嫁の犠牲も娘の犠牲も、終わったのである。疑いが起こったら、われわれ女性のための法律を見よう。姑は楽しく、嫁は朗らかに、娘は溌剌と、天地の恵みを享けて長生きせよと書いてある。読み取れぬ人には、読み取れるように、手を伸べ力を貸そう」(頁数なし)。

もう一人は田辺繁子(一九〇三〜八六)である。田辺は関西の同志社大学法学部の出身であり、大学で重遠の教えを受けてはいない。しかし、一九三四年に重遠のもとを訪れ、以後、個人指導を受けるようになる。田辺は『マヌの法典』(岩波文庫、一九五三)の翻訳者として知られているが、この法典への関心は陳重の蔵書にあった英訳本を見せてもらったことに由来するという。翻訳するならば原典に当たらなければならぬ、という重遠の言葉を受けて、田辺はサンスクリット語を学び、英訳からの翻訳を完成させたという。

重遠が田辺に様々な便宜をはかったのは、なぜだろうか。向学心ある女性を支援したいという気持ちがあったのはもちろんだろう。田辺は「なんとしても、穂積重遠先生の御指導を受けて勉強したい」(福島ほか編『穂積重遠先生を偲んで』四三頁)と訴えて、同志社の先輩(景教〔ネストリウス派〕研究者の佐伯好郎〔東京高師附属中学校の英語科主任であったので、重遠もその教えを受けたのだろう〕夫人)の紹介で重遠に会っている。田辺の宗教に対する強い関心が重遠の琴線に触れたということもあろう。後に述べるように、重遠は「聖書」に対して特別な興味を持っていたからである。

この二人を筆頭に、多くの女性たちが法の普及、法の研究へと向かった。彼女らは、社会に対する積極的な関与の姿勢、学問に対する真摯な姿勢において、まさに「重遠の娘たち」であった。

「民法講義要領」から『民法読本』へ

ここで、この時期の重遠の著作に触れておくことにしよう。その多くは、講演の記録であり一般向けの著書である。夏期大学の演目に見られるように、重遠は民法について語る一方で、法とは何かについて語ることも多かった。以下においては、この二つの系列に分けて、この時期（とそれ以後）の著作の内容を見てみることにしよう。

全体を代表する著作は、『民法読本』（日本評論社、一九二七）であろう。「はしがき」には「此頃流行の読本『といふものを…して見んとてするなり』と云ふ訳ではない」（はしがき一頁）と書かれている。確かに読本は流行していたようである。日本評論社は読本シリーズを計画し、すでに『教育読本』『財政読本』『政治読本』『経済読本』『実業読本』『社会読本』などを刊行していた。これらは『民法読本』の末尾の広告に掲げられた書目であるが、その後も『憲法読本』『陸軍読本』『海軍読本』『航空読本』『思想読本』『警察読本』『南洋読本』等々が続いている。大ヒットになったことは、武藤山治の『実業読本』（一九二六）、大田正孝の『経済読本』（一九二五）が、一九二七年の時点でそれぞれ二三〇版、一二〇版と、今日では考えられないほど版を重ねていることからも窺われる。

しかし、重遠は時流に乗ろうとしたわけではない。「学生時代に丘浅次郎博士の『進化論講話』を読んで悉く感服し、法律の本も斯う云ふ風に書いたらと思ったのが始りで、それ以来常に念頭を離れなかった」（同頁）、その構想がここに実現されたのである。その構想の中心は「『読本』と云ふ以上読みよい本でなくてはならぬと思つて、法律家として出来るだけの自由な気持で書いて見た。民法典のシステムを崩したのも其ためである」（はしがき二頁）、また「法律とは何々なり、と学者はあたまから定義する。しかしこの『あたまから定義する』ことが、今日の法律学の根本の間違ではあるまいか。あらゆる関係現象を具体的に研究し尽した後に初めて定義が立てられ得る」（一頁）という点にある。

実際同書では、第一章「民法の過去現在未来」を序論に、第二章「人と其身分」（人と家族を扱い家族問題に触れる）、第三章「財産権」（各種財産権を扱い借地借家・小作問題に触れる）、第四章「契約による財産の取得」（契約を扱い、女性保護を含む労働問題に触れる）、第五章「契約によらぬ財産権の取得」（取得時効・不法行為・相続を扱い、ロシア民法や妻の相続権に触れる）、第五章「権利者義務者の保護」（担保や消滅時効を扱い、調停制度に触れる）という編成で、具体的な社会関係から出発して民法が語られている。

同書は末弘厳太郎の『民法講話　上下巻』（岩波書店、一九二六／二七）と並び、「日本型民法教科書」（民法を一般市民にわかりやすく説くために、法典の順序に従わない独自の編成を採用し、社会的な背景を織り込んだ説明をする。この型の教科書の系譜につき、大村「法教育から見た民法改正」（『NBL』九四〇号、二〇一〇年）を参照）の嚆矢となった名著である。『読本』は『講話』にわずかに遅れて公刊されているが、この型の教科書のプライオリティは末弘にあると断ずるわけにはいかない。『読本』に先立ち、重遠は「民法講義要領」（東京家政学院大正一五年度使用）という教科書を刊行しているが、そこでは『読本』とほぼ完全に共通の編成が採用されているからである。

ところで東京家政学院とは何か。簡単に説明しておくと、同学院は一九二五年に家政学者・大江スミ（一八七五～一九四八）によって設立され、現在は東京家政学院大学になっている。同学院では当初から、重遠（民法・法制）のほか、清水澄（憲法）、戸田貞三（社会学）、芦田均（一八八七～一九五九。後に首相）（時事問題）、前田多門（一八八四～一九六二。後に文相）（時事問題）、太田正孝（一八八六～一九八二。政治家）（時事問題）などが教えた。「大正デモクラシーの潮流のなかで台頭した学者や論客たち」（東京家政学院光塩会編・大浜徹也著『大江スミ先生』一九七八、二一九頁）を集めたのは、大江が「東京家政学院をして、関東大震災によって亡びた明治国家秩序の上にではなく、新しい新興階級というべき中産市民の上に樹立せんとした」ためであるとされる。その結果、同学院は「大江スミの令名とあいまち、当代最高の知識人が指導する『家政学の伝道』として、全国から入学者を集めた」（二一九頁）という。

『民法読本』は大正自由教育の一環をなす女子教育の試みに端を発していたのである。

法律心を鍛錬する

重遠は『民法読本』の「はしがき」に「いつか又『法理読本』乃至『法律進化読本』を書いて見たい」（はしがき一頁）と記していた。彼の心中にはなお法理学の灯が護られていたことが窺われる。実際には第二の読本は書かれることはなかったが、戦後になって書かれた『百万人の法律学』（思索社、一九五〇）がこれに相当する。この著作は重遠の没後、弟子の中川善之助の補訂により副題の「やさしい法学通論」という表題を掲げて公刊され（有斐閣、一九五四）、戦後も長く読者に親しまれた。

重遠には『法学通論』という著作もあるが、『法学通論』や『やさしい法学通論』は、一方で「法律全体の縮図的知識」ではなく「法学入門」をめざし、「法律専門家ならぬ一般人にも読んで貫いたい」(『法学通論』一頁)というものとして書かれており、その目標は「法律心を鍛錬すること(トレーニング・ザ・リーガル・マインド)」(一二頁)にあるとされている。他方、両著は「今までの法学通論はややもすれば、法律哲学そこのけであ(つた)」(『百万人の法律学』一二頁)という認識に立っている。これに対して重遠は「『法律とは何か。』というのが、法律学の第一課であり、また最終課である。その第一課が『法学通論』最終課が『法律哲学』(法理学)だ」(一〇頁)としている。つまり彼にとっては、「法学通論」は「入門」の形をとった「法理学」なのであった。

『百万人の法律学』は重遠晩年の著作である。しかし、彼がこうした構想に達したのは早い時期のことであった。というのは『百万人の法律学』の骨子はすでに一九三一年の『法律五話』に現れていたからである。『百万人の法律学』は序論にあたる第一話「法律とは何か」に続き、第二話〜第六話が各論に充てられている。そこでは「法律は作るもの」「法律は在るもの」「法律は成るもの」「法律は行うもの」「法律は守るもの」という表題で法律の五つの側面が語られているが、『法律五話』はまさに同じ五面を語るものであった(ただし、順序は「成るもの」「作るもの」「在るもの」「行うもの」「守るもの」であった)。

当初の重遠は、不文法(「成」)から制定法(「作」)への歴史を語るとともに、法というものの普遍性(「在」)に至った。そして、その法律が人々によって主体的に遵守されるべきこと(「行」「守」)を説いた。戦後の重遠は、順序を変えてまずは自ら法律を作るべき（「作」）ことを強調した上で、その中にある普遍の相（「在」）と生成の相（「成」）に注意を促した。これによって、人々の主体性はさらに強調されることになったと言えよう。

以上のような法律観（これについては、牧野英一「穂積君の法律五面観」〔『国民』六一一号、一九五二〕がある）は、重遠の公民教育への関与ともかかわるのであるが、その話に進む前に若干の寄り道をしておこう。二つの話題をとりあげるが、いずれも法の普及の方法・媒体（メディア）にかかわるものである。

ラジオで魅せる天性の話術

重遠は、夏期大学で明大女子部で、また各種の著作（著書のほかに雑誌・パンフレット類も含めて）を通じて、彼の民法、彼の法学を語った。しかし、講筵に列する人々、著作を手にする人々の数はやはり限られている。そこで、さらにラジオ番組を通じて多くの人々に語りかけた。

正確な記録は残っていないが、戦前からラジオ番組に出ていたと伝えられている。戦後について言えば、NHKの文化講座に出演し、一三回にわたり法律の話をしている（一九五〇年七月から一〇月まで。その内容は『法律入門』〔宝文館、一九五二〕）。他に同じ時期に単発のインタビュー番組にも出演しており、録音がレコードの形で残されている（「朝の訪問」という番組のようである）。残念ながら、戦前の放送の録音は残されていないが、このレコードによって重遠の肉声とその語り口を知ることができる。

重遠の話しぶりが巧みであったことは、多くの人の証言するところであり、「講演がまことに上手なお方」「さながら名優の演技というべきもの」「特異な才能」等々、さまざまな言及がなされてきた。いまレコードの声を聞いてみると、確かに絶妙の間合いで語り、その美声は快く響く。父の陳重が口語体を標榜しながらも、その語り口がいわゆる講義調を脱しなかった(一九二三年ころの録音と思われる『法律の進化』というレコードが残されている)のとは大きく異なる。

もちろん時代の差がある。陳重と重遠とでは育った環境や受けた教育も全く異なる。また、次章で言及する穂積の家の芝居好きの影響もあろう。それにしても、重遠がコミュニケーションに十分な注意を払っていたことは注目されてよいことだろう。重遠には「はなしするごとく」というエッセイがあるが(『有閑法学』所収)、「下女の文あだかも話する如く」という子川柳をひきあいに出しつつ、谷崎潤一郎(一八八六〜一九六五)などに言及しながら口語体の難しさについて論じている。天性と言われるその話術の背後には、相当の工夫・努力もあったのであろう。

法科大学の開放

先に触れた『読本』に見られる大衆の読書熱は、いわゆる円本を生み出した。改造社が一九二六年にスタートさせた『現代日本文学全集』には二三万人の予約購読者があったという。余談ながら、一九二七年創刊の岩波文庫も円本ブームの影響を受けたものであった。

この読書熱・出版ブームに大学拡張運動が結びついたのが、各種の「全集もの」「講座もの」である。法学の世界ではそれは、一九二八年から三二年までに全三九巻が刊行された日本評論社の「現代法学全集」(末弘厳太郎編輯代表)となった。その後この成功をふまえ、一九二九年一二月に創刊されたのが、同じく日本評論社の『法律時報』（末弘厳太郎責任編集）であった。これらの標語は「法科大学の開放」であった。確かに、これらは法知識の普及に貢献した。とりわけ『法律時報』は法学ジャーナリズムを成立させた点で、その功績は大きい。戦後創刊の『ジュリスト』（有斐閣）とあわせて、狭義の法律家以外の者を含む読者層の形成に成功した。

この試みを主導したのは末弘厳太郎であったが、重遠は長年にわたり末弘の試みを支持してきた。重遠の『判例百話』は、当初は『現代法学全集』の一冊として公刊された「法学入門」「判例小話」をまとめたものであるし、後に取り上げる『有閑法学』は、『法律時報』創刊時から長く重遠が寄稿し続けたエッセイをまとめたものである。

公民教育

「法育」としての

さて、ここで公民教育の話に移ろう。重遠の公民教育の関心は、これまでに述べたきた法の普及への関心と繋がっている。たとえば、前掲の『法律五話』の末尾には以下のような指摘が見られる。まず重遠は次のように述べる。

「従来、徳育知育体育の三つに区別して考へましたが、いずれも主として一人一人の人間の完成を目標とした教育でありました。それも勿論結構ですが、これと同時に共同生活の心持をもつと深く養成すべきではなかつたでせうか。法律は共同生活の規則で、皆が仲よく工合よく生活するために大切なものであります。それ故法律を教へることは即ち共同生活を教へることになります。そこで徳育知育体育の外に、仮に『法育』とでもいふべきものを加へて、法律の精神を教へる必要があると思います」（五四〜五五頁）。

このように、一九三一年の時点で重遠はすでに「法育」の必要性を説いている。しばらく前から日本でも「法教育」の必要性が説かれ、最近では学習指導要領にも取り入れられたが、「法教育」の考え方はすでに重遠によって提唱されていたのである（法教育については、大村『〈法と教育〉序説』〔商事法務、二〇一〇〕を参照。そこでは重遠を「法教育の父」としている）。

もっとも、当時においても小中学校で法に関する教育がなされていなかったわけではない。中学校には「法制経済」という課目もあった。しかし、重遠に言わせれば、それは十分なものではなかった。「多くの場合に専門学校で教へる法律の講義の目録を並べたやうなもので、即ち専門の法律の形式だけを教へてゐたに過ぎなかった」（『法律五話』、五五頁）からである。そのため「生徒はどうかすると法律はやかましい難解なものだといふことを教へらるに過ぎない結果」（五五頁）になった。これに対して、「今度公民科が出来て、法律の規則ばかりでなく、その意義精神を吹き込むやうにといふことになつたのは、誠に結構」（五五頁）だとしている。

公民教育の生成については、立ち入った検討を要するところであるが、ここでは、まず実業補習学校で公民科が必修とされ（一九二〇）、続いて実施され（一九二四）、さらに中学校（一九三一）、女学校（一九九二）にも設置されたという事実と、重遠が公民教育調査委員会の委員として「実業補習学校公民科教授要綱」の策定に関与したことを指摘しておこう（松野修『近代日本の公民教育――教科書の自由・法・競争』名古屋大学出版会、一九九七、二三一頁）。また、その背後には、「殊に昭和三年以来、普通選挙制度、陪審制度が実施せられ、国民は今や平等に立法権にも参加し、司法権にも参加するに至つた」という事情があった。まさに今日において法教育が必要とされるのと同様の事情があったのである（釜本健司『戦前日本中等学校公民科成立史研究――認識形成と資質育成を視点として』風間書房、二〇〇九、七五〜七六頁）。

公民教科書の編集

重遠は、公民教育の必修化を推進しただけではなく、その教科書の編集・執筆にもあたった。手元にはその一部である穂積重遠編『青年学校教科書修身及公民科　巻二・巻三』（社会教育協会、一九四二年、改訂三版）、穂積重遠・四宮茂共著『新撰公民教科書上下巻』（三省堂、一九三八年、修正再版）、穂積重遠・四宮茂共著『新撰女子公民教科書書』（中等学校教科書、一九四三年、修正四版）があるが、以下には、このうち中学校などで使われた『新撰公民教科書』の目次を掲げる。

（上巻）

第一章・我が国　第二章・我が家　第三章・我が郷土（一）

第四章・我が郷土（二）　第五章　我が国体　第六章　国憲と国法

第七章・帝国議会　第八章・政府及び枢密顧問　第九章・裁判所

第十章・国政の運用と我等の責務

（下巻）

第一章・国民生活　第二章・職業　第三章・国民経済　第四章・産業

第五章・流通　第六章・財政　第七章・海外発展　第八章・国民文化
第九章・国防と国交　第十章・我が国の使命

この教科書の「序」には重遠の公民教育観が現れている。曰く「公民科は複雑多端なる現代生活の実際を学ばしめるものであるから、元来感興の多かるべき学科である。然るにややもすれば興味索然たるの謗あるは如何なるわけか。それは多くは記述が概念的であつて実際生活に即しないからであらう」(序二頁)。そこで「本書は…力めて記述の具体的ならんことを期し、生活の実際と緊密なる接触を保つことを図つたと同時に、…深く事象の奥に潜む道理と、広く事実の間に横たわる関係とを解明せんことに務めた」(序二〜三頁)と。「序」は次のようにも言う。「公民としての知徳の涵養には、法制上・経済上・道徳上の実際知識を必要とするはいふまでもないが、更に一層根本的に必要なのは国家社会生活に対する深奥なる理解と熱烈なる信念とである」(序三頁)。

他方で、教科書の内容を見ると、そこには時代の影響が刻印されていると言わざるをえない。しかし、「我等はよく政治的教養を高め、高邁なる見識と判断力とを養ひ、民意尊重の聖慮に応へ奉らねばならぬ」(上巻一八六頁)、あるいは「かかる波瀾万畳の国際渦中にあつて、尚能く独力以て東洋全局に亙る平和維持の使命を担当し、如何なる難関障碍と雖も之を排除する不動の国是に立ち、又専ら国際協力の実現に務め、世界を平和の大道に導かんとしている現状である」(下巻一八五頁)といった叙述に重遠の本意を見出すべきだろう。

「非法律家を法律家に、法律家を非法律家に」

以前にも述べたように、「非法律家を法律家に、法律家を非法律家に」というのが重遠の目指すところであった。このうち「非法律家を法律家に」するために重遠が払った努力とその成果については、これまで述べてきた通りである。では、「法律家を非法律家に」とは何を意味し、そのために重遠は何をしたのだろうか。

この点はなかなか説明が難しい。しかし、理解のための手がかりは、すでに言及した明大女子部開校式の挨拶の中に見出すことができる。繰り返しになるが、もう一度引用しよう。重遠は言っていた。「法律が今まで動もすれば無味乾燥に流れたり或は殺風景、不人情、非常識に走ったりしたのは男だけが研究して居た為である」（明治大学短期大学『明治大学短期大学五十年史』二五七頁）、「婦人の法律家が出来るということが良き法律家を良き隣人ならしむる」（二五八頁）。

あるいは同じ挨拶の中で、次のようにも言っている。「法律といふものは難しく喧しいものである。非常な殺風景なものである。唯理屈ぽいもの」「無味乾燥、窮屈不人情なものであるかの如く考へる」（二五七頁）。これは誤解である。重遠はそう説くのであるが、同時に、「今迄の法律学、今迄の法律家がさういふ誤解を招く源を造つて居るかも知れない」（同頁）。だから「良き法律家は悪しき隣人」だと言われる。しかし、「良き法律家は良き隣人でなければならぬ。さうでなかつたとすればそれは法律学者、法律家の欠点である」（二五八頁）。この欠点を糺す、それが「法律家を非法律家に」ということなのである。

女性法律家の育成は、この「法律家を非法律家に」という方向に沿ったものであろう。重遠はそう主張していたのである。そしてまた、重遠は『有閑法学』にまとめられるエッセイを『法律時報』に書き続けたのもまた、この主張を実現する一つの方法としてであったと言える。

『有閑法学』の真意義

『有閑法学』は、正編が一九三四年に、続編が一九四〇年に公刊され、戦後も再刊されている。しかし、なかなかその真意が理解されない著作である。この著作に対する否定的な見方は、法制史家・栗生武夫（一八九〇～一九四二）の次の評に代表されよう（栗生武夫『一法学者の嘆息』弘文堂、一九三六）。栗生は『有閑法学』について、次のように述べている。

「よくイギリスの判事などに、教養の広い趣味の豊かな紳士的法律家を見出すものであるが、穂積重遠博士もさういつた型の一人である。その高貴な教養は氏の学問を優雅なもの・円満なものにさせている。…本書は氏の法律徒然草である。…研究室裡における独居の感興を筆に止めて、みずからも楽しみ人にも示されるものである。そこには議論はもちろん、『纏まつた話』さへもない。ただ淡い感興の軽く過ぎ行くのを見るだけである。…著者の鋭敏な法的嗅覚は歴史や文学書の渉猟中に、法律に関するいろいろの面白いお話の種子を発見されるのでもあらうか。…吾等は先づ著者の思付の巧妙、連想の軽快さに参入つてしまふのである。その話法は謙抑である。著者は何事も全部までは言ひ尽くされない。…あとはこれを嫋々の余音のうちに消されてしまふ。しかもそのために却つて高い気品が香るのを見るのである」（一二五～一二八頁）。

すでに褒め殺しのニュアンスが感じられるが、先に進むと批判はより直接的になる。「しかし考へてみると、この種の閑文章が現代にとり何程の意味をもつのであらうか。…著者は民法の内容をなるべく平明に解説するとか、口語体で判決を書くとかいふことに熱心をもつてをられるやるだが、民法に対して現代人が持つてゐる不安はもつと底深い所にある。…今日の民法は果して社会の発達に対して寄与的に作用してゐるのか、阻止的に働いてゐるのか、その科学的分析こそがわれらの関心事でなければならぬのである。…なぜ当時の日本資本主義が外国民法の手早い受容を必要としたか、その唯物的根拠こそがわれらの関心事でなければならぬのである。…学者は然かく『有閑的』であつてはならぬのである。」（一二八〜一二九頁）「日本資本主義」を「唯物的」に分析しない言説は「科学的」ではなく、「科学的」でない法学は無用であるというわけであろう。これは「一つの」見方ではあるが、重遠の法学とは相容れない見方である。

もちろん重遠を擁護する意見もある。来栖三郎は次のように述べている。「東大総合図書館蔵の穂積先生の『有閑法学』には、『穂積氏の面目躍如たり』という書込みがあります」（福島ほか編『穂積重遠先生を偲んで』二六頁）。こう書き起こされた文章は、少し後で次のように展開される。「先生は社会事業とともに社会教育に対する深い関心と終生変わらぬ熱意を持たれ、特に『法律家を非法律家に』すると同時に、『非法律家を法律家に』することを心掛けられ、それが先生の法律学の他の法律学者に見られぬ際だった特色をなしております。このようにみてまいりますと、古今東西に亙る広い知識を駆使して法律の事件や問題を平易に興味深く説き、その間に、おのずと法律家ばかりでなく法律家でない者にも法律の精神をさとらせようとする『有閑法学』が正に先生ならではの名著であることは、全くそのとおりであります」（二七頁）。

来栖の言っていることは正しい。しかし、この評は「法律家ばかりでなく」に重点を置いて読みたい。重遠は『判例百話』について次のように言っている。「判例研究でもなく、判例批評でもない。『珍しい事件』『面白い裁判』の噂話に過ぎぬ。初めて法律を学ぶ人々の、而して又法律は無味乾燥とのみ思ひ込んで居る人々の、興味を少しなりとも唆れば足りる」（はしがき一頁）と。「法律家」（あるいは「法律家」になろうという人）にこそ、法律を無味乾燥と思ってほしくない。そうした思いによって書き継がれたのが、『有閑法学』であると言うべきだろう。

たとえば、一つだけ具体例をあげよう。『有閑法学』には「役場に結婚式場」という文章が収められている。これはブリュッセルの市役所で結婚式を見学したという話である。例の調子の文章で結婚式の様子が活写されているが、フランス法系の結婚式のあり方をこれほどいきいきと紹介した文章はその後もないように思う。これによって読者は、届出という日本法の婚姻の方式を相対化して考えることができるのである。その意味で「役場に結婚式場」は、いまでも有益な教材であり続けている。

「法は社会教育」　「非法律家を法律家に」という場合はもちろん「法律家を非法律家に」という場合にも、重遠には、「法＝書かれた条文」ではなく、「法＝社会に存在する規範」であるという前提がある。それゆえに、社会の中で法が占める地位に注意を促すための様々な工夫がなされるのである。

「法は社会事業」

しかし、重遠における「法と社会」の関係は以上に尽きるものではない。晩年の重遠は「法は社会教育」「法は社会事業」と明確に説いているが、彼が大学生活四〇年の「両翼」とした「社会教育」・「社会事業」とは、つまるところ「法・法学」そのものに他ならないというわけである。これは何を意味するのだろうか。順序が逆になるが、社会事業の方から見ていこう。

重遠は言う。「根本にさかのぼると、今日では法律そのものが社会事業なのです。『借地法』『借家法』という法律、あれは地主家主を保護するのでも、借地人借家人を保護するのでもなく、どうしたら安心して住み住ませることができるか、という借地借家関係そのものの保護なのです。わが国では『債権法』という同じ法律を『債務法』と名付ける国もありますが、本当のところは『債権債務関係法』なのです。すべて社会生活のためですから、法律は社会事業。まずそういうわけです」（『法律入門』七九頁）。

法律の目的を社会関係の安定に求める考え方は、一方で国民相互の義務（連帯）に繋がるとともに、他方で法律の実効的な実施へと繋がる。「昔は『武士は相身互い』と言ったが、今日ではその『武士』が『国民』と置きかえられるべきです。相身互いの社会生活だから、扶け合いおぎない合って、社会生活を円満幸福なものにする、それが社会事業なのです」（同頁）。そしてまた、「政府当局も国会両院も、法律が出たのちそれがどう行われているかということを、もっと見守ってもらいたいものです。そしてどうしてこの法律を動かすかという工夫をしなくてはいけない」というわけである（七七頁）。

また重遠は言う。「法律に理想の実現も根本において教育の力に待つのです。法律は国家権力によって行われる、というのが普通の考え方でした。…しかし命ずるか行われるのではなく、守るから行われるのでなくては本当でありません。そして守るにはまず知らなくてはならない。守らせるためにはまず知らせなくてはいけない」（『法律入門』八五頁）。さらに彼は続ける。「国民を作るにはも一つ『法育』がいります。そして法律そのものが国民に対する社会教育なのです」。だからこそ「法律をできるだけ簡単にしたいものです」（八五〜八六頁）と。

法が社会をつくりだし、その法は人々が守ることによって行われる。「作」「守」「行」という作為・自発性の契機に着目しつつ、「法＝社会」を存立させようという重遠法学「法理学」の要諦が、ここに改めて見出されるのである。

後継者としての我妻栄

これまで三節に分けて、重遠の立法・社会事業・（社会）教育について述べてきた。彼が創り出したこの三つの動き・流れは、その後はどうなったのだろうか。この点に触れて本章にむすびに代えよう。

一言で言えば、三つの潮流は我妻栄によって承継されたと言ってよいだろう。我妻は直接には鳩山秀夫の弟子であったが、本人は鳩山、穂積、末弘の三人の民法学の総合を目指した。これは自身の語るところである（「三分間の履歴書」『ジュリスト』三三七号、一九六六、一〇〜一一頁）。「三人がつぎつぎに民法の研究を中絶してゆくとき、私は考えました。三人から直接に指導を受けた民法学者は日本に私一人しかいない。三人が著書にも論文にも発表しなかった意見も、私はずいぶん聞かされている。私なら、三人が最初の専門分野（鳩山は債権法、穂積は家族法、末弘は物権法——筆者註）以外の領域を研究した場合にどのような解釈をしたかおよその検討のつく問題が多い。自分の頭の中で、三人のそれぞれの立場に立って推論してみて、しかる上でそれをできるだけ総合することを試みてみよう」というわけである。

これは我妻自身の立ち位置を示す発言である。これに対して、重遠の側から見るとどうだろうか。我妻の中には鳩山・末弘の要素も流れ込んでいる。そこにあるのは重遠の影響ばかりではない。それは確かである。しかし、重遠が目指したこと――立法・社会教育・社会事業――を引き継いだのは誰かと考えるならば、それは我妻のほかにはいない。

もちろん、重遠にも直接の弟子たちがいる。重遠の家族法学の承継者が中川善之助であることは衆目の一致するところである。また、重遠の法理学はある意味では来栖三郎に引き継がれたと言ってよい。しかし、重遠の家族法立法を引き継いだのは誰かと言えば、まずは我妻であったと言うべきだろう。我妻は中川とともに戦後の新しい家族法の起草者になった後、法制審議会民法部会長として、その後の改正の責任を負ったからである。

我妻栄（東京大学提供）

セツルメントはどうかと言えば、末弘が早くに遠ざかった法律相談部を、重遠とともに支えたのは我妻であった。明大女子部で重遠とともに講義を行ったのも我妻であった。また戦後、我妻は、東大に設けられた法律相談所に賛同し、長くその所長を務めた。重遠には及ばないが、民法普及のための講演にも飛び回り、一般向けの小文も書いた（『法律における理屈と人情』〔日本評論社、一九五五)や『家の制度——その倫理と法理』(酣燈社、一九四八)などが残る。我妻の絶筆になったのも「夫婦の財産関係」という講演の記録であった。

教科書にしてもそうである。我妻の『民法大意　上下巻』（岩波書店、一九四四〜四六／第二版、上中下巻、一九七一）は、はじめ経済学部用の教科書として書かれ、後には法学部の講義でも用いられた。それは、重遠の（そして末弘の）教科書の流れを継ぐものであったと言える。

さらに我妻は、臨時司法制度調査会の会長としてその議論をリードし、宮沢俊義とともに憲法問題研究会を主宰した。いずれも国民の司法・国民の憲法を目指すものであったと言えるだろう。これとの関係で付言しておくが、我妻は「わが国の法学部を解体してロー・スクール式の法曹養成を目的とする学部を設けよ、という改革案には賛成しない」（法曹養成の基本問題」我妻『民法研究　IX-1』有斐閣、一九七〇、一〇九頁）と述べ、「司法の領域であると、行政の分野であるとを問わず、さらには私企業の中においても、『法』を理解し、法によって処理していく職種が必要であり、そのために必要最小限度の共通した法学的素養というべきものがありうる。それを習得させるのが大学の法学教育の任務である」（一一〇頁）としている。また、憲法問題研究会の基本方針は「研究会は純粋に学問的な会である。──直接には政治的活動はしない。しかし、研究会は、国民のための会である。──啓蒙的活動は辞さない。」（「初心を忘れず、わが道をゆく」我妻『民法と五十年』有斐閣、一九六七、三〇八頁）ということだったという。

こうして見ると、重遠の遺産は我妻に引き継がれている。そう言ってもよいように思われるのである。

我妻から加藤・星野へ

以下は、いささか専門的な余談である。我妻法学を承継したのは、加藤一郎（一九二二〜二〇〇八）・星野英一（一九二六〜二〇一二）の利益考量法学であった。利益考量論は、法規範や紛争の背後にある利益状況を析出し、条文や概念に拘泥することなく、あるべき規範や紛争解決を目指す。このような法学方法論を支えたのは「国民にわかりやすい法学を」という発想であったと思う。しかし、加藤や星野はなぜそのように考えたのだろうか。その理由はいろいろ考えられるが、一つには、我妻の中にそのような指向性が存在したということがあげられるだろう。

本書の主題からは離れるので詳しい議論を展開することはできないが、重遠の議論は星野英一の議論にある種の奥深い影響を与えているように感じられることがある。この影響関係をよく理解するには、我妻という中間項の挿入が有益である。重遠から発した流れは我妻を経て、星野に至るのである。詳しい検討を要するものの、おそらくは加藤についても、同様に言うことができるはずである。

第三章　家族法のパイオニアとして——「人と人の結合にあり」（一九三三）

一九三三年、岩波書店から公刊された『親族法』は、本文七一三頁に、二〇頁ほどの参考文献目録、五〇頁を超える索引が付された大著である。重遠が五〇歳の時の著書であり、その主著と言ってよいものである。重遠の後半生に筆を進めるに先立ち、以下ではこの『親族法』について論じておきたい。この作業を通じて、若き日の重遠の研究のその後の展開を示すと同時に、彼の法学が一九三〇年代の時代思潮（特にマルクス主義）とは一線を画するものであったことを予告しておきたい。さらには、戦後の終わりとともに終焉を迎えたかに見える重遠の学問を現代において継承する手がかりを示そうと思う。

著者自身は、本書を「理論書又は注釈書を書く気持でなしに、大学の講堂で講義をする気分で執筆した」（序二頁）ものであり、「自分の講義を自分で筆記すると云ふ自画像的態度で遣って見た」（同頁）としている。このうちの「注釈書」ではないという部分については、「親族法全編に亙って同じ詳しさには書かれて居ない」（同頁）とし、また、「条文の字句の説明に至っては、私は野上判事の詳細な注釈に譲るつもりで、安心して略筆を用いた」（序五頁）としている。「理論書」でないという点については正面からの説明はないが、この点については後で触れることにしたい。

理論書・注釈書でないとすると本書は何なのか、ということが問題になる。本書に先立ち著者は『親族法大意』を刊行しているが、こちらは「講義用」、すなわち教科書であることが明言されていた。本書については明言はされていないものの、「教科書」に対する「参考書」という位置づけがなされているように思われる。実際、「本書を親族法研究の参考書にしようと云ふ諸君」という表現が見られる。

読める概説書

本書には形式・実質の両面において、際だった特色がある。

まず形式面であるが、著者自身が述べるように、「講義風」に書かれているため、本書は通読することが可能である。最近の概説書との対比で言えば、内田貴に始まる一人で読める概説書の先駆けである。また、叙述は活字の大きさで二種に区別されている。これらは本文と注とではなく、「大意」と「細論」であるとされている。つまり、根幹から枝葉に進むことができる仕組みになっているのである。こちらは外国書との対比が可能である。ジャン・カルボニエの手になる名著『民法』（*Droit civil*）（現在は二分冊で quadrige という社会科学系の古典叢書に収録されている。合計二五〇〇頁ほどに及ぶが、序論・人・家族・物・債権のみをカバーし、相続・各種契約・担保を含まない。これも一つの見識である）がこれと同じ方式を採用しているものとして名高い。もっとも、カルボニエは実定法とそれを取り巻く諸要素とを区別して活字を使い分けているが、重遠にはそれほどの方法意識はなく、学習研究の便宜のために、という色合いが濃い。

次に実質面についてであるが、この点については本書は『親族法大意』（以下、『大意』）の延長線上にある。あるいは『大意』に示された抱負を実現しようとしたものであると言える。『大意』は、「要するに法律殊に親族法相続法の研究は、過去現在未来に亙、内外に跨り、注釈的研究に兼ぬるに社会学的研究を以てするにあらずんば完璧を称すべからず」（四頁）としていたが、本書は「完璧」に近づくために、「歴史」「比較法」「社会学」に意を用いたものである。また、『大意』は「道義風教問題」「経済政策問題」との関連を意識し、それゆえ注釈的研究以上に社会学的研究が求められるとしていた。これを受けて本書では、特に「政策論」「立法論」が視野に入れられている。後に「大学生活四十年」（『法律時報』二二頁）において、重遠は自身の家族法学を「沿革的・立法論的社会政策的」と特徴づけたが、まさにこうした観点が優越している。

離婚法に表れる特色

『親族法』の特色を具体的に示すために、叙述の一例として離婚法の部分を見てみよう。これにあたるのは第五章「婚姻」中の第四節「婚姻の解消」の部分である。「婚姻の解消」と題されているのは、第二「離婚」以下に先立ち第一「当事者の死亡」が説明されているからである。

離婚については、第二「離婚」で離婚に関する西洋法に触れた上で、第三「離婚の種類」、第四「離婚に対する民法の態度」では、離婚制度の分類をした上で、沿革を含めて日本の離婚法の位置づけを行っている。この部分には統計も掲げられている。続く第五「協議上の離婚」、第六「裁判上の

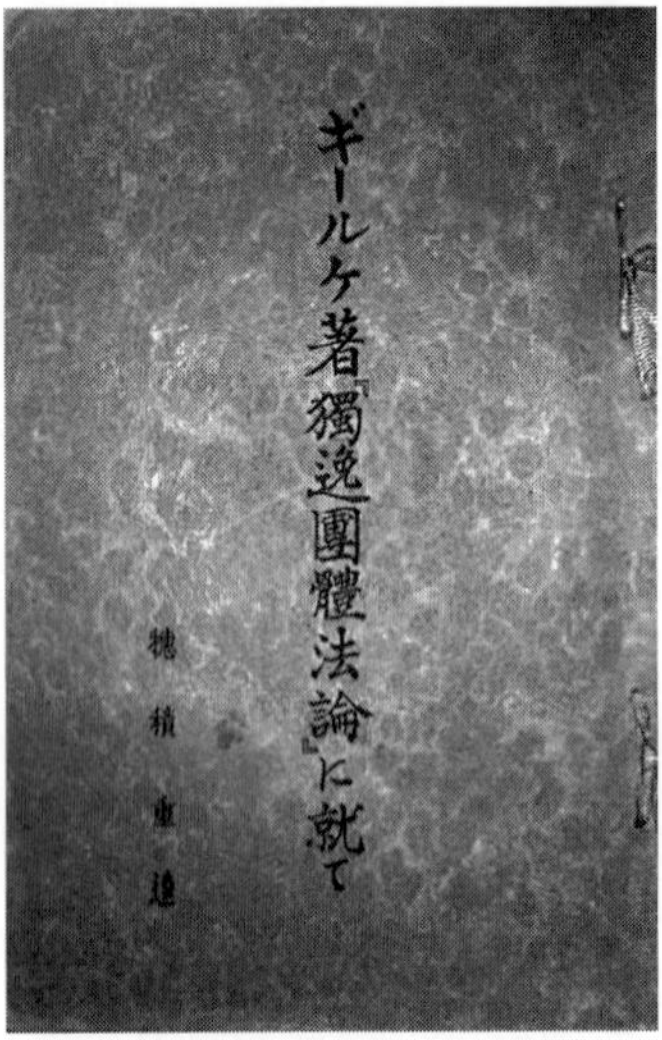

ご進講記録（穂積重行氏提供）

離婚」はそれぞれについての説明する部分であるが、小活字の部分において、詳細に判例が引用紹介されるとともに、立法論として大正改正要綱が示され、かつ、自身の改正私案が付されている。第七「法律上の離婚」はやや特殊な問題に触れる部分であるが、最後の第八には「離婚の効果」がまとめられている。離婚扶養につきやはり立法論が展開されている点が注目される。

なお、後の話を先取りすることになるが、ここで裁判上の離婚原因に関する改正要綱と私案とを対比しておく。改正要綱は六つの、私案は五つの離婚原因を掲げていた。いずれも最後に「其他婚姻を継続し難き重大なる事情あるとき」を置く点では共通しているが、改正私案が不貞につき男女不平等を残し、また、配偶者と直系尊属との関係を問題にするのに対し、私案はこれらを払拭している点で大きく異なっている。現行法の離婚原因は重遠の私案をほぼ踏襲している。

「ギールケ著『独逸団体法論』に就て」

重遠は「ギールケ著『独逸団体法論』に就て」と題する小冊子を残している。一九三九年の年頭に昭和天皇に対してなされたご進講をまとめたものである。進講はこの大著全般にわたるものではなく、「巻頭の一句『人の人たる所以は人と人との結合に在り。』に就き進講し奉る」というものであった。

重遠がこの一句をいかに重視していたかが窺われるが、彼の『親族法』もまたこの一句を巻頭に掲げて説き起こされている。重遠は「私は此言葉に深く共鳴する。大著とは云ひながら一法律書の巻頭を飾るには勿体な過ぎる程の金言だと思ふ。私はこれを以て私の処世の標語にしたい。私はこれを以て私の法律学の指針としたい。而して殊にこれをもって親族法相続法研究の基調たらしめたいとのである」（二頁）としている。

「私の処世」と「私の法律学」とを併置した上で、同一の金言によって統括するというのは重遠らしい態度であるが、そのことはひとまず措く。ここでは、親族法相続法研究の基調としての「親族的共同生活」（『親族法』第一章の表題）について、彼の述べるところを紹介しよう。

重遠の議論はおよそ四つの部分から構成されている。彼は第一に、人類の「共同生活」＝「結合」こそが人類の優位を支えてきたとする。第二に、しかし、その共同生活＝結合は「人々の」ではなく「人と人との」である点に留意すべきことが強調される。「各個人が自己の人格と意思とを保持し他人の人格と意思とを尊重しつつ密接な共同生活を形づくる」（三頁）、これが「人の人たる所以」（同頁）であるというのである。「個人と団体との両立と調和」（同頁）が必ずしも実現していないが、その実現こそがこれからの課題であるとする。ちなみに筆者自身も、「個と共同性」の社会哲学や人の「ソシアビリテ」に言及したことがあるが、これらの点もまた重遠がはるか昔に強調していた点であった。

さて、第一・第二は一般論であり、その先が「親族的共同生活」の話になる。第三に、人類の社会的共同生活において、最も密接で自然なものは「夫婦親子を中心とする親族団体」(四頁)であるとする。しかし、「(国家の発達と――筆者註)個人主義的傾向に伴う家族制度の衰頽」(六頁)が生じている。第四に、この状況に対して、家族制度の維持・廃止をめぐる論争が生じているが、必要なのは「真家族主義」であり、そのために「新家族制度」が必要である(八頁)。重遠によれば「新しい意味での『家』は、家族各員の人格の相互尊重を内容とし…国家の構成分子であると云ふよりも、社会生活の一単位であるという点に重きが置かれねばならぬ」(七頁)のであり、この方向こそが「人類進化の当然の道程」であるというのである。

以上の考え方は、『法理学大綱』にすでに現れていたものであるが、『親族法』は、この基本思想の具体的な展開として書かれている。繰り返しになるが、重遠がかつて放棄した「法理学」は、こうして「現実法学」の一つである「親族法学」の中に回収・統合されたのである。

末弘書評　『親族法』には対しては公刊直後から厳しい批判が寄せられていた。重遠にとっては盟友とも言うべき末弘厳太郎の批判である(末弘「穂積博士の『親族法』を読む」『法律時報』五巻五号、一九三三)。末弘は、本書は、学生にとってはよき講義書、実際家にとってはよき参考書であるとし、その長所として、解釈上の意見が穏健中正であること、判例が詳しくかつ適切に分類配置されていることを挙げている。また、学者にとっても、歴史的比較法的な各種の資料が収集され、参考書目が網羅的である点で便利であり、「非常に優れた親族法エンサイクロペディア」(五四頁)であるとしている。

しかし、末弘は続けて「これ程長所をもった本書にも幾多の短所と認められるべき点がないではない」（同頁）と述べ、長所の指摘の倍以上に渡る紙幅を割いて、短所を論難している。ただその際に「著者自らが初めから『理論書』を書く積りでないのであるから、私が短所なりとして指摘するやうな諸点は恐らく著者自らの初めから予期し若しくは態々作為されたものであるとさへも考へることが出来る」（同頁）として、「こう言ふ流儀の親族法書もあるが又別な流儀の親族法書もあり得る、否あらねばならぬという考へを述べる」（同頁）としている。このあたりは（立場を異にする点もあるが）長年の盟友にふさわしい適切な評価であると言えよう。書評を結ぶ「私は著者が妄評の罪を赦されて寧ろ此私の共同的労作への貧しい努力を―我国親族法学完成の為めに―心から喜んでくれるであらうことを信じて疑わない」（五六頁）という言葉は末弘の真意と見てよい。

もっとも、末弘の書評が「重遠には理論がない」という一般の評価に棹さすことになったこともまた否定しがたい。具体的には末弘は、大きく二点に分けて批判を展開した。一つめはいわゆる「理論構成」にかかわる批判である。たとえば、民法総則の規定が親族法に適用されないのはなぜかにつき、理論的な説明をせよという。二つめは「歴史的叙述」「社会学的意見」にかかわる批判である。歴史的資料は「一定の史観」によって理論化されない限り「学的な何物をも見出すことができない」（五四頁）というのである。また、「社会学的研究の法学的価値」は「法律的概念乃至理論を構成することに役立つことにある」（五五頁）のだから、「法律制度と法律生活とに関して相当分量の記述」をしても「本書の本体である法律論との間に殆ど何等の理論的関係も付けらてゐない」（同頁）という。

最後の点につき末弘は、「例へば」と言って、先に紹介した「親族的共同生活」に関する部分を批判している。著者は「家族制度が崩壊しても結局に於て夫婦親子を中心とする程度の小家族は亡びるものではないと言ふ訳であるが、其小家族に於る自由の原理と統制の原理との調和に関して著者は果たして之を単に所謂『社会的自覚』の発展に放任すれば足りるとするのであらうか、それ共又此調和関係を法律的に規律することが望ましいと考へてゐるのであらうか」（同頁）と問い、後者であるとすれば、そのための「法律的方法」（同頁）が必要ではないかと詰め寄る。そして、テンニス（一八五五～一九三六）ではなくオッペンハイマーに与して、ゲマインシャフト的な関係は必ずしも衰亡するものではないとした上で、ゲゼルシャフト的な従来の法律的方法に代わりゲマインシャフト的な関係を捕捉する方法を見出すことが必要であるとする（この部分が末弘の言う「私の共同的労作への貧しい努力」にあたる）。ところが、重遠はこの点に何も答えない。「権利にして義務、義務にして権利と言ふことは実は権利義務一般の性質であって、所有権も然り返金債務も然りと私は思ふが、親権についてそれが特に著しい」（同頁）と言うが、「何故に『親権についてそれが特に著しい』か」（同頁）が論じられていないというのである。

以上の批判をどう考えるのか。この点を論ずる前に、末弘書評を関連の書評群の中に位置づけることによって、その前提を明らかにしておこう。

末弘と平野の異同

ここで書評群と言うのは、末弘「我妻教授の『民法総則』を読む」（『法律時報』五巻八号、一九三三。以下、末弘書評2と略称）、同「長沼宏有氏の『親族法論』

を読む」（『法律時報』五巻七号、一九三三。以下、末弘書評3と略称）、そして平野義太郎「親族相続法の社会法学――中川善之助氏著『身分法学』を読む」（『法律時報』二巻八号、一九三〇）の三点であり、いずれも『法律時報』に掲載されたものであるが、末弘のものは先に挙げた「穂積教授の『親族法』を読む」の直後に、平野のものはそれよりも数年前に執筆されたものである。

なお、それぞれの書評について述べる前に、予め二点に触れておく。一つは長沼宏有についてであるが、長沼は青山道夫（一九〇二～一九七八。後に九州大学教授、民法）とともに重遠の『親族法』の索引作成を委ねられた人物である。もう一つは当時の書評の全体的なトーンについてであるが、ここで取り上げる三点以外のものも含めて、現在の書評に比べると辛口で論争的なものが多いのが特徴的である。

末弘書評から見ていこう。末弘は書評2で「此本こそは学生大に読むべし、朝野の法曹亦読むべし、吾々学者も亦素より読むべからざる名作である」（六九頁）とすると同時に、「すべてがあまりにも唯修正的」「所説は多く啓蒙的の程度に止まって真に科学的に理論を考案建設する所まで突き進んでゐない」（同頁）、また「如何にせば契約自由の原則の妥当しない現実の社会関係を法的に規律し得べきかの理論を組織的に説くことを怠っている」（同頁）と批判する。これに対して書評3は、「小著に過ぎないけれども、吾が現行親族法の研究書として極めて特色ある有益な著作である」（五二頁）とし、「人と人との親族的結合は常に具体的歴史的段階における特定の社会諸形態に相応した特定の形態をもって表れる」（同頁）というくだりを引用した上で、その特色は「唯物論的傾向に立つ社会科学的立場から吾が現行親族法を観察して、よって得た知識を解釈論の上に活用し又立法論の基礎として役立てている点にある」（同頁）としている。

以上を見ると、我妻が鳩山法学の延長線上に立ちつつも、社会観・学問観において重遠と共有するものが少なくないことが窺われる。と同時に、末弘がこの点を物足らなく感じ、その結果として、唯物論的傾向が端的に表れた著作を高く評価していることがわかる。もっとも末弘自身は単純な唯物史観に立つわけではない。「其（テンニスの――筆者註）本質意思的な要求と具体的社会諸関係の『規定』とのもつれ合ふ所に実定法としての身分法の基礎をなすイデオロギーが生まれるので、其事を度外視して唯物的にのみ身分法を説かうとするのは誤りではあるまいか」（同頁）とも述べている。

この末弘の留保を外してしまうと、平野書評のような書評が現れることになる。平野は「家族、親族、婚姻、親子に関する法制の歴史的進化は、著者によっては、社会の生産様式の変化から全く遊離されて考察されてゐるのではあるが、…単に法制史的部分の範疇においてならば、そしてその範囲においてのみ、広義の親族法研究に一の貴重な資料を提供してゐるといふことをうる」（六三頁）とする。

具体的には何が問題だというのか。平野は次のように言う。「この著のごとく、家族制度、婚姻制度などの豊富な『知識』が整理され、その制度の進化的意義もがやや詳細に叙述されようとも、この現象的知識が客観的本質的なシステムある Wissen に、そして、この社会学的認識が客観的な法則性のうちに整序せられえない」（六五頁）。また、「著者のごとく、法律の立法解釈といふ規範を取扱ふかぎりにおいては、方法的課題は、ぜひとも、社会学的法則性の認識と法律的規範との転換との論理的関係に当面せざるをえない」(同頁)。そう述べた上で、中川が依拠するテンニスの「理念型としての Gesellshaft と Gemeinshaft との論理的定立」を「歴史内容をほしひままに捨象した形而上学的独断にすぎぬ」(六八頁)と断ずるのである。

以上を通覧すると、この当時、求められていた「理論」なるものがいかなるものであるかが理解されるであろう。

書かれざる「理論」観

冒頭に述べたように、重遠は、『親族法』は「理論書」ではない、としていた。その理由は正面からは述べられていなかった。しかし、先に見た当時の「理論」を念頭において考えるならば、重遠はこれらの理論を正面から否定はしないとしても、そのどれか——マルクスにせよ、テンニスにせよ、オッペンハイマーにせよ——に与する気はなかったことだけは確かであろう。

もちろん重遠もまた、「理論書」を不要とするわけではない。ただし、それが容易にできあがるとは考えていない。では、仮に重遠が「理論書」を目指したとすると、それはどのようなものになるか。単なる想像に過ぎないが、いくつかの文献を手がかりにして、重遠の「理論」観を推測してみよう。

出発点になるのはやはり、陳重・重遠親子二代の著作であろう。陳重の『法律進化論』が目標の一つであったことは確かだろうが、陳重が心血を注いだ『法律進化論』は生前に第二冊までが刊行されたにとどまった。完成すると一二巻になるはずだったので、わずかに六分の一、死後刊行の第三冊を入れたとしても四分の一が実現したに過ぎない。他方、自身の『戦争ト契約』は、重遠には珍しくある種の体系を備えた著作である。しかし、重遠の表現を借りて言えば、そこには社会学的考察が少なくとも希薄である。この方向での研究に社会的な次元を付加するとなると、それは相当の困難を伴うものとなろう。いずれにしても、一人の学者が一生のうちになしうる研究には量的な限界がある。

もう少し規模の小さなものはどうか。重遠自身が愛好した書物を一冊あげるとしたら、ダイシーの『世論と法律』がその有力な候補になるであろう。あるいは現代の書物で言えば、P・S・アティアの『契約自由の盛衰』（*Rise and Fall of Freedom of Contract*）などが重遠の好みに合致するかもしれない。これらはある種の仮説を立てるものであるが、必ずしも仮説検証型のものではない。ある観点に立って関連する諸現象の統一的な理解が示されているというものである。

おそらく重遠の目指す「理論」とは、このようなものであったろう。それは自然科学やマルクス主義をモデルとするものではなかった。そもそも「科学」は各「科」に関する「学」であるに過ぎない。重遠はそう考えていたことだろう。

マテリアルとしての『親族法』

ところで、重遠は「参考書」と言い、末弘は「エンサイクロペディア」と言っていた。確かに『親族法』は「参考書としてのエンサイクロペディア」であると見ることができる。この場合のエンサイクロペディアとは、すべての知を体系化しようとした百科全書ではなく、すべての知を収集配列しようとしたブリタニカのようなものである。

また、歴史的な確認を要するが、『親族法』は重遠流の「ケースブック」あるいは「マテリアル」として書かれたと評することも不可能ではない。様々な素材を提起し、それを基礎にして研究を重ねてもらう。著者自身はある程度の方向づけはするものの、最終的には読者の判断、後学の展開に委ねる。そのためには、可能な限り関心を広げ、様々な素材を収集する必要がある。

こうした考え方は「知」を集合的なものとして捉える発想と親和的である。重遠は、自分の一生の中で「学問」が完結するとは考えていない。後に続く人々――中川や来栖、野上や長沼、我妻や川島など――が、何らかの形で自分を乗り越えて行けばよい。そう考えていたように思われる。おそらくは、学問そのものを進化の相において捉えていたのではないか。

『親族法』と戦後改革

重遠は、戦後の家族法改正に直接タッチすることはなかった。しかし、その主張は様々な形で改正に影響している。すでに述べたように、新法の離婚原因は基本的には重遠私案をもとにしている。あるいは、共同親権もまた重遠の提案するところであった。スイス民法二七四条一項の「婚姻継続中父母は共同して親権を行ふ」という規定を賞賛する一方で、同条二項の「父母の意見一致せざるときは父の意思に従ふ」を無用の規定としていた。言うまでもなく新法は二項のような規定を持たない。

もちろん、一九三三年の現行法（明治民法）を検討対象とする『親族法』は、家制度の廃止や均分相続などを想定するものではない。その意味で、重遠の議論はあくまでも当時の現行法の漸進的改革案であった。もっとも、その提案の中には、戦後改革でも実現されず、今日でもなお課題として残されているものもある。事実婚主義の導入、協議離婚の際の当事者の意思確認などがその例である。

このように、重遠私案の多くは戦後改革によって実現された。家制度の廃止や均分相続などそれ以上の改正もなされた。そのため重遠の立法論が検討されることは少なくなったが、今日でもなお実現に至らない諸提案が含まれていたことは注目に値する。『親族法』は明治民法を対象とするのではあるが、今日的な観点からも見るべきものを含んでいると言える。

『相続法』公刊の理由

実は、『親族法』には、『相続法　第一分冊～第三分冊』（以下、『相続法』）という続編がある。これは戦中を通じて重遠が書き継いだものであり、空襲の際には何よりもまず、この草稿を持って逃げたという。しかしながら、これらが刊行された時には、すでに戦後の民法改正が行われていた。したがって、本書は現行法の研究としては意味を持たなくなった。

それでも困難を乗り越えて『相続法』の公刊が目指されたのはなぜか。もちろん、自らの研究成果を後世に遺したいという気持ちもあったろう。しかしそれ以上に、旧法（明治民法）の正確な理解が、新法の運用・改良の上で有益であるという考えが強かったのではないか。同じことだが、大正要綱から新法に至るまでの議論の歴史を残し、その発展の中に新法を位置づけたいという気持ちもあったろう。重遠自身、「もし幸にいささかなりとも現行法から新法への橋渡しともなり得るならば、本懐此上もない」と述べている（「序」四頁）。第三分冊は、法学協会雑誌に連載された大正要綱に関する解説に充てられているが、これもまた一連の資料を残しておこうということに相違ない。

家族法（学）の戦後と現在

ところで、『親族法』は、明治民法から出発しつつ各種の立法案を勘案しているが、これは生成・発展の相において家族法をとらえるということにほかならない。こうした家族法学のあり方は、今日において格別の意味を持つ。

戦後の家族法は、しばらくの間は社会の実態よりも進んでいた。それゆえ、家族法学においても「法律から社会へ」という視線が優越した。ところが、現代の家族法は、社会の実態に遅れをとっていると言わざるを得ない。そうだとすると、適切な家族法改正が実現するまでの間、家族法学には「社会から法律へ」という視線を前面に立て、法律の解釈を修正するとともに、適切な立法論を模索することが求められることになる。こうした時代においてこそ、重遠の払った努力は先例としての価値を持つことになる。

家制度の維持か廃止かという議論のどちらにも与することなく、中庸の改革を目指す重遠の姿勢もまた参照に値する。価値観の多元化した今日、異なる主張を仲介する知恵を欠いては、家族法立法は実現しないからである。

立法資料としての『親族法』『相続法』

この先、いわゆる債権法改正（実は契約法改正）に続いて、家族法の全面改正が立法課題として浮上することは、十分に考えられることである。準備のために厖大な作業が求められることになるが、その際には重遠の『親族法』『相続法』は基礎資料として大きな意味を持つことになろう。

極端に言えば、日本の家族法学には戦後改革による亀裂が走っている。戦前の法状況と戦後の法状況は根本的に異なるという漠然とした認識が広がっており、その連続性に対する関心は希薄である。しかし、本格的な立法を行うには、戦前からの制度はもちろんのこと、戦後生まれの制度についても、その沿革を解明しておくことが求められることになる。

この点に鑑みると、エンサイクロペディア的と評された重遠の『親族法』（そして『相続法』）は貴重な立法資料であると言わなければならない。

「おんな」「こども」の法学

重遠の家族法学は、「家」と「戸主」の法学ではなかった。一言で言えば、それは「おんな」と「こども」の法学であり、特に、貧しいおんな・こどもの保護のための法学であった。

階級問題が声高に論じられる時代において、重遠は、経済的にも社会的にも「弱き者」（マイノリティと呼んでもよい）とならざるを得ない人々に、具体的な視線を向けていたと言える。重遠は、女性や子どもの救済・教育のための施設の見学から始めて、後には、自らは各種の制度の確立に参画した。重遠には、単純な階級史観において、女性や子どもを単なる「記号」として扱われるのとは全く異なる、格段に深い認識をあった。また、勇ましい革命の主張とは一線を画しつつ、現に何ができるか、何をすべきかという実践的な姿勢が備わっていた。

今日では、「女性の権利」「児童の権利」は当然の前提になった観がある。運動に携わる法律家も少なくない。しかし、重遠ほど広い視野を持ち将来を見渡した法学者は、容易には見出せないと言わねばならない。

『結婚訓』と『結婚読本』のあいだ

もっとも重遠の考え方の中にも、問題点がないわけではない。戦前と戦後の落差を言っているのではない。確かに、『結婚訓』と『結婚読本』を読み比べてみると、前者には、軍部との関係が感じられないわけではない。

しかし、それよりも重要なのは、トーンダウンはしているものの、『結婚読本』になおも残る一つの発想である。それは優生主義の発想である。重遠自身は、優生主義に基づく婚姻法には慎重ではある。実際、『親族法』では、「悪疾ある者の結婚を禁止する規定・性病を離婚原因とする規定等として、既に多少実効されて居るが、所謂『人種改良』を法律で強行することは頗る考へ物である」（二三〇頁）と述べられている。

ただ、これは法律万能主義に対する警戒感に出たものであり、優生主義そのものには必ずしも反対ではない。

社会と歴史と法学

日本の家族法学はその始祖に重遠を有することによって、他の法領域を対象とする法学に比べて、社会学的考察・歴史的考察を重視した法学となった。同じく民法学に属する財産法学と比較しただけでも、このことは容易にわかることである。

こうした方法は、戦後は財産法学にも広がった。平井宜雄（一九三七〜）がこれを「社会学主義」と称して批判したのは、一九八九年のことであった。以後、星野英一との間で第二次法解釈論争と呼ばれる論争が戦わされた。平井の議論は法的議論を重視するものであり、必ずしも「理論」を指向するものではなかったが、その論理主義は若い世代の支持を得た。その後に続いた池田（真朗）＝道垣内（弘人）論争や森田（修）＝潮見（佳男）論争は、歴史と規範との接合を争点としたが、その基礎には事実認識から規範を導くことはできない、そうだとすれば、端的に規範を語るべきだという発想が通底していた。

しかし、こうした論理主義の傾向は、長く続いた社会学主義（あるいは歴史主義）に対する一時の反動であったと見るべきだろう。社会や歴史に対する関心の強さが日本民法学の大きな特徴であるとの認識は、今日でもなお全体としては維持されていると見られる。

もっとも、ある意味では問題はより難しくなっている。「第三の法制改革期」とも「大立法時代」とも呼ばれる今日、法解釈にとどまらず立法をいかに行うかが大きな問題となっているが、社会学的考察・歴史的考察を立法といかに結びつけるかという点が、なお未解決の問題として残されているからである。それでも確かなのは、社会や歴史との関係を手放してしまっては、立法に関する研究は不可能であろうということである。重遠は家族法を専門としたために、大正・昭和の民法学者の中では例外的に立法論に言及していることが多い。その議論の仕方は今後より精密に検討されるであろう。

人間の法学

重遠の法学は、社会や歴史に開かれているだけでなく、人間の本性にかかわる法学であった。中国古典や江戸の読本、歌舞伎の世話物に至る人間ドラマは重遠がとりわけ好んだものであった。もちろん、それが直ちに法学に直結するというわけではない。

しかし、たとえば、『親族法』の中のいわゆる常磐御前事件に関する長文の判例紹介などは、極めて人間味に富んだものであると言える。生活の安定のために妾になった母に対して、遺児たちの祖父からなされた親権喪失の訴えを一・二審は認めた。ところが、上告人は日本外史の一節を引用して常磐御前の例を援用したという。大審院（大判昭四年二月一三日法律新聞二九五四号七頁）はこれを容れて、「親権ヲ有スル寡婦ガ妻子アル他ノ男子ト其ノ情ヲ知リツツ同棲スルガ如キ行為ハ、素ヨリ排斥スベキモノタルコト論ヲ俟タズト雖、其ノ者ノ社会上ノ地位身分資力其他特殊ノ事情ノ如何ニ依リテハ、未ダ以テ親権ヲ喪失セシムベキ著シキ不行跡ト目スルヲ得ザル場合」があるとしたのである（『親族法』六〇六〜六〇八頁）。

ひとたび『親族法』を離れて、たとえば『判例百話』、さらには『有閑法学』『続有閑法学』を繙けば、人間性の機微に触れる話題が数多く見出される。それらは逸話に過ぎず、小咄にほかならないが、そうしたものも法学と無縁ではない。それが重遠の法学であった。それは抽象的なルールの定立や解釈には直結しないかもしれない。しかし、重遠が毎週のように行った法律相談の場においては、自ずから説得の手段となったに相違ない。

第四章　難局をいきる——公人として、私人として（一九三一～四五）

一九三一年、満州事変が勃発、翌三二年、五・一五事件。戦争が始まり、政党政治が終わった。日本社会は大きく舵を切りつつあった。この時代はまた、大学にとっては受難の時代であったというべきだろう。とりわけ東京帝国大学には強い逆風が吹いていた。予め、本章の物語の背景となる出来事を、法学部の観点に立ちつつ年表風に掲げてみよう（東京大学百年史編集委員会編『東京大学百年史部局史　二』〈東京大学、一九八六〉による）。

一九三〇年七月　平野義太郎教授、依願免官
一九三一年六月　緑会会長（重遠）、委員全員を解任
一九三二年一一月　緑会臨時委員を嘱託
一九三三年六月　瀧川事件に関連して学生騒動、学生三八名逮捕
一九三五年四月　天皇機関説事件

一九三八年二月　人民戦線事件、経済学部、大内教授、有沢・脇村両助教授逮捕
八月　荒木文相の大学人事干渉
九月　小田村事件
一二月　長与総長辞任に伴い、平賀新総長が就任
一九三九年一月　総長、経済学部、土方成美、河合栄治郎両教授の休職を上申（平賀粛学）
一九四〇年四月　皇紀二六〇〇年記念事業につき協議
一〇月　天皇、東大に行幸
一一月　小田村を退学処分とする
一九四三年九月　徴兵延期撤廃、学徒出陣へ
安井事件

一九三〇年～四五年の東京帝国大学法学部長は、重遠（一回目、一九三〇～三三）、末弘（一回目、一九三三～三六）、重遠（二回目、一九三六～三七）、田中耕太郎（一九三七～三九）、重遠（三回目、一九三九～四二）、末弘（一九四二～四五）と引き継がれた。一五年のうち約七年は重遠が、六年弱は末弘がその任にあったことになる。このことの意味をどう考えるべきか、直ちには結論を下しがたい。しかし、この時期、東京帝大法学部の舵取りが重遠に（そして末弘に）大きく依存していたことは確かである。

本章の関心は、大学人としての重遠が続発する難事件にどう対処したかに向けられる（第1節）。そ

れはいわば公人としての姿を追うことを意味するが、同時にここで、これまではあまり触れてこなかった彼の私的な側面にも触れておきたい（第2節・第3節）。

1　大学人・重遠——瀧川事件から学徒出陣まで

瀧川事件

瀧川事件とは、京都帝国大学法学教授であった瀧川幸辰（一八九一～一九六二）の著書『刑法読本』などの発禁処分（一九三三年四月）、次いで休職処分（同年五月）がなされたのに対して、京大法学部教授会が総辞職をもって応じたという事件であった。文部省（文相は鳩山一郎〔一八八三～一九五九。後に首相〕）はこのうち六名（瀧川を含む）の辞表のみを受理した。これに対して多くの教授・助教授が辞職する一方で、復職組も現れて法学部教授会は分断されることとなった。本書冒頭で触れた末川博は、同じく免職された佐々木惣一（一八七八～一九五九。憲法学者）などとともに、この時に大学を去った（瀧川事件については、伊藤孝夫『瀧川幸辰』によるが、『瀧川事件——記録と資料』〔世界思想社、二〇〇一〕もあり、佐々木惣一編『京大事件』〔岩波書店、一九三三〕も収録されている）。

瀧川事件の詳細についてはこれ以上は立ち入らないが、ここでは東大法学部との関係で、この事件の前後に見出される二つの事実に触れておく。一つは、瀧川事件の発端にかかわる。事件に先立つ一九三三年二月、国会で政友会の宮沢裕議員が赤化教授問題を取り上げた。その際には具体的な名前は挙げられなかったようだが、瀧川のほか、東大法学部の牧野英一・末弘厳太郎、経済学部の有沢広巳

（一八九六〜一九八八）を念頭に置いた発言がなされた。この発言のもとになったのは蓑田胸喜（一八九四〜一九四六）のパンフレットであり、その中では、美濃部達吉と牧野・末弘、そして瀧川とが攻撃の対象となっていたという。

もう一つは、事件の後始末にかかわっている。当時の東大総長・小野塚喜平次（一八七一〜一九四四）は齋藤実首相（一八五八〜一九三六）に会って、東大ではこのような事件を起こさないこと、具体的には、美濃部・大内兵衛（一八八八〜一九八〇）・横田喜三郎（一八九六〜一九九三）・末弘という順で辞職をさせるという文部省内のリストを取り消すことを求めたという（丸山眞男・福田歓一編『聞き書南原繁回顧録』〈東京大学出版会、一九八九〉）。同時に、小野塚は齋藤に対して、京大法学部を閉鎖しても学生を引き受けないと告げたとされるが、これが京大に対する間接支援（法学部を閉鎖したら問題はさらに大きくなる）なのか、それとも東大の保身（京大に積極的に同調はしない）なのかは意見が分かれるところである（立花隆『天皇と東大――大日本帝国の生と死　下』〈文藝春秋、二〇〇五〉は「政府と東大の間で密約」であるとしている）。

東大への影響

瀧川事件は、京大はもちろんのこと東大の学生たちにも影響を及ぼした。一九三三年五月二六日に瀧川休職が発令されると、京大法学部学生大会は直ちに代表を東京に派遣し、東大生との接触をはかった。すでに東大では、共産党の学生組織が「赤門戦士《セキモン》」というビラを盛んに配布しており（セツルメントにも参加していた扇谷は、このビラの印刷にも協力していたという）、瀧川事件に強い関心を示していたが、六月三日には約五〇名を集めて全学高校代表者会議が開催された。そして、六月一七日に文学部・経済学部で学生大会が開かれたのを受けて、二一日には法学部で学生大会が開催された。

この出来事を『東京大学百年史部局史　二』は次のように記している。「二十一日、三一番教室における美濃部教授の講義中、午前一一時二十分頃、一学生の合図と共に十余名が講壇に駆け上がり、教授に講義打切を要請し、五、六〇名が太なわで全出入口を閉鎖し、縄梯子で三階に上って北側の窓から『滝川教授即時復職』『学問ノ自由ヲヨコセ』と大書した丈余の白布をおろし、学生大会を開く。ビラがまかれ、京大、東北大代表の経過報告、支援要望の演説があって、次の学生大会決議文が拍手のうちに読み上げられる。…続いて各高校代表七名が順次教壇に上って、講義ボイコット、京大積極的支持を叫んで学生大会万歳を三唱。その時、本富士署警官が出動し巡視と協力して西側以外の入口を閉鎖、首謀者はこれより早く逃走したが、妨げられた学生五、六〇名が警官、巡視と衝突し、数名が学生課、三八名が本富士署に送られる。散水車も出動して零時半ようやく終了」（二一五頁）。以上が「戦前では日本の学生運動史上最大と言われた騒動」（立花『天皇と東大　下』三五三頁）、「東大における学生運動高揚の頂点」（伊藤『瀧川事件』一七九頁）の顛末であった。

これより早く五月二九日には、上京した京大生八名が法学部長の重遠と面会し、東大の親睦団体である「緑会」――これについては後述する――として京大を支持することを求めたが、重遠は具体的運動への関与は困難であると答えたという。これに対して、横田喜三郎・宮沢俊義・南原繁などの若手教授たちは東大法学部として京大を支援する旨を表明すべしとして、教授懇談会の開催を求めた。

しかし、「結局、先輩教授たちの自重論におさえられてしまった。東大法学部が動いた場合における結果を考えてみろ、よほど慎重にやらなければならぬということで、圧倒的にやられてしまった」（丸山眞男・福田歓一編『聞き書　南原繁回顧録』東京大学出版会、一九八九、一六六頁）というわけである。

平賀粛学

瀧川事件に続いて一九三五年には天皇機関説事件が起きている。しかし、当時、美濃部はすでに東大を退官していたため、法学部は直接にはこの事件に巻き込まれなかった。

法学部への次の大波となったのは一九三九年年頭の平賀粛学であった。しかし、これには瀧川事件以上の前史があった（竹内洋『大学という病――東大紛擾と教授群像』中央公論新社、二〇〇一）。

東大経済学部の内部には以前から複雑な派閥対立があったが、まず、一九三七年三月、土方（成美）（一八九〇～一九七五。財政学者）派が少数派の大内（兵衛）派と組んで河合栄治郎（一八九一～一九四四。社会政策）を学部長の座から追い落とし、土方――法学部教授だった土方寧の女婿――自身が学部長の座についた。その後、一九三七年末にはいわゆる矢内原問題で矢内原忠雄（一八九三～一九六一。後に東大総長）が辞職、続いて、一九三八年二月には人民戦線事件で教授グループが検挙された。土方は大内の即時休職処分を提案したが、河合が大内派に加わったことにより、この提案は五対六で否決、続いて行われた学部長選挙では土方に代わって舞出長五郎が選出された。

同年五月、陸軍皇道派の荒木貞夫（一八七七～一九六六）が文部大臣となる。荒木文相は七月に六帝大の総長を上野の帝国学士院に招き、総長・学部長・教授の任免につき従来の慣行を改めて大臣主体とすることを要請した。いわゆる帝大粛正である。これと連動する形で、蓑田は「帝大粛正期成同盟」を組織し、法学部の田中・横田・宮沢・末弘、そして経済学部の河合を名指しで非難した。そして一〇月には、河合の著書のうち『社会政策原理』など計四冊が発禁処分となった。これで荒木の面目が立った形になったからか、一〇月末には、総長・学部長の選挙を「推薦」と、投票用紙を「意見書」と言い換えるという形で文部省と帝大側は妥協をはかった。

ひとまずの解決を見て、一一月には、一連の問題に苦慮し病気がちであった長与総長が退任（小高健編『長与又郎日記——近代化を推進した医学者の記録　下』（学会出版センター、二〇〇二）に詳しい）。総長選挙が行われることになるが、紆余曲折の末、一二月二〇日付で元工学部長・名誉教授の平賀譲（一八七八〜一九四三）が総長に就任する。この選挙の際に、重遠は三人の候補者の一人になったが次点であった。ちなみに、長与が選出された前回の選挙（一九三四）でも重遠は候補者になっており、やはり次点であった。セツルメント閉鎖の頃の重遠が「次期東大総長の声も上がっていた」（後藤『東大セツルメント物語』一四四頁）と言われるのは、この点をふまえての発言であろう。

平賀譲
（『平賀譲遺稿集』より）

さて、総長となった平賀は、ブレーンであった法学部長・田中耕太郎の進言を容れて、一九三九年一月二七日、文部次官に対して河合・土方双方の処分を上申した。いわゆる平賀粛学である（内藤初穂『軍艦総長・平賀譲』（文藝春秋、一九八七）に詳しい）。経済学部の派閥抗争の粛正、これで学部自治を無視した処分の大義も立つというわけである。これには、大学の外と繋がった土方ら革新派を放逐したかったという見方もある。いずれにしても「まことにもって見上げた戦術的才覚」(竹内『大学という病』二一四頁)ではあったが、ことはそう簡単には収まらなかった。粛学の余波は法学部に及ぶのである。

法学部の対応

では、河合問題から平賀粛学までの前後、法学部はどのような対応をしたのだろうか。

まず三八年七月の荒木文相要請に対しては、同年八月一日に東大評議会は「現行の方法をもって支障なし」としたが、法学部では同月三日に臨時教授会が開かれた。田中学部長は「本件の重要性及び大学自治制の沿革について」説明、その後多くの教授たちの意見表明があった後、次のような学部長談話を発表することとした。「現行制度の根本精神を維持することは大学の使命の達成に必要であり且つ最も適当なる人材を挙ぐることに依つて文部大臣をして其の職責を全うせしむる所以であると認められるから、八月一日の評議会の意向は之を是認支持すべきであるということに教授助教授意見が一致しました」。

その後、八月一三日に文相官邸を総長・学部長が訪れて懇談会が開かれた。長与日記には「平時ならば今回の問題に対して徹底的に一戦を交えたき気分なるも、現時に於ては深思熟慮、決裂に至らぬようにする外なし」(小高健編『長与又郎日記　下』学会出版センター、二〇〇二、三七四頁)と記されている。また田中法学部長の強硬論に対して「田中は『大学には少しも悪いところはない』『面子を先方で立てるべきだ』と全然現下の時局及び世の大学に対する希（ママ――筆者註）論と批判などは眼中に置かず、平和の時代の純理を弄ぶ態度なり」（三七七頁）と不満を漏らしている。

平賀擁立に動いたのは、長与とはそりが合わなかった田中であった。いったん総長に選出された法学部の長老・山田三良が就任を固辞した。そこで「われわれ法学部関係者は平賀さんがよかろう、ということになったんです。ぼくとしては…この際、信念と勇気があり、英断をやるような人でなけりゃ、とても乗り切れることはできない、と考えたわけなんです」。田中は後にそう述べている（田中耕太郎ほか『大学の自治』朝日新聞社、一九六三、一六四頁）。こうした経緯からして、平賀が田中の意見を尊重するのは自然なことであった。

しかし、平賀粛学に対する法学部教授会の態度は厳しかった。三九年二月には、二日、九日、一六日と教授会が開かれた。『東京大学百年史部局史　一』には「平賀粛学の是非をめぐって激論があった筈であるが、議事録には何も記されていない」（二三二頁）とある。議事録から削除したのは田中であると言われる。それでも議論の内容は様々な形で今日に伝えられている。たとえば、南原繁は次のように述べている。

「そのときの法学部の教授会はたいへんだった。夜おそくまで、電灯のもとで粛学問題を論じたんですよ。田中学部長は平賀総長の決断を支持して、この処理について弁明した。たちまち、強硬な反対意見―大学の人事は教授会が決定すべきものを乱したこの処理には納得できぬという―が末弘厳太郎教授から出た。穂積先生も婉曲ではあったが反対される。先輩教授は大体そうだった。しかし大いに弁明して田中学部長を支持する人びとがあり、また学部長の意を体して、沈黙によって擁護する人もある」（丸山眞男・福田歓一編『聞き書　南原繁回顧録』東京大学出版会、一九八九、二〇三〜二〇四頁）。「とにかく非常に議論しまして、ようやく法学部教授会の最終的申合せをつくった。それは…『平賀総長のとった処理ははなはだ遺憾である』ということが第一…けれども、もうやった後のこと…ですから、今にいたってもとに戻すわけにはいかない、したがって『今後の再建については十分慎重にやってくれ』という決議をした」（二〇四頁）。

一七日には緊急教授会が開かれ、田中学部長が辞任の申し出があり、これが了承されることになる。二三日の教授会では南原が学部長に選任されたが、これを辞退。最終的には二七日にこれが了承され、代わって重遠が学部長に選出されることとなった。この三度目の学部長在任中については、その後に起こる一連の出来事について語る必要がある。しかしその前に、少し時計の針を戻して、重遠が最初の学部長在任中に発生した事件に触れておきたい。

緑会再編

それは緑会の再編についてである。緑会は一九〇一年に創設された教員・学生・卒業生の親睦団体である。学内のボートレースでの成績不振が発端になったため、あわせて運動の奨励が目的に掲げられていた。その後、一九二八年に学友会が解散したのにともない、新組織として改めて発足した。『緑会雑誌』はこの時に創刊されている。

ところが一九三〇年五月には、緑会の自由化（緑会の自主化、緑会会費の値下げ、委員公選制の確立、評議員会の撤廃など）が主張され、デモが行われた。また、翌三一年六月には食堂経営をめぐる騒ぎが生じた。緑会会長（法学部長）であった重遠は、委員全員を解任、緑会は事業中止の状態に陥った。その後、重遠のもとには何度か学生が嘆願等に訪れている。また、教室で学生とこぜりあいになったこともあった。三二年一一月に至って、ようやく五七名の臨時委員が嘱託されるに至った。

以上の経緯をふまえて、三三年一二月発行の『緑会雑誌』五号に重遠は次のように書いている。「こちらからは何等働き掛けることとなしに、学生諸君の方から—それも一方面からだけではなく—緑会再開の話が持ち出されて、具合よく合流し、『運動』とか『要求』とか云ふことでないに、具体的実行的な組織方策を具しての申出だつたので、法学部教授会も喜んで賛成した」（五頁）。これは退任の弁であるが、後任の末弘についてその震災時の活躍に言及し、「あの時の末弘君及び学生諸君との共同作業は、今思い出しても気持がよい」（一二頁）としている。

もともと重遠は、緑会会長就任に際して次のように述べていた。「我法学部の…最大の一つの悩みは学生相互間殊に教授と学生間の接触が十分に行はれ得ぬことである。而して緑会の事業も畢竟するにこの相互接触の機会を作り出すということに帰着する。…諸君は遠慮なく私の研究室を叩いて、質問なり希望なり苦情なり相談なりを持ち込まれたい。…私は誠心誠意諸君と話し合ひたいと思ふ」（『緑会雑誌』四号、一九三〇、三頁）。実際にこうした牧歌的な接触が困難になっていたのが、この時代であった。しかし、それでも重遠の学生への愛着は基本的には揺るがない。『緑会雑誌』などを手がかりに、学生との関係や学生に対する態度につき、もう少し立ち入って見てみよう。

「僕の学生」

一九四一年一二月刊行の『緑会雑誌』一三号には、「僕の学生」と題する重遠の一文が掲載されている。繰り上げ卒業になる一九三九年入学の学生たちを「僕の学生」と呼んでいる。当時の東大の民法は三年間、一人の教授が持ち上がりで教えていた。重遠が教えたのは、一九二一年、一九二四年、一九二七年、一九三〇年、一九三三年、一九三六年、そして一九三九年、計八つの学年であった。「僕がひそかに快しとすることは、一回も病気休講のなかったこと、毎時間の講義の開始が大袈裟に言へば一秒も狂はなかったこと、及び民法一千四百四十六箇条を毎三年余裕綽々と講了し得たことである」(一～二頁)。

ところが最後の学年に至って、繰り上げ卒業のため「学生諸君としては学習の最後の段階に実際上の狂ひを生じた次第で、しかもそれが突発的であつただけに受験準備上も卒業計画上も就職運動上も各人各様の支障や不都合があり、困惑もし煩悶もすることと深く同情する」(二頁)。しかし、と重遠は続ける。「今回は困惑し煩悶すべき時ではない。…諸君は選ばれたる青年として最も永く国恩に浴し最も多く特権を享けて居る。今や国家が急を以て諸君を召すに当り、更に国恩に狃れ特権に恋々たるべきではない。…僕は特に此際『僕の学生』諸君を快く潔よく勇しく送りたいと思ふ」(二～三頁)。そして重遠は卒業生に向けて「いばるな」「くさるな」という。「諸君は順境でいばり逆境でくさる様なケチな人物ではなかった筈だ」(三頁)と。

日米開戦の前後のことである。また重遠は、もともと戦争を非とするものではない。ノブレスとして、いばらずくさらず、その責任を適切にはたすべきことが諄々と説かれている。

学生の自覚を促す

同じ趣旨のことは、最後の「僕の学生」が入学した一九三九年にも、別の形で述べられている。『緑会雑誌』一一号掲載の「最高学府」という一文である。

「先日丁度午後五時頃ラッシアワーに正門前からバスに乗った」(一頁)。話はこう始まる。ほとんど満員、赤門前では超満員になった。女車掌が「満員ですからおあとに願ひます」(同頁)と叫んでも、ステップに二人程立ったままで発車したという。三丁目の交差点で交通巡査に止められた。ひげをはやした大きな声の警官が車掌を叱る。

「此線の御客様は主として最高学府の方々ぢや。規則も御承知なり、物わかりも宜しい。車掌が静止するのを強いて乗込む様なことはなさらぬ。『満員』と一言いへば一旦乗っても飛びおりるのだ。さういふ御客を斯様にステップまで乗せて居るのは、全くお前の責任ぢや。此車の定員は何人か。何、三十何人。一寸見た所でも大分超過している居る様だな。しかし吾輩は頭数を算へて一人多いの二人多いのとやかましく言ふのぢやない。定員なるものを設けた精神を知って居るかと言ふのぢや。定員を設けたのは事故防止のためであり、又自己の場合に損害を少なからしめるためである。もし定員無視のために事故を起し損害を生じたならば、それは誰の責任か。殊に最高学府の方々に怪我でもさせたら国家の損失ではないか」(一～二頁)。

重遠は叱られているのは誰かと問う。「最高学府の方々」ではないか。「僕も思はず冷汗を流したが、ステップまではみ出して居た入口近くの学生諸君は相当テレたことと思ふ」(二頁)。話は次のように結ばれる。「すると査公は急に面をやはらげて、『イヤ心配せんでも宜しい、今日は問題にせん。以後注意したまへ。』と車掌に言ひ渡し、更に乗客一同に向つて『どうも長いことお引止めして済みませんでした。』と挨拶し、『オーライ』と発車させた」（同頁）。

重遠が教えたい法の精神が市井にあることを、巧みに説いて聞かせる話である。同時に「最高学府」が世間にどのように受けとめられているのかを示し、学生の自覚を促す話でもあった。

結婚・就職・奨学金

しかし重遠は、学生たちに求めるだけではなく、多くのものを与えた。重遠には『結婚訓』（戦後版は『結婚読本』）という著書があるが、その帯には重遠夫妻が多くの学生たちの媒妁をしてきたと書かれている。令息・重行によれば、左翼学生の身元保証をして花嫁の両親の心配を払拭するという役割を果たすことも少なくなかったようである。

結婚だけではない。就職の世話も熱心にした。重遠に就職の世話をしてもらったという人は少なくない。本人もまた、一九三六年には「昨今は三年生諸君の就職紹介に忙殺されて居る」（『緑会雑誌』一一号、三頁）などと書いている。しかし、紹介はもっと以前から始まっており、たとえば手元にある一九二五年の手帳には、三井への推薦者の名前が順位を付けて書き留められている。後に法律出版の老舗・有斐閣の社主となる江草四郎は、一九二一年入学の「僕の学生」であったが、彼も当初は重遠の仲介で台湾総督府に職を得ている。やはり一九二〇年代半ばのことである。

さらに学費の面倒も見ている。たとえば、あるセツラーは重遠のあっせんで奨学金を貰っていたと証言している。その額は一ヶ月の生活費を賄いうるものであったという。奨学金の提供者を重遠は明かさなかったが、自重会奨学金であろうとの推測が述べられている。重遠は大内兵衛とともに、大正末年からこの財団に協力していた。この財団はたとえば一九三九年には、東大法学部生のうち七一名に奨学金を給与している（牧野順孝『自重会小史』〈(財)自重会、一九六二〉を参照)。

重遠の学生との関係は一般には極めて良好であった。しかし、個々の学生について言えば、立場上難しい関係に立たざるを得ないこともあった。とくに小田村事件は教授・学生の関係が険悪なものになりうることを端的に示している。雑誌『いのち』の一九三八年九月号に、現役東大生だった小田村寅二郎は、経済学部の河合のほか、横田・宮沢・矢部貞治（一九〇二〜一九六七）・蝋山政道（一八九五〜一九八〇。平賀粛学に抗議して辞職）各教授を名指しで誹謗する論文を発表した（小田村と矢部のやりとりにつき『矢部貞治日記　銀杏の巻』〈読売新聞社、一九七四〉に詳しい。なお井上義和『日本主義と東京大学――昭和期学生思想運動の系譜』〈柏書房、二〇〇八、四九頁〉は、日記中の「学生問題、小田村事件」への言及を一覧表にしている）。学生版の蓑田が登場したわけである。

小田村事件

小田村は田中学部長の時代に「学生の本分に悖るものとして」無期停学処分とされた。しかし、小田村は日本学生協会に拠って大学批判を続けていた。そこで、一九四〇年一一月二一日に、法学部教授会は退学処分を決めた。『東京大学百年史部局史　一』は次のように伝える。「学部長（重遠――筆者註）より、前回教授会の申合せにより無期停学中の学生小田村寅二郎を出頭せしめ面談したるところ、本人には何等改悛の様子なかりし旨報告あり、協議の結果退学処分に付することと決定」。

その背後には学校新体制の確立があったという見方もある（井上『日本主義と東京大学』一三九頁以下）。ここではこの点には立ち入らないが、項を改めてより広く、重遠と当時の体制とのかかわりについて考えてみたい。

紀元二六〇〇年事業

まず触れなければならないのは、紀元二六〇〇年記念事業についてである。すでに一言した『東京帝国大学学術大観』はこれにかかわるものであった。一九四〇年四月、記念授業に対して法学部は次のような態度をとることに決めた。「大学の名に於て各講座に関する学術発達の経過を記述発表することは少なくとも本学部としては不適当且つ時期にあらずと認め、その旨を総長に進言し、本学部としては教授助教授全員それぞれ署名の学術論文を寄稿して一冊を成すことによって、右事業に協力することと決定」(『東京大学百年史部局史 二』一三六頁)。そして実際に、法学部編はこの方針によって作成されることになった。

これは学術への統制に対する間接的な抵抗——学部公認の学説史を作るようなことはしない——と言えるが、そう決するまでにはかなりの議論があったようである。後に丸山眞男は「戦争中、教授会の直面した主要な問題(私が召集されるまで)」というメモ中の六項目の一つに「二千六百年記念東大学術大観の問題」を挙げている(丸山眞男『自己内対話——3冊のノートから』みすず書房、一九九八、一七八〜一七九頁)。

紀元二六〇〇年記念に関しては、一九四〇年一〇月の天皇行幸にも触れなければならない。この行幸に際して、重遠は法学部の現状を天皇に説明している。重遠本人によれば、教育に関しては「各教授助教授がそれぞれ演習を開いて少数宛の学生を指導することに力を注ぎ、学生の学力を向上せしめ、研究心を刺激し、併せて人格と思想とを陶治涵養することに力めて居ります」(「行幸を仰ぎ奉りて」

『緑会雑誌』一二号、一九四〇、二頁）と述べ、研究に関しては「『何カ』といふ状態即ち沿革及び現状と『何故ニ』といふ原理と、『如何ニシテ』といふ方法との三面につき、現在の法規制度を中心としつつ、一方に於ては遠く歴史に遡り深く哲理を究むると同時に、他方に於ては近く実際の運用を観察批判し、分析的研究と総合的研究とを並び進め相補はしめ、過去現在未来に亘り内外に通じて法律及び政治の真意義を明かに致したいと期しております」（同頁）と述べた。いずれも重遠年来の主張である。

注目すべきはさらに、石井良助（一九〇七〜一九九三）が「皇国立法ノ沿革ヲ中心トシタル人事法制ノ変遷一斑」と題した説明を、岡義武（一九〇二〜一九九〇）が「憲法発布万民歓喜ノ状況」と題する説明をそれぞれ資料を用いて（文系学部と医学部の説明は午後に図書館で行われた）天皇に行った点である。というのは、この説明につき岡義武は後に次のように語っているからである。

「この企画は当時法学部長であり且つ明治新聞雑誌文庫の管理責任者であった穂積重遠先生の企画されたものであったことは明らかです。なお、先生は夙にいわゆる明治文化に大変関心をもっておられ、そのような関係で学部から文庫管理を委託されておられたのです。なお、展示品の選定は穂積先生が宮武外骨さん（文庫の嘱託）に相談し、しかし、大体は委せてやられたものと思われます。こうした万事お膳立てをつくられ、その上で僕をよんで、行幸のとき法学部として以上のような展示をすることになった。そこで、憲法発布の展示の方について当日御説明役をするように、とのことであったのです。僕はいろいろな意味で甚だ躊躇し、強く辞退したのです。しかし、先生はどうしてもやれと重ね重ねいわれ」(篠原一・三谷太一郎編『岡義武ロンドン日記1936―1937』岩波書店、一九九七、二九八〜二九九頁)た。

「あくまで辞退も実際はできず、僕は内心愉快ではありませんでした。穂積先生は決して目下のものに頭から命令する官僚的な方ではなくて、大変呑気、無雑作なところがあり、このときの先生のやり方もそれでした」(二九九頁)。「そうしたら、右翼学生が学内にビラを撒きました。それには法学部は憲法は宮沢教授が担当しているが、宮沢教授は機関説の信奉者で不逞の徒である。そこで、天皇行幸の際の御説明役にあてることはさすがに法学部もできず、その結果御説明役には岡という無名の教授を起用した、そういうビラを撒いたのです」(同頁)。

この間の事情がどのようなものであったのかはわからない。しかし、丸山眞男は次のような発言を残している。「僕は二度ぐらい勤労動員にくっついて行った。そのときです、学生が『岡先生はニヒリストじゃないですか』と言ったのは。もう一回のときも岡先生が関係していて印象的なんです。まえのときとちがう学生が、『憲法発布万民歓喜の状況のご説明役をやったから、岡先生の首がつながったという話があるが、ほんとうですか』と言うんです。ニヒルというイメージのもう一方では思想的ににらまれている、というイメージがあった。」(『丸山眞男座談9』岩波書店、一九九八、二七五頁)仮にそうだとすると、重遠による岡指名は「無雑作」ではなく、良くも悪くも岡を守ろうということだったのかもしれない。

新体制運動

一九四〇年は近衛文麿（一八九一〜一九四五）の新体制運動の画期の年でもあった。六月に枢密院議長を辞した近衛は挙国一致に向けての声明を発表、七月には第二次近衛内閣が成立、八月には新体制準備委員会が発足、九月末の閣議で「大政翼賛会」を置くことが決定されている（伊藤隆『近衛新体制』中公新書、一九八三）。ここでは新体制運動のその後を辿ることはせず、それとは別に、しかしこれと密接な関わりを持つ運動に触れたい。それは「日本諸学振興委員会」という団体にかかわる（以下は、駒込武ほか編『戦時下学問の統制と動員――日本諸学振興委員会』〔東京大学出版会、二〇一一〕による）。

大きな文脈は次のように説明される。「三七年（一九三七年――筆者註）八月に第一次近衛内閣が『国民精神総動員実施要綱』を閣議決定し、同年一〇月に総合国策機関として企画院を設置する状況の中、『革新官僚』や軍を中心として科学動員体制の整備が進んだ。三八年に陸軍大将荒木貞夫が文部大臣に就任すると科学振興調査会を設置、三九年度に総額三〇〇万円に及ぶ科学研究費の予算を計上した。四三年度には科学研究費の交付対象は人文科学部門（法律学・政治学、哲学・史学・文学、経済学）に拡大、学術研究会議ににも人文科学部門が設置された」（八頁）。

こうした文脈の中で現れる日本諸学振興委員会は、「諸学問分野の全国学会を組織するための機関」（七一頁）であった。同委員会は「天皇機関説事件を背景として思想局の政策のなかから登場してくるものであり、同時に進行する教学刷新評議会の動きとはいわば並行して、生まれてきたものであった」（七一〜七二頁）。「教学刷新会議が日本諸学振興委員会を産むという直接の因果関係ではないが、天皇機関説事件への対応という同じ政策から生まれた」（七二頁）とされる。具体的には同委員会による学会開催は一九三六年一一月の教育学会から始まるが、その動きは他の領域にも広げられることになる。

本書の関心の対象はもちろん法学会であるが、法学会の設置にあたっては紆余曲折があったようである。一九三六年七月、東京帝大の長与総長は法学部長であった重遠の訪問を受ける。重遠は「文部省より、法学界に於て医工の従来なせるが如き学会を開催したき希望なり、その常任委員となって呉れとの交渉を受けたるも此を拒絶」（一七六頁）したと伝えられているが、そのことを相談しに行ったのだろう。長与日記には次のように記されている。「学会を文部省主催にて挙行するが如きは学問の性状を解さぬ俗論なり。…今急に法学大会を開き国体明徴の具に供せんとするが如きはその愚や及ぶ可らず」（『長与又郎日記　下』二〇二頁）。

なお同じ時期に、東大は祝日儀式挙行も求められているが、法学部教授会（学部長は重遠）は「従来の経過は法学部教授会として頗る遺憾につき、あらためて学部長より総長に進言し、再考を求めること」（東京大学百年史部局史　二』二二五頁）を申し合わせている。

しかし、このような抵抗は長くは続かなかった。儀式の方は結局は受け入れざるを得なかったし、委員会の方も重遠は一九三九年には常任委員を引き受けている。もっとも、重遠自身の法学会における講演（一九四二）は「五人組制度と大東亜共栄圏」と題されてはいるが、「大東亜共栄圏」に関する言及は、最後に少しあるにとどまり、重遠の（消極的な）スタンスが窺われるという指摘もなされている（駒込武ほか編『戦時下学問の統制と動員』、六〇八頁）。

学徒出陣

一九四二年二月、重遠は多難であった三度目の学部長職を退く。定年までは残り一年半あまりとなった。その停年の直前、四三年九月二三日の教授会で、「法文経等の学部学生に対する徴集延期撤廃に関する件」が報告される。結局、一〇月二日の勅令により徴集延期は停止される。東大の学生たちも適齢に達しない者を除き、徴兵検査を受け、一二月一日に入営することとされた。いわゆる学徒出陣である。

この間、一〇月二一日には雨の明治神宮外苑競技場で出陣学徒の壮行会が行われている。東京帝国大学を先頭に東京周辺大学・高等学校・専門学校七七校の学生・生徒が分列行進した。その数は約二万五〇〇〇人。スタンドには適齢前や女子の学徒六万五〇〇〇人が参集したという（蜷川壽恵『学徒出陣——戦争と青春』吉川弘文館、一九九八）。

学徒出陣の東大生・構内を行進
（1943年）（毎日新聞社提供）

ある文章には、このときに東大文学部の列の先頭を進んだのは穂積重行と書かれているというが、重行本人によると「雨が降っていたので行かなかった、父も何も言わなかった」というのが事実だという。いずれにせよ、戦争の激しくなる中、重遠は大学を去ったのである。

「大学生活四十年」

すでに何度か引用したが、重遠には「大学生活四十年」というエッセイがある。これは一九四三年五月に緑会が開催した「穂積教

緑会送別講演会（1943年）
（『緑会雑誌』15号より）

授送別講演会」の記録であり、当初は『緑会雑誌』（一五号、四三年九月）に掲載されたものである。その中で三度にわたる学部長職については、次のように述べられている。

「学部長を三度勤めた。昭和五年から八年まで三年間、昭和十一年から十二年まで一年間、昭和十四年から十七年まで三年間、合計七年間で我ながら御苦労様だった。何といっても一番骨が折れたのは第一回の三年間で、こちらも不なれだった所へ思想問題がやかましいかった際とて、随分並行した。しかし一番忙しかったのは第三回で、やはり世の中が段々忙しくなるのだ」（三四〜三五頁）。

「忙しかった」という言葉の中には、様々な意味が込められていると見るべきだろう。

革新か保守か、社会か自由か

ここまで大学人としての重遠を追ってきたが、結局のところ、大学の受難に対して、体制の変革に対して、そして戦争に対して、重遠はどのように考えていたのだろうか。また、大正期の重遠の姿勢とこの時期の重遠の姿勢の間には変遷が見られるのだろうか。

これらの点について考えるための補助線として、この時期の社会について歴史家たちが提示している三つの見方を紹介しておこう。一つめは、伊藤隆が提示した「革新（破壊）―漸進（現状維持）」という軸である（伊藤『近衛新体制』）。二つめは、雨宮昭一のいう「四つの政治潮流」、すなわち「反動派」「国防国家派」「社会国民主義派」「自由主義派」という分類である（『戦時戦後体制論』岩波書店、一九九七）。三つめは井上寿一が説く英米と独伊との共通性という視点である（『戦前日本の「グローバリズム」――一九三〇年代の教訓』新潮社、二〇一一）。

雨宮は、一九二〇年代の『自由主義』体制から一九四〇年代の『翼賛体制』―総力戦体制への推進力は、国防国家派と社会国民主義派であったとする（一六八～一六九頁）。そこには大正期以来の「改造」の動きも加わっているのである。井上が言うように、この時期には何らかの形で国民の再統合が必要であったのはどこの国でも同じだったのだとすると（六頁など）、このことはある意味では当然のことであったと言える。それに対して、財界や宮廷を中心とする「自由主義派」がいわば抵抗勢力をなしたというわけである。

ごく大まかな枠組であるが、これによって重遠を位置づけると次のように言えるのではないか。彼はもともと社会の改造を強く望んでいる。社会本位の法思想は初期から一貫して変わらない。また重遠は、体制にコミットしない（ニヒリストの）自由主義や（理想主義的な）反戦主義に与するものではない。社会に対する責任を感じており、紛争解決の手段として場合によっては戦争も辞さずという考えを持っている。しかし、重遠は過激な変革（破壊）ではなく漸進的な改革を望んでいる。また、学問に関してはその自由をできる限り確保したいと思っているが、そのためには過激な行動は慎まなければならないという現実主義に立っている。丸山は、東大法学部は「別世界のようにリベラル」（丸山眞男『自己内対話――3冊のノートから』一七七頁）であったと述べているが、この状態を何とかして守りたいとは考えているのである。だからこそ、いろいろな不満対立はあっただろうが、東大法学部は重遠に難しい時代の舵取りを委ねたのであろう。

以上のような意味で、重遠は改革的であると同時に、保守的・自由主義的である。その思想は完全に一貫しているというわけではなく、時代に応じたゆらぎは確かに見られる。しかし、その振れ幅は決して大きくはない。この点が末弘と異なる点である。

末弘に対しては、期待の裏返しと見られる落胆が語られることが少なくない。たとえば、（岡には）「末弘先生に対する批判が強いですね。リアリストで現状に妥協してしまうということに対する批判が非常に強い」との指摘がある（篠原一発言。『丸山眞男座談9』三五三頁）。また、丸山は自ら、学生時代のイメージとして、次のように述べている。「末弘教授の法学教育の天才的な巧みさ、にもかかわらず、漸くしのび寄る天皇機関説以下の反動的動向に対する妥協的、日和見的態度への不満」（『自己内対話』一七九頁）。これに対して、重遠については保守的だとの評もあったが、そうであればこそ、彼に対して変節の謗が向けられることはかえって少ない。

ともあれ、重遠の思想の総括をするのは、まだ早すぎる。彼にはなお数年の人生――ある意味では波乱に富んだ戦後の日々――が残されている。結論を出すためには、その様子をたどらなければならない。しかし、その前に公人としての重遠の肖像とは別に、私人としてのその横顔をスケッチしておきたい。物事の（とりわけ法や法学の）多面性を重視した彼の実体を把握するためには、彼自身の多面性を理解・把握しておく必要がある。第2節・第3節ではがらりと趣を変えて、重遠の家庭人・趣味人としての側面を見ていく。もっとも予め述べておくが、これらの側面もまた重遠の他の側面と無縁ではありえない。

2　家庭人・重遠——夫として、父として、兄として、舅として

家族写真の変遷

家族記念写真（1932年）
（穂積重行氏提供）

はじめに一枚の写真を見ていただこう。重遠と仲子、そして三人の子どもたちが写っている。写真に写る二女の岩佐美代子によると、この写真は一九三二年のものであり、娘二人は御木本幸吉（一八五八～一九五四）からの贈り物である真珠のネックレスをしているという。御木本と渋沢一族の関係を示すエピソードとしては面白くはあるが、本書との関係では特に立ち入るべき話題ではない。この点を除くと、この写真は当時の上流階級の家族写真のうちの一枚ということになりそうである。

確かにその通りであるのだが、この一枚を

穂積家（1923年）（穂積重行氏提供）

これまでの穂積家の家族写真の中に置いてみると、事情はやや異なってくる。というのは、父・陳重は早くから毎年の行事として一族の集合写真を撮っていたからである。当初は陳重・歌子と子どもたちだけの写真だったものが、子どもたちが結婚するとその配偶者が加わり、やがてその子どもたちが加わる。こうして陳重の晩年にはずいぶん人数が加わった家族写真が撮られている。陳重の死後もしばらくは同様の習慣が続いたようであり、巻頭の口絵に掲げた葉山の渋沢別邸での写真（一九二八）もその一例であった。

ところが、穂積陳重家の写真と並行して、重遠は折に触れて、自身と妻子の写真をも撮るようになる。大家族とは別に、夫婦とその子どもからなる小家族があるのであり、それを大切にしなければならないという考え方によるものだろう。だからといって、重遠は、母・歌子をはじめ多くの親類縁者との関係をおろそかにはしない。ただ、重遠が（小）家族に対して、深い愛着を持っていたことは確認しておいてよい。

以下、この節では、重遠と家族の関わりについて見ていく。と同時に、家族（特に妻や子どもたち）のあり方の中に、重遠の影響（場合によって陳重の影響）を探ることをも試みてみたい。時に、話は戦後から最近のできごとにも及ぶ。

「行チャン、ワカチャン、ミヨチャン」

重遠の子煩悩ぶりは、残された子ども宛の手紙に窺われる。次の手紙は一九二九年・三〇年の旅行日記の中に残されたものである。

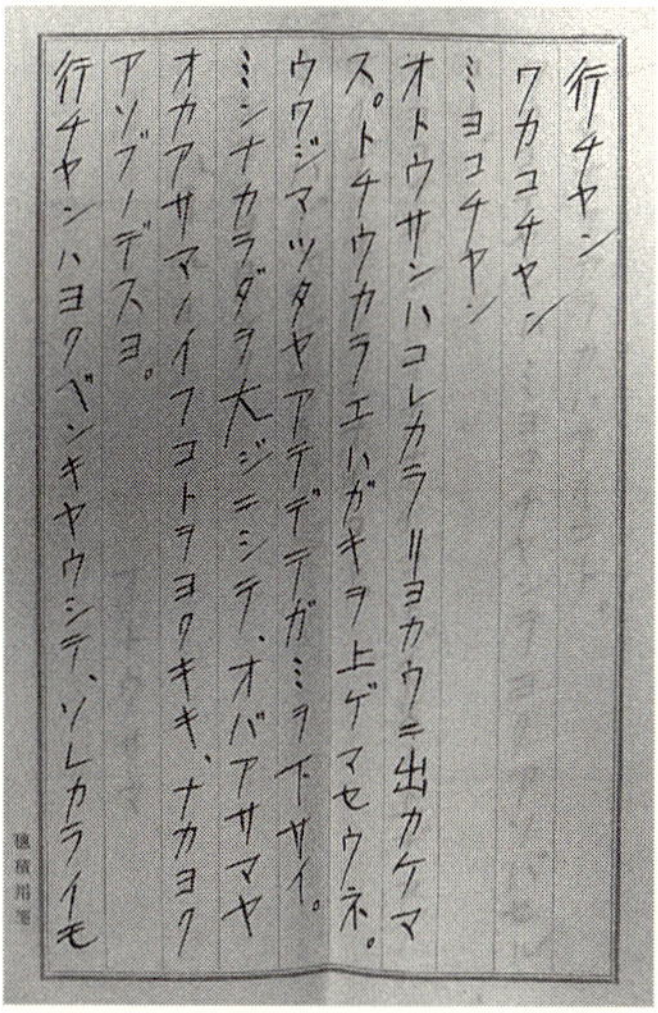
行チャン
ワカコチャン
ミヨコチャン
オトウサンハコレカラリヨカウニ出カケマ
ス。トチウカラエハガキヲ上ゲマセウネ。
ウワジマツタヤアテデテガミヲ下サイ。
ミンナカラダヲ大ジニシテ、オバアサマヤ
オカアサマノイフコトヲヨクキキ、ナカヨク
アソブノデスヨ。
行チャンハヨクベンキヤウシテ、ソレカライモ

子ども宛の手紙（穂積重行氏提供）

「行チャン
ワカコチャン
ミヨコチャン
オトウサンハコレカラリヨコウニ出カケマス。トチウカラエハガキヲ上ゲマセウネ。ウワジマツタヤアテデテガミヲ下サイ。ミンナカラダヲ大ジニシテ、オバアサマヤオカアサマノイフコトヲヨクキキ、ナカヨク

アソブノデスヨ。
行チャンハヨクベンキヤウシテ、ソレカライモトタチヲカラカハナイコト。
ワカコチャンハミヨコチャンヲヨクアソバセルコト。
ミヨコチャンハナカナイコト。イスノ上デアブナイゲイトウヲシナイコト。
ミケハゲンキデスカ。
ミンナニヨロシク。
八月八日
オトウサマ」

「重行君
和歌子さん
美代子ちゃん
おとうさんは第十五宇和島丸といふ六百トンばかりの汽船に乗って瀬戸内海を走って居ます。天気が好くて海上がそれはそれは美しい。
今高濱といふ港につきました。さん橋にくだものやのおかみさんたちが大勢押しかけて来て、船のお客さんにももやなしを賣らうとワイワイ騒いで居ます。おとうさんも大きなももを買って朝ごはんのお食後にたべました。ア、しまった。「いただきまーす」「ごちそうさま」を云ふのを忘れた。
七月三十一日朝高濱にて

重遠」

当時、重行は八〜九歳、和歌子は六〜七歳、美代子は三〜四歳であるが、優しくて面白い父親の様子がよく現れていると言えよう。ちなみに、穂積の家は「重〇」という命名を常とするので、愛称は「重ちゃん」ではなく「〇ちゃん（たとえば行ちゃん）」になるようである。

穂積家の団欒風景

重遠と子どもたちとの関係は、穂積家の団欒の様子にも窺われる。払方の穂積邸は一二〇〇坪の土地に、当時の上流階級の邸宅がそうであったように、洋館と日本館とが建っていた。特徴的なのは洋館の方であり、学者の家らしく、立派な書斎と書庫とがあった。陳重は書斎で仕事をすることが多かったようだが、重遠はむしろ居間で家族に囲まれながら仕事をするのを好んだ。

家族や友人などが証言するように、重遠は切り替えが早く集中力も高かったので、一家団欒を楽しんだあと直ちに仕事に向かうことができ、いったん仕事を始めると周囲の話声などは気にならないたちであった。それゆえ、茶の間で妻や子を相手にあれこれのことを話して聞かせ、それを気晴らしに気持ちを切り替え、仕事に向かったのであろう。

穂積の家の寛いだ団欒風景は陳重・歌子の代に生み出されたもののようである。重遠の書いた『父を語る』を読むと、夏の避暑地での賑やかで親しみのある家庭生活の様子が窺われる。東京の生活はもう少しきっちりとしたものであったろうが、残された写真などを見ると、明るく伸びやかな様子が窺われる。このハイカラで開けた明治の家庭は、大正文化の中でよりアット・ホームなものとなったに違いない。

もっとも学者の家の特色は、家屋のつくりに現れているだけではない。夕食の後はひととき、そこに特別な時間があった。娘の岩佐美代子は次のように述べている。「教育は大変。礼儀作法なんていうのは…あんまりやかましくはなかったけれど、それよりも、文学的、道徳的教育ですね。父はもう、よくよく人に教えるのが好きだったんですね」(岩田編『岩佐美代子の眼』一二頁)。

具体的には、『三字経』から始まり『論語』に進む講読があった。その様子については本書の冒頭で述べた通りである(本書九～一〇頁参照)。息子の重行によれば「小学校に入りましたとき、『ここに座れ、今日からやるぞ』ということで始まったわけです。…重遠の一番偉いところで、私がとてもまねをできないのは、とにかく粘り強いことです。ですから結局『論語』をやり出したら、『論語』二〇編を全部やり通す。もちろん忙しい間ではありましたが、私が小学校をおわるころまでには全部あげました」(公益財団法人渋沢栄一記念財団渋沢史料館『穂積重行氏オーラルヒストリー』二〇一〇、非売品、七六～七七頁)。また美代子は「夜、夕食の後、子供たちを順ぐり。兄たちがやっている時は、こっちは周りで遊んでいて、耳に入ってくるというような事でしょ」(岩田編『岩佐美代子の眼』一二頁)と述べているが、重行の妻・玲子も新婚の頃にこの講義を聞かされている。「私は結婚したその日から毎晩、『三字経』の勉強から始まって『論語』をやっておりました。八時ぐらいだったと思うんですけれども、いつも焼け跡の家で座らされてお講義を受けましたよ」(渋沢史料館『穂積重行氏オーラルヒストリー』八一頁)。

『新訳論語』を見ると、重遠の論語はずいぶんと平易な論語であったことがわかるが、食後の話題はよりくだけた方向へも展開した。江戸の滑稽本や落語を読み、あるいは『八犬伝』や『三国志』を語ることが多かったという。しかし、このあたりのことは次節で改めて述べることにしよう。

穂積家の春夏秋冬

ついでに、穂積の家のさまざまな「行事」についても触れておこう。これも陳重・重遠二代にわたる話である。

まず元旦である。重行の述べるところによれば「陳重はこの元日に限らず、例えば天長節…そのほか、宮中の大きな儀式のときには参内するわけです。そのときは歌子は大変なんですよ。朝早くから起きましてね。宮中の参賀は朝早いですからね。それに遅刻するわけにいかないので、歌子はもとより、女中一同大騒ぎなんです。早起きして勲章つけてというのは、昭和初期の私の子供心にも少しは記憶がありますね」(四三頁)。「重遠の代になって、恐らく昭和一〇年ごろから、大礼服を着た正月の参内ということがなくなってきた」(四五頁)ようだが、戦後、皇室と密接な関係を持つようになった重遠は、一九五一年正月の参賀の後、体調を崩し、不帰の人となった。

他方、渋沢の家では、毎年新年会が行われ、そこでは福引が恒例行事であったという。その福引はなぞなぞのついた福引きであったというが、同様の行事はあちこちで行われていたらしい。他に芸人たちを呼んだ催し物も行われたようである。

夏の別荘暮らし、穂積の家の水泳好きについては、すでに述べたところであるので繰り返さない。

ここでは宗教行事について触れておく。穂積の家の宗教は神道であるが、渋沢の方は仏教である。神道の行事はあまりなかったというが、仏教の方は寛永寺でしばしば法事があったらしい。また、児玉の方の法事も多かったようで、美代子によれば「児玉の家は牛込の薬王寺。うちから歩いて行ける位の所。法事をよくする家で、昔のことですから、自分の家でするから、悪い連中は『ホトケハウス』とか言ってね。そんな時ばっかり集まるから、みんな黒い姿しか印象にない」（岩田編『岩佐美代子の眼』二五頁）という。

宗教というべきか風俗というべきかはわからないが、一九〇二、〇三年ころからクリスマスの行事が始まっている。『穂積歌子日記1890―1906』には、子どもたちが陳重にプレゼントとして湯たんぽ用の毛糸カバーを贈って喜ばれたという記述が見られるというが、重行は「我が家に飯塚アリスさんがクリスマスプレゼントをくれたのが恐らく初めてだろうと思います」（渋沢史料館『穂積重行氏オーラルヒストリー』五三頁）と述べている。この飯塚アリスという女性は、「重遠と少し下の娘たちの英会話の相手をしてくれた」（同頁）という。小学生の重行は最晩年のアリスに英語を教わったともいう。

美代子もまた「英語も、母の時代から来ていた、ハーフのおばあちゃんの先生がいらしてしてね」（岩田編『岩佐美代子の眼』三九頁）と述べているが、これもおそらくはアリスのことであろう。なお穂積の家には、ミズ・ブリジズという女性も出入りしていたようだが、あるいはこの人かもしれない。

「酒は母の涙と心得て飲め」

ところで、穂積の家の食卓や年中行事のあり様を想像する際に、考慮に入れておくべきことがらが一つある。それは重遠は酒もたばこもたしなまなかったということである。母・歌子が重遠の飲酒を好まず、飲むのであれば「酒は母の涙と心得て飲め」と言って聞かせていたという。その背後には、歌子が預かった渋沢家の嫡子・篤二が酒に溺れたという事情もあったのだろう。しかし、重遠自身の体質にあわなかったこともあろう。彼は宴席でも酒は飲まなかったようである。それでも酒席に和やかに加われるのが重遠らしいところである。

他方、重遠は健啖家であった。旅行日記には食べ物の話が頻出する。特に甘い物には目がなかったようであり、宮中からお土産のどら焼きを楽しみにして食べていたという。また、日記などを見ると、アイスクリームも好きだったらしい。立派な紳士がどら焼きを囓り、アイスクリームをスプーンですくう姿を想像してみていただきたい。他方、辛いものも平気だったようであり、朝鮮旅行中には現地の料理を喜んでいた。ともかく何でも楽しく食べる人であった。

「仲子日記」

こうした雰囲気の中で育った重遠の子どもたちが、その後、どのような人生を歩むことになるのか。そこに重遠の影響を見出すことができるか否か。それはもう少しあとで段々に述べることにして、重遠の妻・仲子について一言しておく。仲子に関して、重遠は特に何かを書き残しているわけではない。しかし、『欧米留学日記（一九一二～一九一六年）』をめくってみると、新妻との文通が楽しくて仕方のない様子が目に浮かぶ。

すでに述べたように、同じ『欧米留学日記（一九一二～一九一六年）』の中には、仲子が婚姻予約有効判決に関する新聞記事を重遠に送った話が出てきたが、これなどは日頃から重遠が、専門の民法のことも含めて様々なことを仲子に話して聞かせていたことを示すものと言えよう。

仲子の人柄については、息子・重行や娘・美代子が断片的に語っている。それらはそれぞれに興味深いが、ここでは別の資料によりつつ、仲子の人となりを探ってみよう。仲子が留学中に重遠に宛てた手紙は現存しないが、戦後に書かれた日記が残されている。この「仲子日記」は一九五八年一月一八日から書き始められ、一九八一年一二月三一日（当時九一歳。逝去の三年前）まで二四年間にわたるものであり、その間、一年も欠けるところはないものである。この日記につき重行は「これは備忘録で、歌子の日記のような内容的な深まりを持った部分というものはそんなに多くはありません」「世の中の動きに関する部分では非常に貧弱です」（渋沢史料館『穂積重行氏オーラルヒストリー』八七頁）としている。しかし、この日記を通じて、仲子の人となりを描くことは不可能ではない。

気にかけていた出来事

もっとも大部な日記のすべてを精査するのは大変である。そこでさしあたり、日記が始まった一九五八年、六八年、七八年の三年分を取り出して、その内容を調べてみた。それぞれの年の仲子の年齢は、六八歳、七八歳、八八歳である。

全体としての印象は、年齢に比して、また病弱であったことも考え合わせると、仲子はかなり（あるいは非常に）アクティブであったということである。日記には、贈答・訪問・電話など日常のやりとり、墓参や観劇などの外出、孫たちのことが書き込まれているほか、園芸やペットのこと、TV番組（「アイラブルーシー」〔アメリカで一九五一～五七年にわたって放送されたテレビドラマ〕が好きだったようど）や読書（五八年には石坂洋次郎の『青い山脈』『山のかなたに』などが現れ、六八年には松本清張の『昭和史発掘』などが現れる）の内容、相撲（とても好きだったようだ）や野球の結果なども書き留められている。十勝沖地震・宮城沖地震をはじめ地震に関する記事が多いのは、関東大震災で苦労した世代だからだろう。

また世の中の動きに関する言及も決して少なくない。一九五八年の日記には、チャーチルの病状、ソ連の核実験中止宣言、ドゴール将軍の動静、米ソの月ロケット打ち上げなどが、六八年の日記には、パリの五月革命、北爆停止、キング牧師暗殺、プラハの春などが、七八年の日記には、ロッキード事件、エンタープライズ入港問題、成田空港問題、金大中のこと、スモン訴訟原告勝訴など、それぞれの時代の様子がよく記録されている。

特に注目されるのは、五八年では皇太子（今上天皇）結婚の問題、A級戦犯減刑の問題である。前者は後に述べるように、重遠が東宮大夫を勤めたこととの関連で、後者は義弟の木戸幸一の処遇を、それぞれ気にしていたのであろう。六八年については、大学紛争に関する言及が極めて多い。もちろん、息子の重行（東京教育大学）・娘婿の義之助（東京大学）が大学人であることが直接の理由であろうが、夫・重遠がかつて大学問題で苦労したことを思い出してもいたことだろう。「加藤（一郎——筆者註）さんが公開予備折衝をはじめられた。どうぞ名案を出して時局収拾を計っていただきたいものと念じている」（一一月一八日）などという記述も見られる。同じ時期に「みよ子著『源具顕について』よみ了る。よくも調べたものと感心する」、「重行の苦心は…きのどくなる上に心配」などの記述も見られる。

七八年になると、重行につき「教授会にて遅く帰る」といった記事が年頭から毎日のように続くことになる。東京教育大学の閉学が最終段階に至ったからである。「重行は百年の歴史をとぢる教育大の閉学式の為七時頃出かけ八時頃帰る。誠に御苦労様であった」（三月一五日）、「長い間よくつとめてくれたと有難く思ふ」（三月三一日）という叙述が見られる。

なお、その他に注目されることを二、三書き留めておく。一つめは、重遠関係の人のつながりがなお続いていること。小松謙助や田辺繁子、あるいは川島武宜夫妻が来訪したり、中川善之助や福島正夫の著書が届いているほか、一九七八年になっても「重遠セツルの記念日」ということで、関係者が現れたりする。二つめは、一九五八年には渋沢同族会がなお開かれているということ。会合は偶数月の月末に定期的に行われている。三つめは、歌子や重遠のように歌を書き留めたりはしていないこと。ただし、歌子の日記を読み直したという記述は何度か現れている。

律之助と真六郎

重遠には三人の弟たちがいたが、そのうち貞三は早逝している。残ったのは二男の律之助と四男の真六郎である。

律之助は海軍の技術将校で潜水艦の研究に従事した。最後は造船少将にまで昇進している。重遠と同じ時期にフランスに留学していたことはすでに述べた通りである。技術者である律之助について伝えられていることは少ない。ただ、次の二点のみを注記しておく。一つは、東大総長となった平賀譲は律之助にとっては年齢のそう遠くはない先輩であったことである。おそらくは平賀の側でも、後輩の兄にあたる重遠には、ある種の親近感を抱いていたことだろう。もう一つは、理系の律之助の二人の娘たちは法学者と結婚していることである。富士子（一九一八〜二〇〇八）は自身が研究者であったが、その夫・磯野誠一（一九一〇〜二〇〇四）は民法学者であった。また、泰子の夫・久保正幡（一九一一〜二〇一〇）は法制史家であり東大法学部長も務めている。

真六郎は朝鮮総督府に勤務する植民地官僚であった。一九二〇年代後半に重遠が朝鮮・満州に旅行した際には、新義州の税務署長を務めていた。しかし、殖産局長を最後に退官し、その後は民間人として朝鮮で働き、終戦に際しては日本人世話会の会長として引き揚げを指揮したことで知られている（高崎宗司『植民地朝鮮の日本人』〔岩波新書、二〇〇二〕、加藤聖文『「大日本帝国」崩壊——東アジアの1945年』〔中公新書、二〇〇九〕を参照）。なお、穂積真六郎『わが生涯を朝鮮に』〔友邦協会、一九七四、非売品〕も参照）。その後、参議院議員などを経て友邦協会を設立し、日韓交流に尽力した。

真六郎は興味深い人物であり、彼自身が評伝の対象となりうる人物である。しかしここでは、「父を語る」という彼の一文を紹介するにとどめよう。「私が小学の時当時私共が崇拝した一高流の蛮風を発揮して大学の小供競争にシヤツと猿股丈で出場し学習院の公達を圧倒して帰って来ましたら、父は賞品などに眼もくれず『徒に異を衒って自ら高しとするのは大変な悪徳である。世間並に振る舞いつつ而も社会全体を善導する心懸を養わなければいけない』と懇々と諭されました。」（『国民』六二五号、一九五三、一四頁）重遠と真六郎とは形は違うものの、陳重のいう「社会全体の善導」に尽力したということができる。

玲子による重遠像（穂積重行氏提供）

玲子の見た重遠

最後の登場人物は重行の妻・玲子である。陳重が重遠・律之助の若妻であった仲子・季子にそうしたように、重遠もまた重行の妻・玲子に親しく接した。終戦直後、仲子に宛てて書かれた手紙（一九四五年九月一四日付）には次のような記述が見出される。

「この物騒な世の中に、留守宅は幸福平穏のこと、さうあるべき筈とは思つてゐるが、安心した。重行の復員、何と申して宜しいやら、当人としては定めし張合抜けのした割り切れぬ気持と思ふが、個人的遺憾など云々すべき時では勿論ない、更にこれよりの本役に突進すべきだ。しかし前途は遼遠、せくことはない、差当りの心身休養が次の文化的戦闘準備、自重自愛せよ。

玲子には心からのおめでたうを言ひたい。玲子の少しも屈託のなささうな晴れやかな笑顔を見て嬉しく思ひながら、心の隅の方で何だかいじらしく感じても居たのだが、これで大安心した。玲子もこれからが本役、二人で精々明朗快活な生き方をして、あたりの敗戦気分を一掃すべし。此間塩原で女子学習院の上甲先生が、穂積さんは実によい選択をなさつたと皆で噂して居ますと言つて居られた。つひニコニコしてしまつた」（『終戦戦後日記』二一一～二一二頁）。

その後も日記には、重行・玲子あるいは仲子・玲子と、時には玲子だけを連れて外出（主として観劇）したという記事が散見される。興味深いのは次の記述である。「玲子筆肖像完成につき文房堂に同道、額ぶち調成」（一九五〇年四月六日、二七三頁）。玲子は若いころから絵が好きだったようで、戦後の穂積邸（焼け残った部分）のスケッチから始まって、今日に至るまでたくさんの作品を残している。その中の一枚が重遠肖像である。また、日常の重遠を捉えたスケッチも残されており、玲子の側からの親しみが感じられる。重遠が玲子を相手に「三字経」や「論語」を講じていたことは前述の通りである。

三人の子どもたち

重遠の弟・律之助が海軍の技術者であったことは、すでに述べた通りであるが、全体としては穂積の家は文系の学問の家である。そこで重遠は、穂積の家に理系の血を入れようと考えていた節もある。三人の子どもたちの配偶者はいずれも理科系に属する。前述の玲子は、テレビ開発に従事した技術者・浅尾荘一郎の娘であり、自身もキュリー夫人のようになりたかったという。また、長女・和歌子は交通工学者・八十島義之助と、二女・美代子は医師の岩佐潔と、それぞれ結婚させている。

もっとも、「お子様方のご縁組は」と問われて、重遠は「一般の方針にはできまいが、うちは伜と娘の年工合がちょうどいいので、伜の嫁は二人の娘の友達の中から娘達に選ばせる。無論本人が選べばそれでもいいが、また娘の婿は伜の友達からという方針です」（平林たい子「穂積重遠博士夫妻」『夫婦めぐり』四〇頁）と答えているので、偶然の結果かもしれない。ちなみに、重遠・仲子の結婚は、石黒家（石黒忠篤は、重遠の親友で義弟、忠厚の父・忠悳《ただのり》は軍医総監などを歴任、児玉源太郎とは古くからの友人であった）の仲介による。

他方、重行はイギリス史家となり、美代子は国文学者となった。和歌子もまた英語の勉強がしたかったようである。しかし、子どもたち、特に学者になった重行と美代子には、専門を異にはするものの、重遠の影響が感じられる。以下では、再び子どもたち――重行と美代子――の話に戻り、彼らのその後と重遠の関係を考えてみよう。

重行と教育再興

重行は旧制一高から東京帝国大学文学部に進学し、出征中の一九四四年に卒業したようである。もともとは法学部で政治学あるいは政治史を勉強しようと考えていたようだが、法学部への進学ができず、文学部でイギリス史を専攻することとなった。重行自身によれば「一高の仲間の中では穂積が法学部をおっこちたということで少しは衝撃を与えたらしいですよ。しかしそれで私は好きな歴史をやる。西洋史をやろうと思いました」（渋沢史料館『穂積重行氏オーラルヒストリー』六七〜六八頁）というわけである。

この経緯については、（やや正確さを欠くが）別の証言もある。「重行君も非常な秀才で一高では一番の成績で東大の法学部に入れば親子三代東大教授となれる順序であったが、一高の一番は幹事になる慣例で、世話と雑用が多いので東大に入学出来ない人もある、と云ふことがこれ又慣例になっている。重行君は先生が法学部長であり乍ら東大は不首尾で、来年もう一度受けるか、京都に行くかと、その去就は天下の視聴を集めて居ったが、遂に東大の仏文を撰ばれたといふことである。そこで現在は教育大学の講師をして居られるそうである。三代目が東大に入れなかったことは先生としては口惜しいことであったに違いないが先生は例の通り淡々として、『お前は教育大学に行って教育の総元締として御奉公しなさい。道義の低下した日本の債権は何よりも先づ国民教育が一番必要なのであるのだ。』と訓へられたそうである」（浦田関太郎「穂積重遠先生を憶う」『法曹公論』五二巻四号、一九五一、二八頁）。

確かに重遠は教育を重視していた。戦後の多忙の中、多数の啓蒙書を世に送ったのはそのためであった。その意味で重行は、重遠の教育に対する関心を純化した形で引き継ぐことになったと言うこともできるだろう。

なお、重行の著書の一つに『産業革命』（至文堂、一九六二）があるが、「産業革命」という語を最初に用いたのは、セツルメントの源流となったトインビー・ホールのトインビーであった。何かの因縁というべきだろう。

美代子と女性文学

岩佐美代子が研究者としての道を歩み始めるまでには、紆余曲折があった。学生時代に久松潜一（一八九四〜一九七六。国文学者）から教わった永福門院の歌を勉強したいと思い、久松の家を訪れたのが一九六二年（美代子三六歳）、最初の著書『京極派歌人の研究』を出版したのが一九七四年（四八歳）、大学の常勤職についたは一九八二年（五六歳）のことであった。以後、多くの著書を世に送り、八五歳になった二〇一一年にも新著を公刊している。

主たる研究対象は、南北朝時代の北朝に連なる歌人グループやこれともかかわる女性日記文学である。そこには、失われたものの回復を願う気持ちや変化する女性の生き方に対する関心が伏在するようであるが、専門外のことゆえ深くは立ち入ることはできない。ここではむしろ、美代子が述べる研究への心構えに触れておきたい。

一つは、「女の視点で見る」（岩田編『岩佐美代子の眼』一九九頁）ということである。女性の視点が新しいものをもたらすというのは重遠の考え方でもあった。美代子は、家庭内での重遠が、娘は従順にと、いう態度を見せていたことを率直に批判をしつつも、彼が女性の権利のための主張をしていたことを正当に評価している。他方で「夫に対しても、仕事仲間に対しても、こびないで、女らしさは失わないで、上手にきちんとものを言い、教育して、自分の考えなり、要求なりをわからせていく努力が必要」（二〇九〜二一〇頁）だとしている。重遠譲りの漸進的な、しかし積極的な考え方であると言えよう。

もう一つは、「この道一筋ではなく」ということである。美代子は「一つのことを一生懸命やっているのが、いいように思われがちだけど、そうじゃない」（一九一頁）と何度も繰り返し述べている。「つまらないことを知っていることが必要」（二〇一頁）であり、「何でも自由に、面白いなと思って追体験出来るだけの、柔軟な感性と想像力」（一九三〜一九四頁）を養う必要があるという。これはそのまま『有閑法学』の目指す方向と重なり合う。雑学博士と言われた重遠の娘としての面目躍如たるものであろう。

こうして二人の子どもたちは、重遠の子どもにふさわしい人生を歩んで来た。特に、それぞれのキャリアの後半において遭遇した困難は、それぞれが重遠から引き継いだものを、より際だたせることになる。最後に、彼らが直面した二つの事件について述べることにしよう。

教育大学閉学

重行が直面した困難とは、すでに述べたように、教育大学の閉学問題であった。一〇〇年の歴史を有する教育大学（むしろ高等師範学校）が、この国から失われたことの意味は大きい。「政府がとった処置の一つが東京教育大学の閉鎖であった。この大学は、日本の高等教育の指導的機関の一つであっただけでなく、その教授陣には、日本の最も急進的な知識人が含まれていた。この大学の閉鎖後、そのなかの穏健なスタッフは、新しく設けられた国立筑波大学に就職していった」（ウィリアム・K・カミングス（友田泰正訳）『ニッポンの学校』〈サイマル出版会、一九八一〉七三頁）との指摘もあるが、それにも増して、教員養成という実践的目的を掲げつつ高度の教養教育を行うという独自の学校、重遠の教育の理念にまさに適合した学校が失われたのは、取り返しにつかない損失であった。

特に重行が在職した文学部に関しては、様々な問題があった。まさに文学部こそが「急進的な知識人」の住処であったからである。しかし、ここではその詳細には立ち入らず（家永三郎『東京教育大学文学部――栄光と受難の三〇年』〈現代史出版会、一九七八〉を参照）、閉学問題の最終段階で重行自身が記した文章を紹介するにとどめよう（穂積重行「東京教育大学への挽歌」）。

この文章は、一九七八年に『文藝春秋』（五月号）に発表されたものである。重行は最後の文学部長として閉学の幕引役を勤めたが、最後の年度である七七年度の文学部は「定員ゼロで専任教授一三人」であった。重行は七七年末の新聞記事を引きつつ「我々の気持を、記者が『体よく東大などに転進して行った、かつての仲間へ複雑な思いがこもる』と察してくれているのには、大いに面食らった。…専任として残留することになった一三人が、文学部の『〝葬儀委員〟を自認』せざるをえない立場に立ったとしても、それは『めぐりあわせ』ということなのであって、格別なにか壮烈な気持にかられているわけでもなく、むろんかっこうをつけているわけではない」(九七頁)としている。しかし同時に「全員がおたがいの事情をよく理解しあい、一人の人に負担がかかるすぎないように心を用いながら、かつて抱いた共通の志を大切に、最後の日を迎えようとしてきたことは、やはり大きな力であり救いであった」(同頁)とも述べている。

重行はこうも述べている。「全国から平均的に優秀な『書生たち』が集まってくるといえば、いささか時代がかるが、これも東京高師以来の伝統といえるかもしれない。『東大ほど手ごわくない』などという計算はともあれ、総合大学的な、多彩な内容と人材をもつ、それでいておよそマスプロとは縁の遠い、大学院まで完備したコンパクトな国立大学が東京にあるということは、注目すべき意味を持ったに相違ない。…教育の場としては、言葉を選ばず実感をいえば、まことに手頃な大学であった」(二〇五〜二〇六頁)。

重行は続ける。「そして、『手頃』といえば、当時の政府の側からいっても、教育大学は『手頃』だったのではないか。私が当局者であったとしても、『東大に手をつけるということになると大ごとだが、東京にあるレッキとした国立大学を一にらみにすることができたなら、全国の大学をおさえる上で十分の効果がある』と考えたにちがいない」(二〇六頁)。

そして重行は言う。「私は今まで、わざわざ『閉学』という表むきの言葉をカッコつきで使って来た。しかしこのようなあたりさわりのない言葉で、何が語れるであろうか。それはまさしく『廃学』なのである。東京教育大学は、自己の意志によって『閉じる』のではない。その意志に反して『廃される』のである」（二〇七頁）。この一文の末尾は次のように結ばれている。「あの宝暦の治水の責任をとって自決した平田靱負の辞世　住みなれし　里もいまさら　なごりにて　たちぞわづらふ　美濃の大堰　の一首が、そこはかとなく胸をかすめるのである（昭和五三年三月二〇日記）」（同頁）。

重遠の「大学生活四十年」もまた歌を掲げて結ばれている。「古歌一首卒然として唇頭に蘇へる。引き植ゑし人はうべこと老ひにけれ　松のこだかくなりにけるかな」（『法律時報』二八頁）という歌である。重行はそれを意識したに相違ない。そしてまた重行は、父・重遠が直面した大学問題に、自分のそれを重ね合わせたことだろう。

平成のセクハラ訴訟

重行の困難は仲子存命中の出来事であり、仲子が大いに心配したことはその日記の通りであった。これに対して、美代子の困難は仲子の死後一〇数年を経て立ち現れた。

一連の事件は「清泉女子大学セクハラ事件裁判」と呼ばれる。その経緯については原告が詳しく述べている（秦澄美枝『魂の殺人――清泉女子大学セクハラ事件』〔WAVE出版、二〇〇一〕、同『二次セクハラ清泉女子大学――裁判大学の責務と文科省セクハラ規程』〔社会評論社、二〇〇七〕、同『男女共生社会の大学――文科省セクハラ規程から大学評価へ』〔社会評論社、二〇〇七〕）。

このセクハラ事件は、最初のセクハラに対して大学が被害者を誹謗中傷し雇い止めにしたという二次被害が問題になった事件であった。この事件につき美代子は次のようなかかわりを持つことになった。「私はたまたま縁があって、『秦澄美枝さんを支援する研究者の会』の代表者という形で、平成一二（二〇〇〇）年以来この裁判にかかわりました」（岩田編『岩佐美代子の眼』一四八頁）。

この件についての美代子の見方は面白い。「何によらず困った時に、一番欲しい人は、まずこちらが、『こういう風にして下さい』と言ったら、その通り正確に早くやってくれる人。それともう一つは、黙って入り用な時に、お金を貸してくれる人。それからもう一つ言えば、何でも文句を言わずに、『そうかそうか』と聞いてくれる人ね。だから私、それに徹したの。中でも一番大変だったのは、三番目の件。秦さんから、ご飯食べている最中に電話かかろうと、夜中に電話かかろうと、『今ちょっと』と言わないで話を聞きました。どんな事でも、『それはそうじゃない』と言わないで、『そうかそうか』と言って聞いて」（一五二頁）。

これは美代子自身が言うように、「無責任なようで、実はとても疲れる仕事」（一五三頁）であったろう。しかし彼女は、「私の方がね、ストレスで身体悪くしたら馬鹿馬鹿しいでしょ。だから、秦さんには言わないけれど、弁護士の所に行こうと、裁判所に行こうと、秦さんと『さよなら』と言って別れたら、その途端裁判の事は全部忘れることにしたの」（一五九〜一六〇頁）。このあたりの聞き上手、しかも早い切り換えは重遠譲りであろう。

美代子はこの役割を引き受けたのは「法学者であった祖父や父の志を継ぐ仕事でもあった」（一四

八頁）からであるという。「やっぱり、私だって法律家の娘ですからね。父は最終的には、最高裁の判事やりましたけれども、自分自身としては、そんな裁判官にも弁護士にもなるつもりもなかったけどね。だけど、女性の弁護士を沢山作らなくちゃと考えて、明治大学女子部を作ったんですね。それで、最初の女性の弁護士を何人も出しました」（一五四頁）。ここでも美代子は重遠の娘である。

もっとも次の一言は手厳しい。「正直のところ、かかわった女性弁護士達の質の悪さには、今もがっかりしていますけどね」（一五四頁）。「判例がなくて出来ない、わからない。それでも弁護士としてのプライドなり、主義主張なりがあるわけだから、クライアントのことはかまわず、自分の主義主張でやっちゃうんですね。…裁判官や、向こうの弁護士とより、こっちの弁護士との揉め事の方が、ずっと多かったんです」（一五二頁）というわけである。

重行も美代子も会って話をすると、重遠の子どもたちというのにふさわしい穏やかな人たちである。しかし、困難に直面した際の芯の強さには眼を見張るものがある。これもまた重遠のＤＮＡに潜む隠れた一面なのであろうか。この点に関しては、重遠自身が直面する戦後の困難を語る際に再び考えることになろう。

3 文化人・重遠――『独英観劇日記』『歌舞伎思出話』の周辺

女権拡張に好意的であった重遠に対しては、「穂積は女好き」という揶揄の言葉が投げかけられることがあった。確かに、英国風ジェントルマンの重遠は女性のあしらいも上手であり、ladies'man であることは自他ともに認めるところだった。娘の美代子が「女性にそれほど関心があったかどうか知りませんね。だから母ともお見合いだし」(二六頁)と述べているのは、先の「風評」を意識してのことだろうか。

ロンドンの三浦環

とはいえ、重遠に女性の知人がなかったわけではない。明大女子部で学ぶモガたちに囲まれていたこと、それ以前には平塚らいてうとの交流もあったことなどはすでに述べた通りであるが、らいてうと並ぶビックネームとして、三浦環(一八八四～一九四六)を逸するわけにはいかない。

環は東京音楽学校で勉強し、日本で初めてオペラに出演して評判になったが、一九一三年に医師の三浦政太郎と結婚し、翌一四年、夫とともにドイツに留学、しかし第一次世界大戦が勃発したために、ロンドンに逃れた。そのロンドンで、重遠は三浦夫人としての環と知り合うことになる。

環はロンドンで国際的なデビューをはたし、「マダム・バタフライ」の名をほしいままにするようになる。芝居好きの重遠が、たまたま知り合いになったプリマドンナに好感を抱くのは、ある意味では自然なことであった。『欧米留学日記(一九一二～一九一六年)』のロンドン編には環の名が頻出することになり、後述の『独英観劇日記』（東宝書店、一九四三）にも「三浦環女史」の項目が立てられることになる。環の歌は次のように語られている。「実に感服極まり我を忘れての拍手喝采であった。満場の拍手皆然りと僕は断言する」（一九七頁）。「僕は眞に感服した。而して出雲の御国のわざをぎを見て流涕したる故人の感に堪へなかった」（二〇一頁）。

やや意外なのは、重遠は当初は必ずしも環に対して好意的ではなかったということである。日記には「三浦夫人」であることがまず第一だといった論評が見られる。環の最初の結婚に対する世間の評判（軍人である夫の任地に同行するのを拒んで離婚）を耳にしていたからだろうか。また、環は自転車通学のはしりであり、『魔風恋風』の冒頭の有名なシーン（ヒロインが自転車で登場する）も彼女をモデルにしていると言われるが、こうした振る舞いに対する先入観もあったかもしれない。

しかし次第に、その芸術家としての魅力に引きつけられる。環の歌を聴く機会が増えるに従って、その評価は高くなっていく。もちろん、その人柄にも魅力を感じたことだろう。

戦中の『独英観劇日記』

環と同じ空気を吸って生きたドイツ・イギリス留学時代、重遠は勉学・見学の合間にたくさんの芝居を見てまわった。その様子は日記に詳しく記録されている。もちろん日記には勉学・見学のことも書き込まれているのだが、重遠は観劇記録の部分を取り出して、これを『独英観劇日記』として公刊した。一九四二年のことである。

その演劇に対する関心はあきれるばかりであるが、あきれると言えば、この本を手にした人々は、この非常時に演劇の本かと思ったのではなかろうか。そうした反応が容易に予想されるのにもかかわらず、この時期に『独英観劇日記』を公刊したのはなぜだろうか。はしがきには、東宝の渋沢社長が出せという、とあるが、渋沢社長とは重遠の叔父（しかし重遠よりも年少）にあたる渋沢秀雄のことである。当時は東宝の社長であり、東京宝塚劇場に関係しており、やがて宝塚の社長になる。宝塚劇場が閉鎖・接収されるのは一九四四年のことであるが、重遠は秀雄を通じて、西洋劇に対する風当たりの強さを感じていたのかもしれない。

それにしても、同じ「はしがき」に「芝居の面白い国は、いくさも強い」などという意味不明の言葉を書きつけ、ありうる非難（本人も「御時節柄こんなのんきなものをと御咎めにならないで」と述べている）をかわしてまで、芝居の本を出す必要があったのだろうか。

この点について、次のように考えることはできないか。一つには、非常時にこそ余裕を持とう、重遠はそう言いたかったのではないか。この推測には根拠がないわけではない。後に述べるように、重遠は帝人事件の特別弁護人を務めているが、その弁論の最後では、検察官・弁護人の応酬が殺伐としていて、余裕に欠けることをやんわりと批判している。重遠が何かを批判する時に好んで用いた言葉に「殺風景」というのがあるが、殺風景な世相に一石を投じようということだったと見るのは、行き過ぎであろうか。もう一つとして、シェークスピア劇のレベルにおけるドイツの高さ、イギリスの低さ。外国の文化研究の重要さ、自国の伝統への居直りの危うさを暗に示したかったのではないか。「芝居の面白い国は、いくさも強い」とは、そういうことなのかもしれない。

戦後の『歌舞伎思出話』

戦中の著書に続き、戦後の一九四八年には『歌舞伎思出話』（大河内書店）が公刊されている。社会教育協会の雑誌『国民講座』に連載していたものをもとに、演劇史家・河竹繁俊（一八八九〜一九六七）の助力を得て書き直したものだという。

本書刊行の趣旨につき、重遠は「この時局において私が心うれしく思うのは、歌舞伎復興の気運が著しいことでありますから、その気運に少しなりとも拍車をかけ得ればしあわせと考え（た――筆者註）」（はしがき二頁）としている。ここでいう「復興の気運」は、GHQによる歌舞伎上演禁止が解除されたことを指すものと思われるが、戦後になって一転して、日本の伝統文化が「封建的」とされたことに対して反論したい、という気持ちがあったのであろう。『新訳論語』『新訳孟子』も同じ意図によるものであると言える。

ちなみに東京大空襲で焼けた歌舞伎座は一九五〇年一二月に再建され、翌五一年一月三日にオープンしたが、年明けに病床に伏した重遠はこの劇場に足を運ぶ機会がなかった。彼が知るのは専ら古い歌舞伎座（戦後の歌舞伎座も、現在、再建中であるので、古い古い歌舞伎座）であった。

穂積家と歌舞伎

穂積の家が演劇好き、特に歌舞伎好きであることはよく知られており、『穂積歌子日記1890―1906』にも歌舞伎に関する記事は頻出する。これを資料として使った観劇研究もあるほどである。『歌舞伎思出話』は後年書かれたものではあるが、叙述としてはよりまとまっている。とりわけ冒頭の「観劇家庭教育」の項には、穂積の家の芝居見物の様子がよく描かれている。

二世市川左団次
（『日本人の自伝20　中車芸話・鴈治郎自伝・左団次自伝』より）

「私のうちの観劇は、今日はひまだから一つ芝居を見に行こうか、というような気まぐれの思いつきではなく、計画的であった。すなわち多くの場合一家そろっての観劇で、十日も二週間も前から日を決めて座席を予約し、一同指折りかぞえて当日を待つ。ただ待つのではなく、準備をする。劇場がわでもするように見物がわでも『本読み』をするのである。…その晩は又うちでそばをたべながら劇評をするのが慣例になり、その合評会が三晩も四晩も続く。元来毎晩九時か十時になると、兄弟姉妹、後には嫁たちも両親の居間に集まり、茶を飲み菓子をつまみながらよもやまの雑談をするのが、永年の家風だったが、その場合の話題が結局芝居話に落ちて、思わずよいっぱりをすることが多かった」（三〜五頁）という具合である。

穂積の家の贔屓は二代目左団次だったという。『歌舞伎思出話』も左団次に多くの頁を割いている。「中日ごろまで見に行かないと、『今月は先生（私のことではない、父のこと）の御見物がござりませんが、』という電話がかかって来る」（一七一頁）という話から始まって、同じ二代目としての苦労があるという話を経て、明治末のその洋行の話なども語られている。西洋の演劇に触れた左団次は、芝居の制度改革を提唱する一方で、次々と新作を発表し、かつ、歌舞伎十八番の復興に務めた。その態度は学究的であったという。まさに重遠好みの役者であった。

『歌舞伎思出話』は「天地間一大劇場」の項で結ばれている。康熙帝のこの言葉は重遠の好きな言葉であった。重遠によれば「われわれの生活は実際に劇的であり、その反面芝居を観ることはわれわれの生活の反省となる。その意味で私は観劇は教育だと言いたい。私のうちでは観劇が家庭教育だと申したが、観劇はさらに進んで社会教育たるべきである」(三〇六~三〇七頁)。それは「武士道鼓舞」とか「国民精神作興」というような意味ではない。「芝居は結局人の世を写した明鏡なのであるから、観劇によって自身にも体験のある又は自身にはまだその機会のない人生を客観し、喜怒哀楽の人情を味わい、正邪曲直の人格に接し、善悪美醜の情景に触れることは、個性をゆたかにし社会性を養うゆえんであ(る――筆者註)」(三〇七頁)というのである。

百人一首コレクション

歌舞伎と並んで、重遠が玄人顔負けの関心を寄せたものとして、百人一首のコレクションがある。惜しいことに戦災で焼失してしまい、いまは目録(「小倉百人一首類書目録(穂積書屋(穂積重遠先生)所蔵)」大正一二年一二月三一日調。仲子が昭和四五年に清書したものが残存)が残るのみである。

重遠自身がこのコレクションに触れた文章として、「百人一首の発売禁止」「法令書式要覧付百人一首」(いずれも『有閑法学』所収)がある。そこには「僕は忙中有閑の一事業として百人一首類の万集をして居る」(六六頁)と書かれており、「今では千種以上の小倉百人一首・変り百人一首・百人一詩扨ては一人百首の類が集まって居る」(同頁)と記されている。

歌好きの重遠が百人一首を集めるのはさほど不思議なことではない。しかし、その動機は次の点にありそうである。「元来徳川末期の百人一首本には節用即ち家庭百科辞書式のものが多かった。…ところが明治になると、節用百人一首も当時の所謂文明開化式に進化してきた。明治十三年半の『民間至宝明治新百人一首』…を見ると、明治初年の制度や社会状態や思想の一端がわかり、又当時の人々が新制度に適応し新文明を吸収しようとした熱心さが窺へて、興味がある」（六八〜六九頁）。「物が物だから法律に関係のあるものは極めて少ない」（六六頁）としつつも、重遠は、時代の制度・風俗・思潮を現す資料として各種の百人一首を収集していたのである。もちろん当然ながら、文学の観点からの関心も持っていたではあろう。

古川柳法律学

重遠は短歌だけでなく川柳や江戸笑話にも関心を寄せている。「古川柳法律学」という一文があるようだが未見なので、ここではやはり『有閑法学』を見ると、「法律川柳二十五句」「法律家が笑話集を読んで」の二編が収められている。前者は新刊の川柳集を「好読物と早速に手に取った」（二三五頁）ところ「例の癖で法律問題に関係のありさうな川柳が目に着く」（同頁）という話、後者は「なぜ法律と云へばああ七むづかしく説かねばならぬのだろうかと云ふ感に堪へない。一つ川柳や笑話交りに法律論をして見たいと云ふ道楽気が起る。取敢ず江戸時代の笑話を使って法律談を試みる」（二八九〜二九〇頁）というわけである。

たとえば「雪」という話。「小僧よ、庭の雪はどれ程積つた。物さしでさして来い。小僧口小言を言ひ言ひさして来る。どうだ知れたか。あい、深さは一尺と五寸、幅は知れませぬ」（三〇七頁）。重遠は次のように言う。「此話の様に、雪の深さが一尺五寸であることを究めると同時に、其下に深い大地があることを知らねばならぬが、更に広々とした雪の『幅』を見渡さなくては、銀世界の美を語ることは出来ない。法律を法律として―殊に一民法典なら一民法典だけを―研究するのは比較的むづかしいことではないが、法律を社会現象として広々と見渡さなくては、法律の真の美しさは知り得ない。しかしそれは中々以て『小僧の物さし』で即座にはかれるやうな生やさしいことではないので、気永に研究を積んで結果を待たねばならぬ」（三〇七～三〇八頁）。

重遠の歌日記

重遠は自身も歌を詠む。折りにふれて書き残されてきた歌の何首かはこれまでにも紹介してきた。晩年には皇太子の作歌指導を歌人・川田順（一八八二～一九六六）に依頼するとともに、自らも歌を見てもらっていたようである。その巧拙は素人には判断がつかないが、娘の岩佐美代子はあまりうまくはないと評する。近親者の謙遜を割り引く必要があるが、むしろ美代子はうまさを問題にしてはいないと見るべきだろう。

すでに言及したように、重遠の母・歌子には一九二八年の一年を歌で記録した『歌日記』がある。美代子はこの日記につき、「かくも昔風の素人歌人に、上述のような激動の同時代史を詠ずる事ができるとは想像し難い」としつつ、「しかしそれが、できたのである。そこに、近代短歌とは異なる『和歌』の特性があり、面白みもある」（岩佐美代子「近代と和歌――穂積歌子昭和三年『歌日記』二七七頁）とする。「もし歌子が、曲がりなりにも近代短歌作者の末席に名を連ねる者であったなら、そもそもこのような日々詠は到底息が続かなかったであろう…。そこに私は、祖母の歌の才能をではなく、…一見古風、不自由に見えながら案外新しく自由でもあり得た伝統和歌の力、それを支えた長い都市文化の蓄積の力を感ずる」（二九六頁）というのである。

おそらくは重遠にも同様のことが言えるのであろう。その歌はそれ自体が孤立して作品としての評価を受けるような次元に立つものではなく、先のような和歌の伝統に連なるものであったと見るべきなのだろう。

実際のところ、戦後の重遠は母・歌子さながらに「歌日記」を残している。たとえば、一九四八年一月四日から一〇日まで、東宮大夫であった重遠は皇太子（明仁親王）の房総行啓に随行している。その際の記録は一〇〇首の歌の形をとって日記に書き留められ、後に「房総行啓歌日記百首」と題する刷物にまとめられて献上されている。「冬知らぬ南の国のみ旅立ちおんみちびきの朝日かゞよふ」（一）から始まり、「始めあり終りありけり小金井に着きたまふとき夕日はなやか」（一〇〇）に終わる旅日記・歌日記は、まさに定型に従うことによって書き継がれている。

もっとも、「去りあへず岡をくだりて近づかす皇子をめぐりて喜ぶもろ声」「おめでとことことほぐもありさよならと送る子もありなごやかどよみ」「御通りの道ふさがじと前の子ら手組み足踏みそりかへりたる」「皇子も同じ若人にませば必ずや一つ心の通ひたまはむ」「おんあとに従へるわれ老い人の何とは知らず涙こぼる、」（九三〜九七）と続く歌を読むと、重遠が伝えようとしたものが浮かび上がらないではない。しかし、皇太子（より広く皇室）に対する重遠のとらえ方についてはより詳しく検討する必要があるが、それは次章の課題の一つとなる。

山本鼎
（上田市山本鼎記念館提供）

「自由画と自由法」

絵画についても触れておこう。ここでは「自由画と自由法」という一文に注目したい。「法学入門」（『判例百話』所収）の一八項目のうちの一項目をなすものである。

ここで重遠は、旧友・山本鼎から贈られた『自由画教育』に即して次のように説く。「自由法論についても丁度旧式な教育家が自由画に対してもつ様な誤解をもつ人があるかも知れない。自由画が画法の無視でないと同じく、自由法論は法律の無視でないこと云ふまでもない。自由画が実は最も忠実なる写生であると等しく、自由法は『科学的自由探究』による『事物の本性』に基づく『法律の発見』である。自由と云ふのは従来の概念的な考へ方に対しての自由である。これはかうあれはああと概括予断してしまはずに、本当のところをつかまへやうと云ふのであつて、『自由』即ち『忠実』である。…花瓶は斯う描くべきものと決め込んではしまつてはいけないが、丸形の花瓶を角形に描いてもよいと云ふのではない。其花瓶がどう云ふ背景の前に置いてあつてどちらからどう云ふ光線が当つてどう見えると云ふ所を描かうと云ふのである」（四四〜四五頁）。

この後には、「法律の研究と云ふのは結局社会現象の観察である。それ故法文を読んだだけではまだ法律を知り得たとは云へないが、法文の存在其ものが又顕著な社会現象なのだから、それを無視しては社会現象の観察にならない。法律を学ぶ人は先づ社会現象としての法律を忠実に写生することを学ぶできだろう」（四五〜四六頁）という持論が続く。

興味深いのは、山本鼎の名が現れ、絵画との対比で法が語られていることである。もちろん山本との交友が背後にある。ちなみに、山本の母親は穂積の家で女中として働いていたことがあるという。もっとも、重遠の側に絵画への関心がなければ、このような文章は生まれまい。

重遠の絵画への関心を直接に示す文章は多くない。しかし重遠は、重行の妻・玲子が盛んに描くスケッチや油絵に対して好意をもって対応しており、鼎以外の画家とのつきあいもなかったわけではない。若い頃には、家族の中で絵を描いて遊んでもいたようである。ちなみに、穂積の家では家族で茶番劇（素人劇）をすることもあったらしい。

通俗文学への愛好

重遠は、「文学」にも強い興味を抱いていた。その関心の中心は中国の古典や江戸期の読本にあった。特に『三国志』や『八犬伝』が好きだったようであり、子どもたちにもよく読み聞かせていたという。

こうした通俗文学への愛好は重遠の教養の基礎をなしている。三国志の愛好は「結局私がすきだったのは、世話物の江戸っ子よりもむしろ、『なまじめ』のかつらに織物の上下という時代な武士の役だった」（『歌舞伎思出話』一五八頁）という歌舞伎の演目の好みとも合致していた。また、「仁・義・礼・智・忠・信・孝・悌」を掲げる八犬伝が、論語を愛する重遠の好むところであったのは、ごく自然なことであろう。娘の岩佐美代子はこうした教養によって立つ教育を「古い教育」と評した。美代子自身、新しいものに与するつもりは毛頭なさそうだが、「新しい教育」を求める人々からは排除の対象とされてしまう、という趣旨だろう。

他方、重遠の近代文学への関心はそれほど強くはない。ディケンズや漱石の作品に触れることはあるとしても、ごく一般的な言及にとどまる。それゆえ、近代的な個人の悩みが語られることはほとんどないと言ってよい。

もちろん、近代以前にも個人の悩みは文学の主題とならなかったわけではない。同じ歌舞伎であっても『曽根崎心中』『心中天網島』『女殺油地獄』など一連の近松作品を見れば明らかである。しかし、重遠は世話物はそれほど好きではなく、陳重・歌子も子どもたちに世話物をあまり見せなかったため、『白波五人男』(弁天小僧)をはじめ五代目菊五郎の記憶はそれほど鮮明でなかったという。

西洋劇に関しても、評価の基準は基本的には変わらない。たとえば、欧米留学中に重遠は、二度、ビゼーの『カルメン』を見ている。しかし、重遠はこれを「極く軽い、謂はば世話物だ」(『独英観劇日記』二八頁)とし「要するにかういふ二番目式、新派式、三面記事式のものはオペラには向かぬ」(三七頁)と述べている。二度目もまた「筋も音楽も俗受け過ぎて、僕にはどうもオペラの上乗なるものとは思へない」(一三一頁)とすげない。もっとも、プッチーニの『ラ・ボヘーム』については、「二番目式オペラ」(二六〇頁)と呼びつつも、「意外に面白かった」「やはりオペラはいいね」(二六四頁)と評している。なお、シェークスピアについて言えば、法律家にはなじみの『ヴェニスの商人』のほか、史劇・喜劇を中心に見ており、四大悲劇のうちの『マクベス』や『オセロ』は見ていないようである。こうした嗜好が何を意味するのか、この点に関しては本節の最後に一言したい。

朝鮮文化への関心

重遠は、日本・中国の伝統文化のみならず朝鮮の文化にも関心を寄せている。重遠は二度（厳密には三度）朝鮮を訪れており、その文化を高く評価していた。たとえば、仏国寺の石仏につき日記には「實に豫想以上の大したものだ。海抜一千八百尺の山上に大石窟を築き、台座共一丈五尺の石佛を安置し、石窟の入口と周壁とに諸天諸菩薩諸羅漢を浮彫にしたので、本尊の荘厳、諸天の勇壮、諸羅漢の怪奇、諸菩薩の端麗、實にこんな美事な石彫は今まで見たことがない。千何百年前の朝鮮人は實に大したものと唯々尊敬の念に打たれる」（一九二五年八月一日『終戦戦後日記（一九四五〜五〇年）』付録1、四〇四頁）と述べられ、「美しく斯くも尊き御佛を　石もて人の刻めりと云ふか」の一首が添えられている。

なかでも「古楽」に関しては「激賞」している。本人が言うように、「孔子様の喜ばれた先王の楽」としてこれを受けとめている。代表的な五曲を聴いたようだが、「五曲それぞれ趣を異にし、第一は厳粛、第二は幽玄、第三は荘重、第四は雄大、第五は艶麗、いずれも西洋楽のシンフォニーに匹敵すべき立派な曲であった」と評している。「單調」「亡國的」という批判はいずれもあたらず、「古楽の保存は李王家のみに押附けて置くべきでない。國寶として國家がモット力を入れねばならぬ」（八月四日、四〇八頁）とまで述べている。

聖書を読み、フランス語を学ぶ

ここで一つ付け加えておくことがある。それは重遠が「聖書」を重視していたことである。戦後、重遠はラジオ番組のインタビューに応じて、愛読書は「万葉集」と「論語」、そして「聖書」であると答えている。確かに戦前戦後を通じて、聖書は繰り返し読んでいたようであるし、聖書を題材とした論文や教科書中での聖書への言及も少なくない。もっとも、この場合の「聖書」は教典ではなく、ヨーロッパの社会習俗を現す文学作品として受けとめられていたようである。

さらに言えば、重遠はフランスに対して強い愛着を抱き続けた。フランス語は大学時代に独学で始めたが、娘の美代子によると、戦時中にもラジオでフランス語を勉強していたという。ただしここでも、その関心は社会に対する関心であった。重遠がフランスの小説を読んだかがどうかは定かではないが、仮に読んだとしても、バルザックやゾラの社会小説が中心であり、たとえば『ボヴァリー夫人』のような恋愛小説が関心の対象となったとは考えにくい。

趣味か文芸か

総じて見ると、オペラや聖書に対する関心を別にすれば、「劇」、「詩」、「画」、「文」、「楽」に展開する重遠の教養は東洋的な色彩を色濃く帯びている。それは「文人」の「趣味」というべきものであり、「知識人」が拠り所とする「文芸」ではない。言い換えれば、趣味の良さはあるものの、個と個とがぶつかり合う狂おしい恋愛とは無縁であるように思われるのである。

これは、重遠を評価する場合に避けては通れない点である。彼は「社会の指導的立場」にある者として、国家社会に対して責任ある行動をとろうとする。それは必然的に、体制内的な、改良主義的な立場へと繋がることになる。そこには、国家を敵に回し、社会に背を向けること、体制から距離をとる、もっと言えば、秩序の外に飛び出してしまうような姿勢は見られない。

実はこの問題は、公民教育の問題ともかかわる。フランス第三共和制の市民教育は「共和国」を担う市民を育成しようとした。その意味で非常に政治色の強い教育が展開された。この点はある意味では今日も変わらない。これに対して、戦前日本の公民教育は結局のところは「小国民」の育成に帰着することになった。そしてそのことが今日では批判的な文脈で語られる。しかし、フランスの市民教育と戦前日本の小国民教育の間に、一方が善であり他方が悪であるというような単純な線を引くことができるのだろうか。答えは否であろう。

それにもかかわらず、フランスと戦前日本とを分かつものがあるとしたら、それは何か。おそらくは「文芸」（さらには「哲学」）の教育であろう。国家社会の内部にあって、積極的にこれに参加する「市民」（小国民）であるとともに、一人の「人間」として現在の体制から距離をとって、批判的な判断を下せること。（「哲学」を含む）「文芸」の伝統なしには、これは不可能であろう。戦前日本には、特に重遠の世代までの法学者たちには、このような伝統が欠けていた、あるいは希薄であったのではないか。

谷崎潤一郎をめぐって

ただ、そう断じてよいものか否か。なお、考えるべき問題が残されている。それは、谷崎潤一郎をどう評価するかという問題である。本人も何度か述べているように、重遠は谷崎を高く評価していた。この点は、娘の美代子も述べるところである。問題はその理由である。まず重遠は、谷崎の文体上の工夫に共感を表す。「谷崎氏が口語文に於ける語尾の苦心を説いて居られるのには、全く同感である」（「はなしするごとく」『有閑法学』所収）と。さらに、その作品のうち『吉野葛』『芦刈』『少将滋幹の母』などを好んだという。『痴人の愛』や『卍』などは退けられたし、戦後の『鍵』や『瘋癲老人日記』は重遠の知るところではなかった。

「文章も強烈なる色彩と芳香を消して古典的なものに近づき、氏の作家的関心は日本的な女性美や趣味生活に移行している」（『吉野葛・盲目物語』新潮文庫、一九五一、解説〔三〇六頁〕）。井上靖がそう評した『吉野葛』は、確かに重遠の趣味にあうように思われる。現代における谷崎研究の第一人者・千葉俊二の言うように、「『吉野葛』はたくみに構成された、美しい作品である」（『吉野葛・蘆刈』岩波文庫、一九五〇、解説〔一六一頁〕）。この点も重遠が高く評価した点であろう。

しかし、それだけだろうか。谷崎という作家には一筋縄ではいかないところがある。最近、ある文芸評論家は次のように述べている。「ばかばかしさと紙一重の地点に立ってあくまで『他なるもの』『異なるもの』をめざし続けた若き谷崎の、健気ともあっぱれともいうべき探求」（野崎歓『谷崎潤一郎と異国の言語』人文書院、二〇〇三、八〜九頁）、「日本回帰とは、異なるものへの憧れが自己を他者として作りかえてしまうための跳躍台として働く、谷崎的なエキゾティシズムの新たな一段階にほかならない」（一三頁）と。また、少し前に近代派の長老作家は次のように述べていた。「要するに革命は来ない、自分の文学地盤は確実であると、関西ブルジョワジーが教えてくれた。…谷崎さんは、自分の文学が開花するということを信じていたと思う。東京と大阪、京都が非常に近代になっていても、まだ別だということがね」。「関西では、二・二六事件でも何でも、東京で起こったこと。日本じゃないという意識もある。谷崎さんは、ずいぶんそれを利用して『細雪』を書いている」（井上ひさし・小森陽一編『座談会昭和文学史　第一巻』（集英社、二〇〇三）中の中村真一郎発言。一七二～一七三頁、一八一頁）。

谷崎の核心にあるセクシュアリティの問題をさしあたりは括弧に入れるとしても、東京＝日本に同化しつくされない部分が谷崎には厳然と存在する。このことを重遠は、どう感じとっていたのか。さらに検討を要する問題である。

第五章　新生にむけて——いまこそ、われらの法を（一九四五〜五一）

一九四四年三月九日から一〇日にかけて東京は大空襲を受け、下町の大部分が灰燼に帰した。その際に払方の穂積邸も被災し、洋館の一部を残した焼失した。それまでとは質の異なる激しい攻撃を受けて、首都の住民たちは敗色が濃厚であることを実感したことだろう。終戦まであと五ヶ月というころである。

奇しくも三月九日に法学部長となっていた南原繁は、月末から四月、五月にかけて高木八尺（一八八九〜一九八四）（友人・木戸幸一に働きかけた）らとともに終戦工作を行った。この工作に関与したのは七人の法学部教授たちであったが、その中の一人が我妻栄である。我妻はすでにこのころ終戦を見越して、その後のことも考えていたに違いない。

そんなある日、たとえば初夏の夕方に、我妻は末弘とともに、名誉教授となった重遠と顔を合わせた。日付も場所も特定できないが、三教授は戦後の立法について意見を交換したものと思われる。我妻の没後、加藤一郎は次のように述べている（「座談会・我妻栄先生をしのぶ」『特集・我妻法学の足跡』『ジュリスト』臨時増刊五六三号、一九七四）。

「まず、終戦のときに、東大には民法の教授として末弘厳太郎、我妻栄、名誉教授として穂積重遠と、三先生がおられたわけですが、三人の間で相談して、我妻先生は土地問題、農地問題、末弘先生は労働関係、穂積先生は家族関係というように、一応分担して戦後の改革に取り組んだという話を、我妻先生から伺ったことがあります。もっとも、穂積先生は東宮大夫から最高裁判事になられたので、家族法も我妻先生がやられることになりましたが」（一〇四頁）。

加藤が述べるように、この分担は変更を迫られることになった。「穂積先生は東宮大夫から最高裁判事になられ」（同頁）、最高裁在職中の一九五一年七月二九日に逝去したからである。以下においては、重遠が東宮大夫として（第一節）、続いて最高裁判事として（第二節）、「戦後」を生きることになった経緯を辿ることにしよう。

1　大夫・重遠――「任重く、道遠し」

葉山の照宮

一九四五年八月、重遠は東宮大夫・東宮侍従長に就任した。東宮大夫とは宮内省（現・宮内庁）に設置された東宮職の長であるが、東宮職は皇太子に関する事務を所管する。東宮侍従長は皇太子の側近として仕える東宮侍従の長である。

重遠がこのような役職に就くに至った背後には、いくつかの事情が存在する。その一つは以前からの皇室との関係であるであるが、その発端は、娘・美代子が四歳になる年から、昭和天皇の第一皇女・照宮の「お遊び相手」に選ばれたことに遡る（岩佐美代子『宮廷の春秋――歌がたり女房がたり』岩波書店、一九九八）。具体的には、一九三〇年五月二三日に、週二回学習院幼稚園児一〇名とともに新宿御苑・浜離宮御苑（重遠の別荘も葉山にあった）で照宮に遊戯をさせることとされ、同年六月三日から実行された。美代子は他の園児とともに夏休み前に四、五回、参苑している。さらに夏休みには、葉山御用邸（重遠の別荘も葉山にあった）での「お相手」が続く。この時には美代子宛の辞令も交付されたらしい。

最初の御用邸参入につき、歌子の日記（未刊部分）には次のように記されているという。「美代子御用邸参入に付早く支度して待つ。九時前御迎ひの自動車、中山本多両小令嬢乗せ街道に来たれりとて、御迎ひの役人来りしかば、仲子等道まで送り行く。三嬢共大にすまして乗り行きしよし。御示しにより海水浴着携帯せし故、照宮様御供にて海岸に御出になるならんとて、重遠仲子和歌子（姉）一色海岸に行きて見る。御茶屋北側崖下に御出まし、御遊びあるをはるかに拝す。美代子の海水着、遠方よりはっきり見えたるよし」（岩佐『宮廷の春秋』五三頁）。

その後も美代子は照宮の御学友として少女期を過ごすことになるが、そ

葉山一色海岸（著者撮影）

の詳細には立ち入らない。ここでは、先の「お相手」の件を差配したのが、当時の侍従次長兼皇后宮大夫・河井弥八（一八七七〜一九六〇）であったこと、その河井は翌一九三一年には帝室会計審査局長官に転出するが、後任となったのが広幡忠隆侯爵（一八八四〜一九六一）であったことを付記しておく。

皇后へのご進講

その後、広幡からの依頼によるのだろうか、重遠は皇后・皇太后へのご進講をするようになる。美代子の話によると、毎週水曜日のご進講のために、重遠は苦心して適切な話題を探していたという。ご進講は一九三三年ころに始まり、四四年ころまで続いていたようである。

戦前のご進講との関係で、次の二点を注記しておく。一つめは、皇后が、重遠のことをどう見ていたかである。皇后が皇太子に宛てた一九四五年八月三〇日付の手紙には、次のようなくだりがある。「東宮さんも　このたびは東宮職が出来て　大夫はじめが　そろつて　おつとめするやうになつたことを　心からおよろこびします　穂積はご承知でせうが、東宮さんがお生まれになる前から　毎週一度ずつ　いろいろのおはなしをして　きかせもらつていました　いいおはなしをいろいろしてもらつたらいいでせう」（橋本明『平成の天皇』文藝春秋、一九八九、三一九頁）。

もう一つは、重遠は天皇にもご進講をしたことがあったということである。その回数などは不明であるが、一つの記録として「ギールケ著『独逸団体法論』に就て」と題するパンフレットが残されているが、その内扉には「昭和十一年一月十四日　御講書始御儀に於て　穂積重遠謹講」と付記され、赤字のマル秘印が押されている。「謹んでオットー・フリードリヒ・フォン・ギールケ著『独逸団体法論』巻頭の一句「人の人たる所以は人と人との結合に在り。」に就き進講し奉る。」（ドイツ語部分は省略）と説き起こされ、「国際間に処しては公明正大、日本あるが故に世界平安に人類向上するの実を挙げ、以て聖恩の万一に報ひ奉らん。」と結ばれているこのご進講の内容については第三章で一言したが（本書一五六〜一五七頁参照）、天皇その人もまた重遠を見知っていたわけである。

「重遠ならよし」

このことは東宮大夫就任の経緯にも影響を及ぼしている。戦後の重遠の日記は次のようにして始まる（『終戦戦後日記（一九四五〜五〇年）』。なお、東宮大夫時代の日記原本は、当時の重遠にしては異例のカタカナ書きだが、上掲書によりひらがな書きで引用する）。

「昭和二十年八月七日（火）午前九時、石渡宮内大臣来訪、今般東宮職御設置に付き貴殿に東宮太夫仰附らるべき御内意なり、尚、明年四月御学問所御開設の御予定にて、其総裁をも兼ねしめらるべき思召なり、実は右人選の御下命ありたるにつき、木戸内大臣・廣幡皇后宮太夫と協議の上貴殿を適任と認め、『穂積と考え居ります』と奏上したるところ、『穂積とは重遠か、彼ならば宜し。』との御言葉もありたる次第なれば、謹んで御承あれ。とのことにて、詳細に銓衡事情を語らる。実に意外の御沙汰、感激恐懼の外なし」（二頁）。

重遠は一日の猶予を求め、親類総代としての渋沢敬三（当時は日銀総裁、後に蔵相）に相談したが、敬三の助言もあってその日のうちにこれを受諾している。日記は次のように述べている。「この皇国の将来につき至高最重要の職責を微力を以て果し得る自信は絶対になけれども、卑名既に天聴に達して恐入りたる御言葉まで賜りたりと承るに於ては、畢竟彼是申上ぐべき筋合にあらず、残年を此一大事に捧げ、万事を抛ち全力を尽して奉仕致し、聖恩に報い奉らんと決心したる次第なり。且は亡き両

木戸幸一
（『最後の内大臣 木戸幸一』より）

親が如何計りか有難く思わんと考えたることも、決意を強めたる一因なり」（二一～三頁）。

その後、八月一〇日に宮内省で辞令交付を受け、続いて天皇・皇后に拝謁。一二日午後には皇太子が学習院の同級生たちと疎開していた日光に向かっている。この間、八月六日には広島に、九日には長崎に原爆が投下され、同じく九日にはソ連が不可侵条約を破棄して満州に攻め込んでいる。政府は九日夜から一〇日にかけての御前会議でポツダム宣言受諾を決めているが、もちろん国民はそのことを知らない。美代子によれば、重遠が東宮大夫に就任するとの新聞記事に接して、終戦が近いと感じた人も多かったという。

木戸・広幡との関係

日記の引用箇所に示されているように、東宮大夫就任の要請は六月に宮内大臣になったばかりの石渡荘太郎（一八九一～一九五〇）によって伝えられたが、石渡は内大臣の木戸幸一、皇后宮大夫の広幡忠隆と相談してこの人選を行ったとしている。この人選の経緯は不明であるが、次のように考えられる。

まず第一に、石渡自身の宮相就任についてであるが、これは前宮相の松平恒雄（一八七七～一九四九。後に参議院議長）が皇居被災の責任をとって辞任を申し出たことに端を発する。木戸はこの申し出を受けて、広幡や当時の鈴木貫太郎首相・東郷茂徳外相と協議している。その際の要点は、日本国内で強硬派が穏健派を制圧しているとアメリカが受けとめるのではないかという点にあった。最終的にこの懸念を払拭し、木戸は天皇に石渡の起用を言上するに至る。以後、木戸は石渡と緊密な連絡をとりながら、終戦に向かうことになる（木戸日記研究会『木戸幸一日記　下巻』東京大学出版会、一九六六）。

次に重遠の起用については、木戸日記に次のような記録が残されている。「四時、石渡宮相来室、東宮職設定、大夫人選等につき協議す」（七月三〇日）、「四時、宮相来室、面談」（八月三日）、「十二時半、石渡宮相来室、東宮大夫人選につき相談す」（八月四日）（以上、『木戸幸一日記　下』一二三二頁、一二二二頁）。この記録の中には、広幡の名は現れないが、木戸と広幡の関係、重遠とこの二人との関係を考えると、木戸・石渡と広幡の間には当然了解があったことであろう。

重遠と木戸との関係については以前に触れた。この二人の妻はいずれも児玉源太郎の娘である。つまり重遠と木戸とは義兄弟にあたる。重遠と広幡の関係はもう少し複雑である。仲子の兄・児玉秀雄の娘婿・児玉忠康が広幡忠隆の実弟にあたるという関係にある。関係はやや遠いが、重遠自身や美代子が皇太后職と関係を持っていたこともあり、よく知った間柄であったろう。次に、木戸と広幡との関係であるが、先のような次第でこの二人の間にも親族関係が存在するが、それだけではなく、二人は一九二二年（大正一一年）に結成された「十一会」に所属していた。「十一会」は敗戦まで続いた革新派華族たちの政治研究グループであり、二人のほかに近衛文麿や有馬頼寧（一八八四〜一九五七）、あるいは原田熊雄（一八八八〜一九四六）、松平康昌（一八九三〜一九五七）などもメンバーであった。このうち木戸と近衛・原田は学習院高等科から京大法学部に進学した同級生であり、「十一会」は彼

移築された南間ホテル
（株式会社つかもと提供）

らを中核とする集まりであった。

つまり一言で言えば、重遠は、親戚でもある宮中勢力（かつての革新派華族）に推されて東宮大夫の職についたというわけである。

日光で終戦を迎える

こうして東宮大夫として日光に向かった重遠は、皇太子とともに八月一五日の玉音放送を迎えることになる。当初、皇太子は日光の田母澤御用邸を御座所としていたが、七月一四日には奥日光の南間ホテルに移っていた。重遠は日記にその時の様子を記している。

「午前の御学科御終了を見計いて御迎に出で、御宿舎に御供し帰り、御食堂に於て側近一同侍立して、御放送を謹聴し奉る。誠に何と申上ぐべき言葉もなく、唯々感泣す。殿下にも深く御感銘の御様子なりしが、更に穂積より平和克復についての御深遠御仁慈の聖慮の程を平易に御説明申上ぐ。何卒一層御自重御自愛遊ばされ、将来の皇国を御担いあるべき御徳と御学問と御体力とを御大成あらんことこそ、殿下として最大の御孝行と存ずる旨を言上す。よく御納得ありし御様子にて御肯き遊ばさる」（八月一五日。『終戦戦後日記（一九四五～五〇年）』九頁）。

この経緯につき、皇太子のご学友であった橋本明は「穂積重遠東宮大夫はすでに終戦の決断を熟知

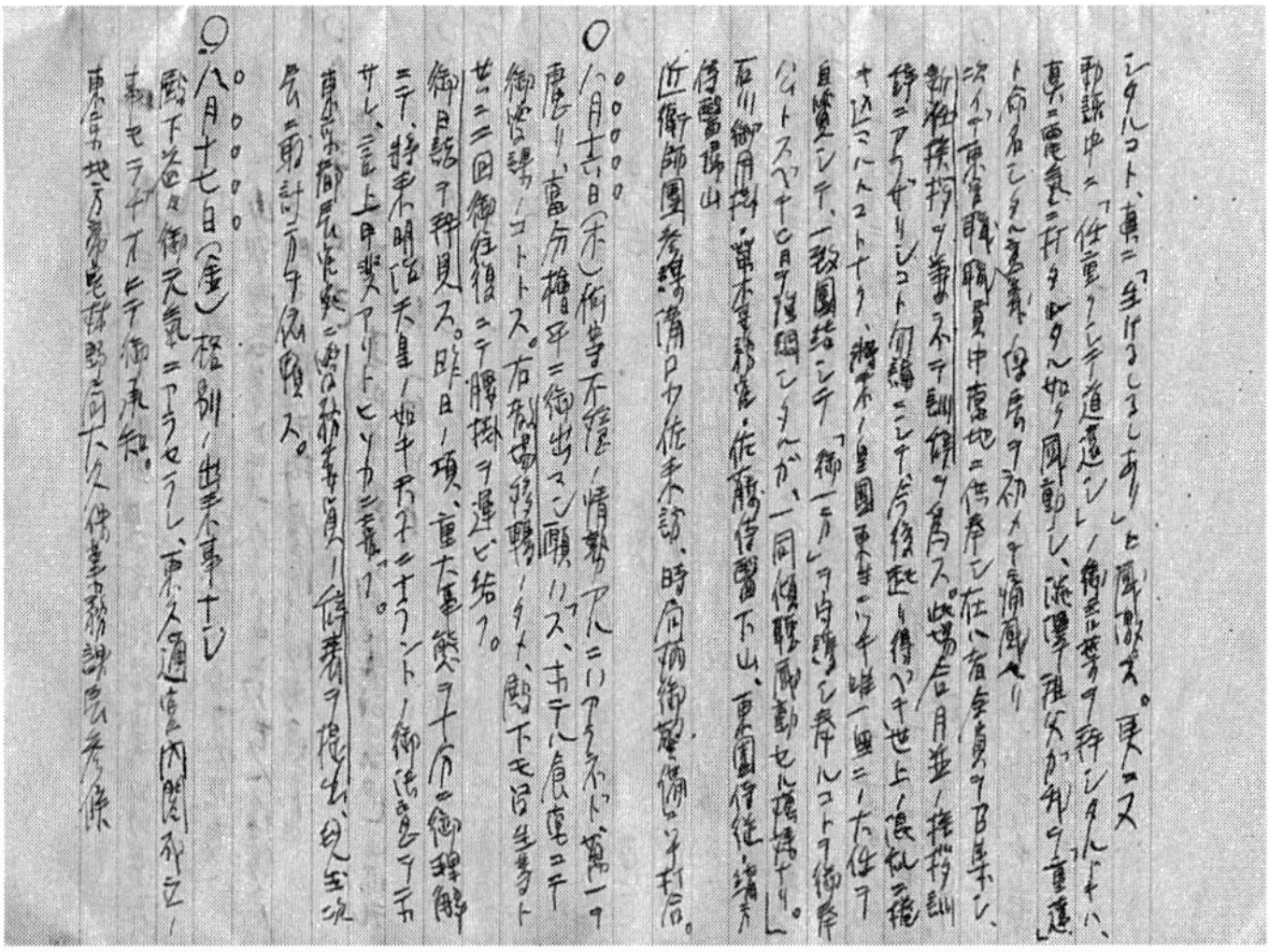

日誌本文一部（穂積重行氏提供）

している日光において唯一の人物であった。しかし、八月十五日に終戦の詔勅が出る段取りについては、一切沈黙を守った」とし、「天皇の声が止む頃、皇太子明仁親王も涙を浮かべた。ラジオの音声が切れ、平静が戻るのを確めた穂積東宮大夫は、終戦の詔勅の趣旨について皇太子に説明を始めた。そのみごとな解説に耳を傾けながら村井（長正。傳育官——筆者註）は『穂積さんだけは、本日このことがあるのを事前に知っておられたのだな』と思いいたったという」としている（橋本明『平成の天皇』三〇八頁）。

確かに、重遠の日記には「午前石黒を訪い、停戦必至の情勢を聞く」（八月一一日。『終戦戦後日記（一九四五〜五〇年）』六頁）という記事がある。当時、親友であり義弟にあたる石黒忠篤は鈴木内閣の農林大臣であったので、政府の決定について聞かされたものであろう。また、石渡からは万が一の場合の独断専行の権限も与えられていたらしい。しかし、一五日に玉音放送があるということは知らなかったようである。先に引用した八月一五日の日記の冒頭には、「本日下山、明日俗務処理のため一応帰京の予定なりしが、正午重大発表あり殊に畏くも聖上御親ら勅語を御放送遊ばす趣につき、下山帰京を中止す」(九頁)と記されているからである。

少なくとも重遠は放送の内容を正確に知っていたわけではない。というのは、日記には次のように書かれているからである。「勅語中に『任重くして道遠し』の御言葉を拝したるときは、真に電気に打たれたる如く感動し、澁澤祖父が我を『重遠』と命名したる意義の深意を初めて痛感せり」(九頁)。ちなみに、これにはよほど感銘を受けたようであり、後に、「任は重く道は遠しとのりたまふ　わが名にてありそら恐しき」(九月一一日。一〇頁)という歌を作っている。

なお、翌一六日の日記には「何等不穏の情勢あるにはあらねど、万一を慮り、当分檜平に御出まし願わず、ホテル食堂にて御学課のこととす」(一〇頁)とあるが、これは「不穏の情勢」があるのではないかと伝えられたことを反映した記載であろう。『学習院百年史　第二編』(一九八〇)には「八月十五日、南間ホテルにおける六年生の授業は午前一一時半に切り上げられ、明仁親王は第二別館、学生は本館二階廊下の拡声器前で終戦の玉音放送に聴き入った。この日、学習院配属将校高杉中佐・儀仗隊長田中少佐のもとには『皇太子殿下を報じて抗戦を継続すべく、宇都宮の第十四師団は湯元出動を準備中である』との報告があり、儀仗隊およびその周辺は緊迫した空気に包まれていた。湯元進入の要所に地雷が敷設され、戦闘態勢が固められた。」（三九一〜三九二頁）との記載がある（より詳しくは、高杉善治『天皇明仁の昭和史』〔ワック、二〇〇六〕を参照）。

さらに一八日の日記には、「午後学習院軍事教官高杉善治中佐、田中儀伏隊長と共に参上、側近一同と共に万々一国内動乱等の場合の御立退所に付協議す。明日山田侍従田中隊長と共に丸沼方面を踏査のこととす」（『終戦戦後日記（一九四五〜五〇年）』一一頁）とある。こうした動きに対する警戒が必要であった上に、帰京後の住居がなかなか定まらなかったことなどもあり、皇太子が東京に戻るまでには終戦から三ヶ月近くを要し、ようやく帰京が実現したのは一一月七日のことであった。

御座所問題と学習院存廃問題

無事に帰京した重遠であったが、その後もいくつもの難問に遭遇した。当然ながらその職責上、皇太子の学習・生活のことが中心となる。学習上の問題と生活上の問題は密接に関連しており、大夫就任の直後から「東宮御座所問題及び学習院存廃問題」が強く意識されていた。御座所については松代・沼津などが検討された後、小金井の方向にまとまっていく。他方、学習院に関しては、一〇月八日開催の評議会で、重遠は「指導者養成を目的とする特色ある学校として学習院全科を宮内省所管として存続発展せしむべき旨の意見を陳述し、賛同を得たり。答申案起草委員に指名せらる」（同日。二五頁）こととなった。しかし、その後の展開は必ずしも重遠の望むようにはならなかった。二点について述べておく。

第一に、重遠は東宮大夫・侍従長とあわせて御学問所総裁にも任じられていた。御学問所とは皇太子の教育のために特別に設けられる教育機関であり、少数のご学友だけがともに学ぶことを想定されていた。昭和天皇自身、学習院初等科修了後は中等科に進むことなく、高輪に設けられた御学問所で勉学を続けた（詳しくは、大竹秀一『天皇の学校――昭和の帝王学と高輪御学問所』文藝春秋、一九八六）。皇太子の場合には、早い段階で中等科における教育と御学問所における教育を併用する方針に移行したが、ついで御学問所構想そのものが放棄されることとなった。一九四六年二月七日の重遠日記には「先般来段々の協議により、御学問所を本筋として学習院中等科をご利用の方針を変更し、中等科へ御進学という形式として御学問所を東宮職に附置することを東宮職の原案として提議せるが、本省側は御学問所を制度として規定する必要なしとの意見を強硬に主張し、結局一致に至らざりしが、此程度にて大臣の決裁を待つことにしたるを以て、結局本省の意見に帰着すべきも、実質上は何等差支なし」（『終戦戦後日記（一九四五～五〇年）』四九頁）とある。その背後には、「マッカーサー元帥は、御学問所における授業を『超国家主義か何か、日本一流の思想を皇太子様の若い頭に注射する』ものとみて、御学問所の設置に強い難色を示した」。そのため「山梨院長は…もはや御学問所にこだわるべきではないと判断し、その設置を中止して皇太子殿下を他の学生と同じように中等科にお迎えする方針を固め、宮内省の合意をとりつけた」（『学習院百年史　第三編』学習院、一九八七、非売品、四三頁）という動きがあったようである。

第二に、学習院も最終的には宮内省から切り離されることとなる。「二十一年初めにはGHQ民間情報教育局（CIE）より、両学習院は宮内省から離れるべきであるとの示唆を受けた。一方、宮内省においても…学習院・女子学習院をそれぞれ財団法人に改組し、私立学校として独立させる方針が決定された」(二頁)。また、「CIEより『スクール・オブ・ガヴァメント案』すなわち、初等科から大学まで一貫した過程において民主的な理念に基づく特別な教育を施し、ステーツマンシップと高い教養を具えた各界の指導者を養成する学校という新学習院構想が提示され、山梨院長もこれに同意した」(四頁)。

ところで、岩佐美代子によれば、皇太子の教育方針をめぐり、重遠は天皇とも「激論」したことがあるという。手元には「激論」の内容を明らかにする資料はないが、次の二点が論点であったものと思われる。

昭和天皇の意向

一つは、皇太子と天皇・皇后の接触の度合いにかかわる。皇太后大夫兼侍従次長であった木下道雄の日記(『側近日誌』文藝春秋、一九九〇)によると、皇太子帰京後の皇居での生活につき、天皇と東宮職の間には意見の対立があったようである。同日記の解説によると、すでに九月下旬ころから天皇は皇太子らの早期帰京を石渡宮相に求めていたようであり、帰京とした皇太子らと親しく接する機会を持つことを希望していた。しかし、東宮職の側は赤坂離宮から皇居への参内が頻繁になることを嫌った。皇居では女官たちが皇太子を甘やかすというのである。天皇はこれに不満を持っていたようであり、結局、東宮職側の二週間の一度の参内という案に対して、毎週日曜日に参内せよとしている。

もう一つは、皇太子の英語教師ヴァイニング夫人の雇用にかかわる。一九四六年三月二七日の木下日記には「米国より派遣されたる教育使節団二四名に賜謁。…団長に陛下より、皇太子、今度学習院中等科に入学につき、米国人教師雇入れたくこれが推薦方御依頼あり」(一七八頁)との記事がある。

ところが、この件につき重遠らには事前の相談がなかったようである。三月二九日、三〇日になって、山梨勝之進学習院長(一八七七〜一九六七)・大金益次郎次官(一八九四〜一九七九)・寺崎英成(一九〇〇〜五一)御用掛・関屋貞三郎(一八七五〜一九五〇。当時は貴族院議員)らとの協議がなされている。このように天皇が直接に教師雇入れを依頼したのはなぜか。この点についてはいろいろなことが言われている。たとえば、皇太子を外国に留学させる意向を持っていたマッカーサーに対して、先手を打ったという見方もある。いずれにせよ、頭越しでの決定がなされたためか、重遠とヴァイニングの関係はややぎくしゃくしていた。彼女は重遠について、次のように述べている。

「控室に案内されてゆくと、そこに三人の人が来ていた。一人は東宮大夫の前男爵穂積重遠博士であつた。すぐれた法律学者で、儒教にも造詣が深く、日本の美術、文学、演劇の方面でも一家の見識を持ち、特に婦人の権利の問題などで著名な自由主義者である。博士は当時六十七歳、一九四五年(昭和二十年)以来東宮侍従長をしていた。口ひげをたて、眼鏡をかけた、小柄の、丸々とふとつた方で、どこの国でもよく見かける、穏和で、貴族的で、すこし勿体ぶつたところもある老紳士の、あの風采をしている。たねさんの通訳を必要としないほど立派な英語を話したが、私が博士と、皇太子殿下のことで真面目な、はつきりとした話をしようとすると、いつも言葉をにごしてしまうのだつた」(エリザベス・グレイ・ヴァイニング(小泉一郎訳)『皇太子の窓』文藝春秋、一九五三、六四〜六五頁)。

ヴァイニング夫人は、日本の生徒たちに英語名を与え、皇太子のことはジミーと呼んだ(工藤美代子『ジミーと呼ばれた日——若き日の明仁天皇』(恒文社21、二〇〇二)を参照)。こうしたやり方も重遠の好みにはあわなかったのだろう。もっとも、問題はヴァイニング夫人その人との関係にあったわけではない。やがて宮中には、重遠と対立する勢力が力を増すことになる。しかし、その話をする前に、重遠の教育の内容と皇室観について触れておく必要がある。

戦後のご進講

重遠が皇太子に施した教育がいかなるものであったのかを検討するためには、学習院で行われた教育、様々な講師によるご進講、そして重遠自身によるご進講や折々の講話の全体を視野に入れなければならない。さらには、トランプや将棋（口絵写真参照）、映画観賞や観劇など余暇の「遊び」をも考慮に入れる方がよい。しかし、ここでは彼自身の教育像を端的に示すと思われる重遠自身のご進講について見てみることにする。なお彼は、皇后へのご進講も再開しているので、その内容にも触れたい。

日記によれば、第一回のご進講は一九四五年八月一九日、テーマは「新内閣の成立について」。物語を素材に、「内閣の組織についても適材適所と統率とが大切なり、新内閣は其要件に適えり、殿下としては将来統率者として大成遊ばされんことを望む」（『終戦戦後日記（一九四五～五〇年）』一二頁）という話をしたという。以後、「炊煙起」（第二回、九月二日）、「源実朝の歌」（第三回、九月九日）、「個人と国体」（第四回、九月一四日）、「心学道話」（第五回、九月一六日）、「国体と政体」（第六回、九月二三日）、「小善小悪」（第七回、一〇月一四日）、「明治天皇と大津事件」（第八回、一一月二日）と続く。皇太子の帰京後は他の講師によるご進講が増えるが、重遠自身のご進講も一九四七年一月ころまで続いている（第三八回まで）。内容を一覧すると、統治者の心得に関するもの、歴史に関するもの、現行制度に関するものなどが目立つ。なお、皇后ご進講の方を見ると、時事性が高まり、戦争犯罪や華族制度廃止、財政問題・住宅問題などの社会問題、（憲法・民法のほか）生活保護法・労働基準法・学校教育法などの法制改革に関する話題が増える。

全体として見ると、西洋的な教養よりも日本的な伝統を重視しているように見える。もっとも西洋文学はともかくとして、法理学者でもある重遠は西洋哲学（ロックやホッブス、グロチウス、ルソー、カントやヘーゲルなど）を知らないわけではない。教育内容の検討にあたっては、当時の皇太子の年齢（四六年から学習院中等部に進学）を考慮に入れる必要もあろう。しかし、娘の岩佐美代子は、論語を中心とした古い教育しかできない、と述べている（岩田編『岩佐美代子の眼』一八二頁）。おそらくはそのように評する向きもあったのだろう。

天皇制とアワ・キング

戦後の重遠は『戦ふイギリス』と題する三冊のパンフレットを公刊している。そのうちの一冊は英国王室に関するものであった。素材は欧米留学時の日記であり、その内容についてはすでに紹介した通りであるが、主眼は「英国の王室と人民との親しみ」を伝える点にある。新たに次のような文章が書き足されている。「英国の君民関係は一方では誠にうるはしく思はれるが、他方あまりになれなれし過ぎるという感じがないでもなかった。…さりとてつい先頃までの我国の状態は反対の極端であった。…其の甚だ遺憾だった状況は…決して聖慮に副ひ奉る所以でなかった。ところが終戦後、行幸啓の御模様が一変して、おでましごとに君民和楽の歓声が日に日に高まりつつあることは、何よりおめでたいことで、新日本の発足は正にここから始まる」

（『戦後の英国王室——戦ふイギリス（二）』一二〜一四頁）。重遠がこう記したのは一九四六年六月、昭和天皇の全国巡幸が始まったばかりのころである。

もう一つ、重遠の遺稿となった原稿に「わたしたちの判事さん」という一文があるが（『有閑法学』復刻版の巻頭に収録されている）、そこには、イギリス人が用いる「アワ・ジャッジ」という言葉がとりあげられている。また、『私たちの憲法』には、彼らが「アワ・キング」「アワ・カントリー」と言うことが、感慨とともに記されている。後に最高裁判事に転じた重遠は、自身「アワ・ジャッジ」たらんとしたのであろうが、同時に、天皇には、少なくとも皇太子には「アワ・キング」であってほしいと思ったのではないか。もちろん、重遠の皇室に対する畏敬の念には並々ならぬものがある。「人民との親しみ」と言っても、「あまりになれなれし過ぎる」ものをよしとすることは、感覚的に許容できなかったに違いない。節度をもった「君民和楽」が重遠の理想であったのだろう。以前に掲げた皇太子行啓の際の歌は（本書二二八頁参照）、まさにそのような姿を見出し得た満足感にあふれていると言ってよかろう。

新旧交代の舞台裏

一九四九年二月、重遠は最高裁判事に転出する。その背後には一言で言えば、宮中改革の大きな流れがある。細かく言えば、次の三点を指摘することができるだろう。

第一は、宮中の旧勢力の退場である。重遠を東宮大夫に招いたのは、木戸や石渡であったが、一九四五年一一月に内大臣府は廃され、四五年一二月には木戸に対する戦犯としての逮捕命令が出されて

小泉信三
（慶應義塾福澤研究センター所蔵）

いる。石渡もまた、翌四六年一月、公職追放指令が発せられた際に辞表を提出した。後任は松平慶民（一八八二～一九四八）であった。

第二に、宮中改革の進展が重要である。GHQ内の改革派の意向を受けて、片山哲（一八八七～一九七八）・芦田均両内閣は宮中改革を推し進めた。宮内省は宮内府を経て宮内庁へと次第に縮小された。人事の面では、芦田は四八年四月頃から松平慶民（宮内府長官）、大金益次郎（侍従長）の更迭をはかった。昭和天皇は「政府の変る毎に宮内府の長官が交替するのは面白くないと思ふ」、「現在の長官、侍従長共によく気が合ふので」（進藤栄一・下河辺元春編纂『芦田均日記　第二巻』（岩波書店、一九八六、九〇頁）四八年四月七日）と抵抗を示した。また、芦田は後任の長官に、金森徳次郎（一八八六～一九五九）や南原繁などを考えたがうまく行かなかった。結局、安倍能成（一八八三～一九六六）の推薦により、田島道治（一八八五～一九六八。銀行家）を説き伏せ、侍従長には三谷隆信（一八九二～一九八五。外交官。一高校長だった三谷隆正の弟）を起用した。

四八年五月二一日、葉山御用邸に伺候した芦田に対して、天皇は侍従長交替になおも難色を示した。その後も天皇は抵抗をしたが最終的には譲歩せざるを得なかった。この件につき芦田は「私は政府をやめようかと一瞬考へたことがあった位だった」（一一八頁、四八年五月二九日）と記している。注目すべきは同じく五月二一日に次のようなやりとりがあったことである。「皇太子殿下の御教育も昔風をすてて自由奔放な教育を御願したいと申上げた。陛下は具体的にはどうすればよいかとの御反問があった。私は、率直に申せば芦田も詳しいことは承知致しませぬ、然し穂積は更迭させることを希望致しますと申した。陛下は此点には何も御答へはなかった」（一一三頁）。天皇の意を対して、芦田も当面の間は重遠の更迭を思いとどまらざるを得なかった。

第三に、田島・三谷コンビは様々な形で宮中改革を進めた。田島日記の紹介者によれば「昭和二三年からこの年、昭和二四年にかけて田島が最も熱心に取り組んだことの一つは、当時、十五歳になる皇太子の教育問題であった。今まで東宮大夫であった穂積重遠は退任し、昭和二十四年二月に最高裁判事に転出、野村行一東宮職御用掛が東宮大夫となる」（加藤恭子著・田島恭二監修『昭和天皇と美智子妃その危機に――「田島道治日記」を読む』文藝春秋、二〇一〇、四六頁）。

しかし、重遠に代わって実質的な意味での皇太子教育にあたったのは、小泉信三（慶應義塾塾長。一八八八～一九六六）であった。小泉はすでに一九四六年四月以来、掛谷宗一（数学者。一八八六～一九四七）・安倍能成の二人とともに東宮御教育参与であったが、重遠退任後は常時参与となった。もともと田島は四八年七月から、東宮大夫への就任を求めて小泉邸を訪問している。何度もの懇請により、四九年一月に至り「野村行一を表面に立て、後見役は引き受けること」（五一頁）となったようである。以上の件は田島にとって本当に大きな出来事だったようであり、一九六七年七月五日、天皇皇后に拝謁した際に「小泉、安倍、死に、吉田、山梨、健康衰へ、田島も八十二、いつ死ぬか知れず。皇孫殿下御教育の時の御参考かと考へる旨にて穂積大夫交代の経緯詳細言上」（二二五頁）した旨が日記に記されている。

話は前後するが、田島・三谷のコンビはいずれも新渡戸稲造門下のクリスチャンであった。これにヴァイニング夫人が加わり、クェーカー人脈の中核が形成された。小泉もまたキリスト教に対する理解が深かった。田島が退任した後も、皇太子教育はこのグループによって展開されることになる。

花道でなく

重遠の最高裁判事転出は、田島から重遠に持ちかけられた。重遠の日記には、次の記述がある。「夜石黒忠篤来訪、田島長官より最高裁判所裁判官に転任方勧誘の伝言ありし旨の話あり」（『終戦戦後日記（一九四五～五〇年）』二〇四頁、四九年二月三日）。「九時半本府出勤、田島長官と会談、転任の件につき意中を語り、進退を長官に一任す」（同頁、二月四日）。しかし、この段階ではすでに、田島の側の人事の準備はすでに完了している。実際、時を経ずして「朝田島長官来訪、野村行一氏を後任とする意図を語らる」（二〇五頁、二月一一日）ということになる。

以上を見ると、重遠は最高裁判事というポストを用意されて、退任を迫られたと見るべきだろう。しかし、これは重遠にとっては不本意なことだったに違いない。田島との確執の末に、辞任せざるを得なかったと考えるべきであり、決して、喜んで最高裁に転出したわけではない。というのは、これ以前に次のような出来事があったからである。一九四七年のことである。当時の日記を見てみよう。

「七月二十四日（木）十時半より本府にて部局長会議。一時退出。最高裁判所裁判官候補辞退書を内閣に提出す」。

「七月二十六日（土）松平（恒雄――筆者註）参議院議長より面会を求められたるにつき、午後一時本部にて会談、最高裁判所長官に推挙の意向なるにより候補辞退を撤回すべき旨の勧告なり、全然其意志なき旨を申述ぶ。三時渋澤同族会に出席せるが、かの件宮内府長官を経て上聞に達し居る模様なるを以て、更に宮内省に至り、大金侍従長と懇談、辞意を固む」。

「七月二十七日（日）朝松平（慶民宮内府――筆者註）長官より受諾然るべき旨電話にて申入あり、翻意致し難き旨返答す。午後我妻法学部長来訪、熱心なる勧誘ありたるも、東宮御奉公の決心固き旨説明す。夕刻松平議長来訪、松岡衆議院議長及び片山首相の意を伝えて再び勧誘せらる。七時大金侍従長を官邸に訪問、懇談の上、松平議長に電話にて辞退の旨を申入れ、了承を得たり」（以上、一二八～一二九頁）。

このように、「東宮御奉公」の堅い決心は初代最高裁長官への推薦をも退けたほどであった。いったん長官職を断った重遠が、好んで裁判官職に就くことは考えにくいのである。息子・重行は後に、重遠の晩年の写真にかかわる話として、「ちょうど東宮大夫から最高裁判事に変わるその変わり目の時期だったと存じます。そのときに『東宮大夫というのは、春宮の大夫とよむんだ、いい名前だろう、惜しいなあ』と言っておりました」（穂積重行「ごあいさつ」福島ほか編『穂積重遠先生を偲んで』八一頁）と述べているが、それはこの間の経緯を婉曲に伝えるものであろう。

皇太子から天皇へ

娘・岩佐美代子によれば、「以前から皇后さまや大宮さまにはご進講に上がっており、宮中そのものは格別珍しくもなかったはずですが、将来の帝王教育を

晩年の重遠（穂積重行氏提供）

承った父はやはりちょっと嬉しくもあったのでしょう、私が「枕草子では、『上達部は、春宮の大夫』というのよ」と教えましたら、まんざらでもない顔をしておりまし（た——筆者註）」という（岩佐『宮廷の春秋』一二三頁）。美代子は重遠の苦労の様子もよく知っており、前出の河井侍従次長につき、「敗戦直前の昭和二十年八月十日に東宮大夫に就任、戦後の皇室の新たな方向づけとＧＨＱへの対応に苦慮しつつ、現天皇の中学時代の御教育にあたった、父、穂積重遠の姿が重なり、胸の奥が熱くなる思いを禁じ得ませんでした」（四四頁）とも述べている。間接的な形ではあるが、これもまた重遠の抱負と無念を語った文章であろう。

　ところでこのような思いは、学界ではなかなか理解されなかった。特に戦後まもない時期にはそうであった。一九五二年の座談会で、戒能通孝（一九〇八～七五。民法学者・東京都郊外研究所所長）は次のように述べている。「穂積先生のその後の御経歴、殊に東宮大夫として、率直に申し上げて実につまらない職であったと思うその職を、数年間も謹直に勤めあげられた先生の態度をあとから考えてみて、穂積先生の法律学は、どっちかというとほんとうの善良なる貴族の法律学だったのではないかと思います。つまり、日本的な絶対主義的な天皇制を、もっと穏和なイギリス型の君主制に直して行く、そしてそれによって君主制、貴族制、あるいは資本家階級の持っている非常にむごい冷酷な面を捨象して、そこに一つの調和をつくって行こう…とされたのではないかと思うのです。先生は、その調和をつくるためにずいぶん個人的な犠牲も払われ、またずいぶん面白くないこともあったろうと思うのですけれども、それらをすべて堪えしのんで努力して行かれた方なのではないかと私は考えるわけなんです」（「座談会　穂積法学・末弘法学の分析と批判」五四頁）。

後半の部分の論評は本書全体にかかわる問題提起を含んでいるので、他の問題とあわせて結論部分で検討する。ここで問題にしたいのは、東宮大夫職がつまらない職であるという部分である。ここまでは言わないとしても、念願の家族法改革を結果として投げうってまで、重遠が皇太子に奉仕したことを、意外なことと見る人々は他にもなくはなかった。

しかし、重遠にとって教育は重要なことがらであった。また、彼自身も人を教育することが大好きであった。ましてや相手は皇太子である。一国の将来を左右するような人物の教育の全権を与えられる。これは名誉なことであると同時に、やりがいのある仕事である。そう考えるのは重遠にとって自然なことであったろう。

「国民の良識」の体現

ところで、重遠が「面白くないこと」に耐えて継続した皇太子の教育は、十分な成果をあげたのだろうか。一つの見方として、現在の天皇の存在そのものが教育の成果であるとは言えないだろうか。もちろん、皇太子の教育にあたったのは重遠一人ではない。小泉信三その他の人々の影響もあるだろう。また、皇太子その人のお人柄にかかわる部分も少なくない。しかし、そうしたことを勘案したとしても、終戦の詔勅をともに聞き、学習院中等部の卒業までの四年近くをともに過ごした重遠の影響は決して小さいとは言えないだろう。後年になって、当時、重遠の下で侍従職にあった黒木従達は「殿下は非常にそのころの穂積大夫のことがお懐かしいのか、お子さまがたに論語を勉強するようにということで、宇野哲人先生に、先生が亡くなられてからはご令息の精一先生というふうに論語を勉強おさせになりました」（黒木従達「東宮大夫穂積重遠先生の憶い出」『穂積重遠先生を偲んで』三三頁）と述べている。

では、現在の天皇の存在はどのように評価されるか。この点については、憲法学者・樋口陽一の近著を引用しよう。「現天皇のかねてからの言動は、明らかに政治的メッセージを含んでいます。国民主権の原則のもとで、選挙を媒介として国会、内閣が発する国民意思とは全く別の経路で、しかも世論調査での世論にもあらわれない国民の良識を取り次ぐという意味が、諸外国との関係で、現に明らかに示されています。国民が選挙を通して正規の政治的意思として国外に発出できないままでいることを、現天皇に発出してもらっている、という重大なパラドックスがそこにあります」（『いま、憲法は「時代遅れ」か――〈主権〉と人権のための弁明』平凡社、二〇一一、一五二頁）。

樋口は続ける。「あえて言えば、ある意味で、ドイツ連邦共和国でワイツゼッカー大統領が果たした役割、ナチス体験を忘れてはならぬことを自国の若者に語り、過去を忘れないことを国外に向け繰り返した彼の役割に比較できる役割を、現天皇が演じているということです」（樋口『いま、憲法は

「時代遅れ」か』一五三頁)。樋口は、だからといって象徴天皇制を無条件に支持するわけではない。ただ、自然人としての天皇、人間としての天皇が現にこのような役割をはたしている。そのことを正面から認め、かつ、積極的に評価しているのである。

天皇は日本国憲法を遵守しようとしているだけでなく、国民主権のもとでは形象化しにくい「国民の良識」を体現している。この「国民の良識」こそが重遠が実現したかったものではなかったろうか。

2　法官・重遠——法と道徳、尊属殺違憲論を通じて

帝人事件特別弁護人

一九四九年二月二六日、重遠は参内し任命式に臨んだ。副総理から辞令を受けるとともに、天皇からは「裁判は國家の大事である、特に努力する様」とのお言葉をいただいた。なお、同時に野村新大夫の任命と小泉顧問に対する常時補佐の指示があった。こうして重遠は裁判所の人となったのだが、実はこれ以前にも、重遠は裁判にかかわったことがなかったわけではない。

裁判官としての重遠について語るには、ある一つの事件を無視するわけにはいかない。この事件について語るには、時計の針を一九三七年まで巻き戻し、場所もまた最高裁から東京地裁に移さなければならない。同年八月二〇日、重遠は、友人である大久保偵次（当時、大蔵省銀行局長）の特別弁護人として刑事法廷に立っていたのである。事件は「帝人事件」と呼ばれるものである。これは、帝国人

造絹糸の株式売買をめぐる疑獄事件である。一部の財界人や官僚たちが贈賄によって不当に安く台湾銀行から買い受けたのではないかというのである。東京地検が強引な捜査をし司法ファッショと言われたが、結局、三九年一二月に被告全員が無罪とされている。裁判長は、証拠不十分ではなく全く犯罪の事実がないとしたのである（被告人の一人であった河合良成の『帝人事件――三十年目の証言』〔講談社、一九七〇〕に詳しい）。

重遠が特別弁護人となったことは新聞でも大きく報道されたが、その弁論記録は「帝人事件特別弁護速記」と題する小冊子にまとめられたほか、中央公論に「裁判と真実の発見――帝人事件公判廷に於ける弁論」（五三巻二号、一九三八）と題して公表された（現在では『続有閑法学』〔日本評論社、一九四〇〕に付録として収録されている）。

重遠は百余名の同級生からの依頼を受けて、大久保の弁護に立った。依頼文には次のように書かれていたという。「同窓の有志相会して何とか救済の方法を講じ度と種々協議致候所結局同窓中人格学識並に閲歴に於て老兄の如き法学界に重きを為す大家あるを幸ひ特別弁護人として老兄の奮起を煩はし真摯懇到なる論法と快利暢達なる弁舌とを以て弁護せらるることを得ば公明允当なる判決を仰ぎ得るに至るべし即ち吾々友人として大久保君の為に取るべき最上の手段にして同時に同君への無二の友情たるべしと衆議一決致候次第に御座候…」（四〇八頁）。

これに応じた重遠の弁論は情理を尽くした堂々たるものであった。冒頭重遠は大久保との会話を次のように紹介する。「僕自身の友情からしても同窓諸君一同の熱意に対しても、僕は君の弁護をしたい。しかしながら僕も不祥ながら法律学者の末に名を列ねる者である。僭越ながら大学教授として何千の学生の前に法律正義を説く者である。故に如何に親密なる友人と雖も苟も法律に触るる行のあった者を友人なるが故に庇護する訳には行かぬのである。僕は敢て裁判の結果を言ふのではない。たとひ君が過って有罪の判決を受けても、もし君が無実であったならば僕は君の手を取って泣いてやろう。幸に僕の弁護によって君が無罪の判決を受けても、実は君が矢張収賄したのであるならば、大久保の友人としての穂積はそれで立つかも知れぬが、法律学者とし、大学教授としての穂積の一分が立たぬ。法律学に対しても大学に対しても相済まぬ次第である。故に僕はここに更めて君に問ふ、君には本件の嫌疑事実が絶対になかったのであるか。もし寸毫たりとも瓜田に履を入れ李下に冠を正すが如き行動があったのならば、あからさまに僕に告白し給へ」(四〇九〜四一〇頁)。

これに対して大久保は「一点の疚しき所なき旨を天地神明に誓った」(四一〇頁)という。重遠は続けて言う。「私は大久保が天地神明に誓ってまで此三十六年の親友を裏切るやうな男でないことを確信致します。又私自身不敏なりと雖も三十六年の親友に裏切られる程不徳ではないと敢て自ら信じます。…私は一個の友人として、而して又百余名の友人達の友情を頭に抱き背《そびら》に負うて、将に溺れんとする親友の急に赴かざるを得ないのであります。更に又一個の法律学者として、私は罪無き者が過って罰せらるることによって神聖なる我国の法律自身が其威信を害せられんとする危機に当たって、これを対岸の火事視する訳には参らぬのである。ここに於て私は決然と立ったのであります」(四一〇〜四一一頁)。

以下、大久保の人柄が語られ、検察の無理が指摘される。重遠らしさはむすびにも現れる。「私の切望致します所は、単に一大久保の無罪のみではありませぬ。我国司法の権威の確立であります。検事論告の終った際の裁判長の一言、検事も弁護人も真実の発見に協力して貰ひたい、との御言葉は、私の深く感銘致した所であります。私も予ね予ね裁判は判事、検事、弁護士三位一体の共同作業であると申して居ります。勝った負けたといふのは寧ろ民事訴訟の話でありまして、刑事訴訟には勝ったも負けたもないのであります。被告人が無罪になったからとて検事が負けたといふ訳ではないのでありまして、ただ真実が発見せられたるのみ、而してそれには検事も与って力があったのであります。……もし幸にして本件の被告人等が青天白日を仰ぐことを得ましたならば、願くは検事諸公も虚心坦懐、弁護人等と其喜びを同じくして戴きたいものであります」（四七〇頁）。

かつてこう語って公正な判決を求めた重遠が、いまや最後の審判を下す側に立ったのである。

最高裁判事の日々

重遠が最高裁長官を断ったのは、あくまでも東宮大夫の職を全うするためであった。裁判官の職そのものについては、むしろ大きな関心とやりがいを感じていたに相違ない。裁判所の簡易化は彼の年来の主張であったし、裁判が法に先行するというのもかねてからの持論であったからである。

重遠の在任期間は、本来であれば約四年となるはずであったが、その予想外の死により二年足らずとなった。しかも、アメリカ出張や入院期間を勘案すると、裁判官としての実働は一年半余りに過ぎなかった。重遠は「東宮奉仕日録」に続ける形で「最高法官日記」を残しているので、これによりつつ、創設されてまもないこの時期の最高裁判事の日々を見てみよう。まず注目されるのは、日記欄外に重遠自身が毎月の出勤状況を算えて記録していることである（日記は五〇年一二月まで続くが、九月末から一一月末までアメリカ旅行があったため、集計は五〇年八月で終わっている）。

四九年三月　登庁一九、講演六、ラジオ一
　四月　登庁二〇、判決言渡九（大法廷少数意見一）、講演二
　五月　登庁二一、判決言渡一二、講演七
　六月　登庁一三、出張一三、判決言渡二
　七月　登庁二〇、判決言渡一七、講演六
　八月　登庁一六、賜暇一〇（旅行三）、判決九、講演四
　九月　登庁一八、賜暇一二、主任判決言渡五、講演三
　一〇月　登庁一九、主任判決言渡七、講演五
　一一月　登庁二三、旅行三、判決言渡一七、講演六
　一二月　登庁二一、判決九、講演三、賜暇三、ラジオ二
五〇年一月　勤務二二、判決五、講演六
　二月　勤務二四、判決一五、講演三
　三月　勤務二五、判決一〇、講演六

四月　登庁二一、判決一六、講演六
五月　登庁二二、出張四、判決二〇、講演一三
六月　登庁二五、判決一五、講演五
七月　登庁一七、判決一二、講演一〇、旅行五
八月　登庁二五、講演一〇、旅行二

これを見ると、最高裁判事がかなり多忙であることがわかる。登庁日数も多いし（夏休みもない）、判決言渡しもかなりの数になっている。それにもかかわらず、毎月かなりの回数の講演がなされている。このほかに著書の執筆も精力的になされているので、体力的にも厳しいものがあったであろう。このような日常に、二ヶ月にわたるアメリカ再訪が重なることによって、ついに病床に就くこととなった。

アメリカ再訪

そのアメリカ再訪が決まったのは、五〇年八月二五日のことであった。日記には「9・30登庁、オプラー氏からSupreme Court MissionにJudge Hozumiを参加させたき旨の申入があったと、田中長官から話があったので、GHQ、LSにO氏を訪問懇談し、個人的には差支なき旨返答する」（『終戦戦後日記（一九四五〜五〇年）』二九一頁）とある。

旅行の様子については、一緒に行った真野毅（一八八八〜一九八六）判事が次のように述べている。「先生が最高裁判事に就任後まもない頃であったが、当時マッカーサーの総司令部では、日本最高裁

使節団を主として米国の裁判所の視察のために派遣する企画が決まった。その人選には最高裁判事からは、田中耕太郎・真野毅・穂積新判事の三名が指名された（口絵写真参照）。それで、一九五〇年九月二七日、ＧＨＱリーガル・セクションの首長オプラー博士の指導で、一行は羽田空港を出発し、サンフランシスコに向った。それから五十一日間米国に滞在した間、主として各地の五十を越える裁判所を訪問し、実際の裁判を傍聴したり、裁判官と談話を交換したりした。…この間穂積先生は、全力の注意を傾けられておられたように、私は観察していた」（真野毅「穂積先生をしのぶ」『穂積重遠先生を偲ぶ』七二〜七三頁）。

確かに重遠らしい詳細な記録が日記には残されている。初めて乗った飛行機、初めて見たテレヴィジョンをはじめ、新鮮な驚きが記録されている。立派な図書館・法廷や高層ビルの話（重遠の留学中よりも随分高くなっている）、例によって食べ物の話も多い。

もちろん、社会観察もある。「帰途 Washington 市の黒人地区を通る。Mr. Morgan の説明によれば、黒人地区と法律できまっているわけではないが、黒人がはいりこむと次第に白人が逃げ出し、この辺なども以前は有福階級の住宅地だったのだが、今ではスッカリ地位がさがったという。この辺にアメリカの一問題があるらしい」（三三二頁。五〇年一〇月二一日）。「要するにアメリカの一つの特徴は、中流社会の生活に大した差等がないということ、あるいはおまわりさんも運転手も掃除屋さんも中流社会だ、ということにあるのではなかろうか」（三三三頁。一〇月二二日）といった評は核心を衝いている。

やや専門的には、「午後は石坂君を連れて再びJuvenile Courtに行く。Judge Hillが待ち受けていて、懇切に案内説明してくれる。米国のFamily Courtについては、いずれ詳しい報告を書こうと思うが、日本の家庭裁判所に相当な長所がある」（三一四頁。一〇月一〇日）といった記述があるほか、「合議室でVanderbilt裁判長から裁判のやり方についての講演を聴く。すこぶる有益で、わが大法廷の合議につき反省させられるところが多い。各判事が各事件につきあらかじめbriefを讀み、判決案を作って法廷に臨む（rotationを用いない）という点が、特に参考になる」（三二二頁。一〇月一六日）といった裁判官らしい感想も書き留められている。

なお、帰国後には座談会も開催されているが、重遠は「アメリカの法廷は『威有リテ猛ケカラズ』です。尊厳のなかにユッタリとしたやわらぎがあります」（「座談会・アメリカにおける裁判所」『法曹』二六号、一九五〇、二〇頁）と指摘し、また、ニューヨークのナイト・コートに注目している（同頁）。いずれも重遠らしい観点である。

尊属殺違憲をめぐって

重遠在任中、最高裁にはいろいろなことがあった。そのうちの一つとして、たとえば、一九四九年五月三〇日の日記には次のように記されている。

「九時四十五分登庁。午前会議。午後二時から東京弁護士会館において、『浦和充子問題』の公聴会が開かれるにつき、裁判所側として出席、衆議院猪股浩三、参議院伊藤修、次が私、東大田中二郎（一九〇六～一九八二。行政法学者――筆者註）、最高検察庁安平政吉、毎日新聞新井達夫の順で口述、伊藤参議院法務委員長の議論を充分に論破し得たと思う。国会以外の出席者はすべて裁判所の見解を支持、田中教授の議論は最も有力であった。終って裁判官会議に報告、六時退庁」（『終戦戦後日記（一九四五〜五〇年）』二三二頁）。ここでいう「浦和充子問題」とは、埼玉地裁の量刑に対して参議院法務委員会が不当であるとしたのに対して、最高裁側が国政調査権の範囲を逸脱していると批判したものである。

もう一つ重要な事件として、尊属殺規定の合憲性を争う事件をあげなければならない。最高裁は一九五〇年一〇月一一日、一〇月二五日の両日（田中長官と真野裁判官そして重遠は旅行中のため不在）、大法廷判決（刑集四巻一〇号二〇三七頁、二一二六頁）をもって刑法二〇五条二項（尊属傷害致死）、同二〇〇条（尊属殺人）は憲法に違反しないとの判断を示した（いずれも一三対二）。特に、前の判決は違憲判断を示した原判決を破棄するものであった。

多数意見は憲法一四条の定める「国民平等の原則」を確認した上で、「しかしながら、このことは法が、国民の基本的平等の原則の範囲内において、各人の年齢、自然的素養、職業、人と人との間の特別な関係等を各事情を考慮して、道徳、正義、合目的性等の要請より適当な具体的規定をすることを妨げるものではない。刑法において尊属親に対する殺人、傷害致死等が一般の場合に比して重く罰せられているのは、法が子の親に対する道徳的義務をとくに重要視したものであり、これ道徳の要請にもとずく法による具体的規定に外ならないのである」（刑集二〇三九頁）とし、「原判決は、子の親に対する道徳的義務をかように重要視することを以て、封建的、反民主主義的思想に胚胎するものであり、また『忠孝一本』『祖先崇拝』の思想を基盤とする家族主義社会においてのみ存在を許さるべきものであるというが、夫婦、親子、兄弟等の関係を支配する道徳は、人倫の大本、古今東西を問わず承認せられているところの人類普遍の道徳原理、すなわち学説上所謂自然法に属するものといわなければならない」（同頁）としたのである。

これには二つの反対意見が付されたが、一つは真野の意見であり、もう一つが重遠の意見であった。

少数意見の内容

重遠の反対意見を紹介する前に、真野のそれを見ておこう。真野は多数意見に次のように反論する。「多数意見はしきりに親子の道徳を強調するが、そしてそれは民主主義を理解しない者の俗耳には入り易いものであるが、子の親（直系尊属）に対する道徳の中から、正しい民主主義的な人間の尊厳、人格の尊重に基づく道徳を差引いたら、その後に一体何が残るのであろうか。それは（一）子の親に対する自然の愛情に基く任意的な服従奉仕と、（二）親の恩に対する報恩としての服従奉仕の義務に過ぎない。……いわゆる孝道の核心は報恩である点において、封建武士の知行、扶持、禄に対する報恩を核心とする封建的主従関係と同じ根本原理に立つものである。この孝道は…身分的に不平等な人間の間の関係であって、平等の個人の間の関係ではない」（二〇四四頁）。

これは真っ向からの封建道徳否定論である。重遠の意見は結論において真野意見と一致するものの、立論の仕方はずいぶんと異なる。第一の要点は次の点にある。「普通殺人に重きは死刑にあたいし軽きは懲役三年を以て足れりとしてかつその刑の執行を猶予して可なるがごとき情状の差違あると同様、尊属殺にも重軽各様の情状があり得る。いやしくも親と名の附く者を殺すとは、憎みてもなお余りある場合が多いと同時に、親を殺しまた親が殺されるに至るには言うに言われぬよくよくの事情で一掬の涙をそそがねばならぬ場合もまれではあるまい。刑法が旧刑法を改正してせっかく殺人罪に対する量刑のはばを広くしたのに、尊属殺についてのみ古いワクをそのままにしたのでは、立法として筋が通らず、実益がないのみならず、量刑上も不便である」（二〇四七頁）。

第二の要点は次の点にある。重遠は言う。「多数意見は、刑法の殺親罪規定は『道徳の要請にもとずく法による具体的規定に外ならないから』から憲法一四条から除外されるという。しかしながら憲法一四条は、国民は『法の下に』平等だというのであって、たとい道徳の要請からは必ずしも平等視せらるべきでない場合でも法律上は何らの差別的取扱をしない、と宣言したのである。多数意見は『原判決が子の親に対する道徳をとくに重視する道徳を以て封建的、反民主主義的と断定した』と非難するが、原判決は『親殺し重罰の観念』を批判したのであって、親孝行の道徳そのものを否認したのではないと思う。多数意見が『夫婦、親子、兄弟等の関係を支配する道徳は、人倫の大本、古今東西を問わず承認せられているところの人類普遍の道徳原理』であると言うのは正にその通りであるが、問題は、その道徳原理をどこまで法律化するのが道徳法律の本質的限界上適当か、ということである」（二〇五〇頁）。

そして重遠は自ら答える。「『孝ハ百行ノ基』であることは新憲法下においても不変であるが、かのナポレオン法典のごとく『子ハ年齢ノ如何ニカカワラズ父母ヲ尊敬セザルベカラズ』と命じ、または問題の刑法諸条のごとく殺親罪重罰の特別規定によって親孝行を強制せんとするがごときは、道徳に対する法律の限界を越境する法律万能思想であって、かえって孝行の美徳の神聖を害するものと言ってよかろう。本裁判官が殺親罪規定を非難するのは、孝を軽しとするのではなく孝を法律の手が届かぬほど重いものとするのである」（二〇五一頁）。

四半世紀を経て

よく知られているように、この大法廷判決は二三年後になって変更されることとなる（最大判昭和四八年四月四日刑集二七巻三号二六五頁）。この判決は次のような構造を持つ。

①憲法一四条は合理的な根拠のない差別的取扱いを禁止しているところ、刑法二〇〇条は身分関係の存在を理由に刑を加重するものであり、差別的取扱いにあたる。それゆえに、合理的な根拠の有無が問われる。

②尊属に対する尊重報恩は刑法上の保護に値し、尊属殺は人倫の大本に反し、特に重い非難に値する。それゆえ、尊属殺重罰は不合理ではなく、量刑上重視するだけでなく法律上の加重要件としても、直ちに合理的根拠を欠くとは言えない。しかしながら、加重の程度が極端な場合には憲法一四条に違反する。

③「卑属が、責むべきところのない尊属を故なく殺害するがごときは厳重に処罰すべく、いささかも仮借すべきではないが、かかる場合でも普通殺人罪の規定の適用によつてその目的を達することは不可能ではない。その反面、尊属でありながら卑属に対して非道の行為に出で、ついには卑属をして尊属を殺害する事態に立ち至らしめる事例も見られ、かかる場合、卑属の行為は必ずしも現行法の定める尊属殺の重刑をもつて臨むほどの峻厳な非難には値しないものということができる」（二七〇頁）。

以上のように、昭和四八年判決も尊属殺重罰規定が直ちに違憲だと断ずるものではなかった。ただ、極端な加重は違憲となるとしたのである。その実質的な理由は③として引用した通りであるが、これは重遠が述べた第一点に相当すると言える。こうして重遠の主張の半ばは四半世紀を経て多数意見となったのである。

なお、事実関係を見ると、四八年判決の事件は加害者の情状が十分に考慮され、減刑がされてよい事案であったことが窺われる（この事件については、谷口優子『尊属殺人罪が消えた日』〔筑摩書房、一九八七〕を参照）。

法と道徳　重遠が強調した第二点、すなわち法と道徳の区別につき、昭和四八年判決は正面からは触れていない。しかし、法と道徳との区別は、重遠が若いころから一貫して主張している点であり（「法律ト道徳」『法学志林』二〇巻四号、一九一八）、また、戦後にとりわけ強調した点である（「法律の上に道徳がある」社会教育協会『公民教育講座1』社会教育協会、一九四六）。この点を理解を欠いては、重遠の法理学を理解することはできない。

法と道徳の関係に関する重遠の主張は、次の二点にまとめることができる。第一は、法と道徳とを峻別しないということである。すなわち、道徳のうちのある部分が法律となるのであり、道徳とは無関係に法律が制定されるわけではないという考え方である。法律は道徳等の第一次規範に社会力による強制が加わった第二次規範であるというのである。第二にそこから、法律万能主義に対する批判が導かれる。（立法者は）法律によって全てをなしうるわけではないし、（国民は）法律の定めがない限り、何をしてもよいわけではない。ここからは「悪法は法にあらず」という考え方（重遠は治安維持法は悪法だと言っていたようである〔東京大学セツルメント法律相談部『穂積・末弘両先生とセツルメント』三四頁〕）も出てくる一方で、姦通罪がなくなったからといって、姦通が奨励されているわけではないと考え方も出てくる。

法と道徳に対するこのような見方は、法を相対化することになる。すなわち、一方で法に対する批判の観点を生み出すとともに、他方、規範現象全体を視野に入れ、法をその中で位置づける見方を導くことになるのである。実は、帝人事件における弁論冒頭の発言もこうした見方と付合する。有罪無罪は法律の問題だが、それとは別の次元の問題がある。まさに「法律の上に道徳がある」のであり、法治は必要ではあるが徳治はそれ以上の価値を持つのである。

書名に込めた想い

以前から重遠は、徳治だけではなく自治を強調してきた。戦後には改めて、この点が強く主張されるようになる。『私たちの民法』『私たちの憲法』あるいは『わたしたちの親族法・相続法』という書名は、このことを端的に示している。

重遠は次のように述べている。「いやしくも民主国の国民たる以上、国家生活の基礎法たる私たちの憲法と日常生活の根本法たる私たちの民法ぐらいは、せめてその大体では知っていたいものです」（『私たちの民法』二頁）。「民法は私たちの日常生活の法律で、親子夫婦・衣食住・売買貸借・勤労交通、いずれか民法問題ならざるべき、という次第です。もちろん時々物々を一々法律問題にするようでは困りますし、ハシのあげおろしにも権利の義務のと言うのでは殺風景ですが、まさかの時には私たちの親族生活と経済生活とを規律する民法があり、そしてその裏には生活の自由と安全とを保障する憲法がある、というの安心のもとに、私たちは日常生活を営み得るのです」（『私たちの民法』二一～二三頁）。以上の民法観・憲法観は、民法と憲法とを併置し、かつ、民法の背後で憲法が「生活の自由と安全」を保障していると捉えるものであり、それ自体が興味深い見方である。

また、新民法の三大原則（社会福祉・信義誠実・個人尊厳）につき、「一見根本観念が分列しているような感じを与えるかも知れませんが、元来、個人が社会を作り、社会が個人を作る。個人尊厳を徹底すれば社会福祉であり、社会福祉を還元すれば個人尊厳であります」（二二六頁）とし、国体の変化につき、「わが国は昔も今も『一君万民』である。ただ明治憲法の一君万民は、一君から見た万民であったが、昭和憲法の一君万民は、万民を通しての一君である。…天皇の尊厳は本来国民確信から盛り上がったものではなかったろうか」（『私たちの憲法』六頁、一八頁）としているのも、重遠の持論であるが、（個人寄りに力点を移しつつ）戦後もそれが維持されているのを見ると、当然ではあるものの、ある種の感慨を覚える。ちなみに象徴天皇は「国民の精神的代表」とされているが、この理解は、先に記した樋口陽一の見解（本書二六〇頁参照）とも呼応する。

最も注目すべきは、「新憲法はわれらの契約」とする立場である。「日本国憲法前文を朗読し来り、最後の一言『誓ふ』と力強く結んで、私は思わず、ここだ、と机をたたく。新憲法は全世界に対するわれらの誓いであり、八千万国民相互の約束である。すなわち、新憲法はわれらの契約なのだ」。「単数の「われ」ではなく複数の「われわれ」であることを、この「われわれ」が十分に認識自覚するとき、新しい『契約憲法』によって更生した新しい『契約日本』が、本当の『アワ・カントリー』になるのである」(『私たちの憲法』九頁)。

そして、この目標に達するために、「新憲法は家庭から」(一一一頁)との主張がなされることになる。「家庭がまず民主的になれば、国家はおのずから民主的になる。新憲法の『個人の尊厳と両性の本質的平等』の金科玉条を、まず以て手近な家庭から実現したいものではないか」(一一三頁)というわけである。

民法改正

新しい日本のためには、新しい憲法と新しい民法とが要請される。そうだとしたら、とりわけ民法学者としての重遠にとって、民法改正は重要な課題となったはずである。この点につき重遠は、戦前の改正作業を次のように総括している。

「元来『民法』という名前も『ローマ市民法』から来ているのです。それゆえ、親族・相禄の部分はもちろんわが国の家族制度ですが、全体として西洋式の民法です。そこで民法の規定中『邦国古来ノ淳風美俗』にかなわぬものがあるというので、政府は大正八年以来民法親族編相続編の改正に取りかかりました。これは『邦国古来ノ』といういわば反動的傾向から出発したものでしたが、しかし時勢の進展は争われないもので、進歩的傾向も相当に取り入れられ、新旧思想の調和に苦心が払われました。そして昭和にはいってから改正案が一応脱稿しましたが、附属法令の起草に手間取っているうちに、事変となり戦争となり、二三の改正点が単行法として実施されただけで、そのままお流れになってしまいました。三十年あまりをむだ骨折したようでもありますが、今となってはなましあのような中途半端な改正が実現しなかった方がよかったのですし、又そのための調査研究が今度の大改正の飛び石捨て石になったとも考えられます」(『私たちの民法』六頁)。

そう考えるのであれば、家族法を中心に研究を重ね、家族法改正の担い手でもあった重遠こそが、新家族法の起草にあたるべきであったのではないか。当人もそう考えていたことは、本章の冒頭で触れた通りである(本書二三七〜二三八頁参照)。

日記に次のような記述が現れる。「入江法制局長来訪、民法改正の議に参与すべき旨首相及び法相の命により依頼あり、考慮すべきことを約し、宮相と会談す。宮相に於ては異論なし」(一九四六年九月二五日。『終戦戦後日記(一九四五〜五〇年)』八二頁)。このように、政府側は重遠の関与を積極的に求めているのだが、重遠がこれを応諾した様子は見られない。実際のところ、その後の立法過程に重遠が関与したという事実は知られていない。

ただ、公聴会において参考人としての意見陳述は行っており、日記にも「午前十時衆議院司法委員会公聴会に出席」(四七年八月二〇日。一三二頁)という記述が残る。四七年夏と言えば、最高裁長官就任の打診があった時期であるが、少なくともこの時期までの重遠は東宮職を離れる気にはなれなかったのであろう。あるいは、我妻・中川が起草委員になっている以上、もはや自分が出て行くまでもないと思ったのかもしれない。

陪審について

『私たちの憲法』『私たちの民法』を求めるのであれば、『私たちの司法』もまた求められてしかるべきである。実際のところ前にも述べた通り、重遠の遺稿は「わたしたちの判事さん」（『有関法学』、一粒社、一九六〇）であった。

イギリス留学当時、「社会教育に関心を持っていたので、ロンドンでも少しばかりそのための資料を集めた。その中のある『市民読本』（シティズンシップ・リーダー）をあけて見たら、裁判所のことを書いてある課（レッッスン――筆者註）の終わりについている『設問』（クエスチョンズ）の中に、『フー、イズ、ユア、ジャッジ。』（だれがおまえの判事か）という一問があったので、なるほどとうなずいた。…イギリスは人物本位で、判例を引くにも…『ロードだれそれの判決』『ジャスティスなにがしの判決』と言うのだから、ここでも『おまえが御世話になる判事さんはどなたか。』という問題になるのだ。…『市民読本』の著者から言えば『おまえの判事さん』だが、市民にとってはわたしたちの判事さんなのだ」と続くこの文章は、「はからずも裁判官になった。なった以上は、『私たちの判事さん』『ぼくらの判事さん』になりたいものだ」（一一頁）と結ばれている。

しかし、重遠の自治的法律観をさらに展開するならば、「私たち自身が判事」という考え方が出てくることになる。陪審制度である。戦後の重遠の一文に「宿題の陪審制度」（『日本弁護士連合会会報』、一九五〇）というものがあるが、そこには戦前の陪審制度の不調につき「審議会で採用論に手を挙げたわたしとしては、甚だ見込みちがいと、いささか責任を感じる始末だ」（一〇頁）としている。

その上で重遠は言う。「私は裁判というものを、判事、検事、弁護士三位一体の共同事業と思っている。いな、百尺竿頭さらに一歩進めて、裁判所と国民との共同事業ということにならなくては、本来の裁判と言えないと考える。元来、新憲法下の民主裁判・国民裁判という以上は、結局陪審裁判まで行かなくてはならないのではあるまいか」（一一頁）。「私はこのせっかくの国民裁判制度を断念したくないのであって、結局の理想到達を鶴首期待している。そしてその第一歩として、先ず以て陪審裁判に堪える冷静明敏にして情理兼備なる法治国民（法によって治められる国民でなく法によって自ら治める国民）の育成に、僭越ながら微力を捧げたいと念じている」（同頁）。

こう考えるがゆえに、重遠は忙しい合間を縫って講演に勤しみ、新著の執筆に向かったのであろう。

「戦後」の終わり

多忙を極めた重遠は、一九五一年七月二九日に逝去する。死因は心臓変性症であった。それから一ヶ月余り後の九月八日、日本はサンフランシスコ講和条約に調印する。こうして占領の時代――狭い意味での戦後――は終わりを告げることとなった。

一九四五年八月一〇日から五一年七月二九日まで、重遠が東宮大夫として最高裁判事として生きたのは、まさに、この「戦後」であった。この五年の間、彼は、帝国日本の崩壊を目の当たりにし、新しい天皇制を打ち立てようとし、そして、新しい法や司法のあり方を確立しようとした。

天皇制のその後については前述の通りであるが、法や司法のその後についてはどうか。重遠の没後、六〇年の年月が過ぎ去ったいま、司法への国民参加はようやく実現に至った。また、新民法（昭和民法）は再び大改正の時を迎えようとしている。

重遠の六八年の生涯を辿り終えたいま、私たちは、今日的な課題を念頭に起きつつ、重遠の人生を総括する地点に到着した。最後の章はそのための作業に充てられることになる。

終章　市民＝法学者として——翼を広げて（一九五二）

再評価の視点

これまで重遠には二つの批判が寄せられてきた。「批判」というのは言い過ぎかもしれない。批判者の多くが重遠の生き方や業績に対して概ね好意的な態度をとっていることを考えるならば、むしろ二つの側面から重遠の限界が語られてきたと言った方が正確だろう。しかし、これらの「批判」は重遠の人格と学問の根源に触れるものであった。今日、重遠が忘れられているのは、時間の経過だけによるものではない。重遠には限界がある、という見方もまた、この忘却に貢献したように思われるのである。仮にこうした批判そのものもまた、今日では忘却の彼方にあるとしても、重遠の再評価にあたっては、これらの批判を避けて通るわけにはいかない。

では、その批判とはどのようなものだったのか。限界の一つめは、「重遠は忠臣に過ぎなかった」、二つめは「重遠には理論がない」というものであった。言い換えるとこれらは、「重遠は市民ではなかった」、「重遠の研究は学問的ではなかった」ということになる。はたしてそのように言うことができるのか。結章では、この二つの問いに答えることを通じて、重遠の再評価を試みてみたい。

気品の高い「忠臣」

重遠が、そして末弘厳太郎が亡くなった直後に、ある座談会（「穂積法学・末弘法学の分析と批判」『法社会学』二号、一九五二年）が行われている。既に紹介したように（本書二五八～二五九頁参照）、その中で戒能通孝は次のように述べていた。「穂積先生の法律学は、どっちかというとほんとうの善良なる貴族の法律学だったのではないかと思います」（五四頁）。さらに戒能は次のようにも述べている「穂積先生は非常に善良なる、そして気品の高い『忠臣』だったという感じがします。」（五五頁）。

こうした評価を戒能は次のように理由づけている。「先生の法律学に対する態度は、上から来るところの残酷な法規をできるだけ緩和した形で民衆に及ぼして行こう…という態度が出ていたのではないかと思うのです」（同頁）。「穂積先生のそういう態度に比較して、末弘先生の態度はもっと市民的であり、穂積先生がどちらかといえばモデレートな、君主制をよき形で維持して行こうとされているのに対して、もっと批判的だったのではないか、純粋な意味でのデモクラートだったんじゃないか」（五四～五五頁）。つまり、重遠は貴族的であり市民的・民主的ではないが、忠臣であり善良なる貴族ではあったというのである。

この評価の後段部分は的を射ているといえる。確かに重遠は「忠臣」であり「善良なる貴族」であった。重遠の人生を貫くのは、ある意味では古い伝統的な思想である。一言で言えばそれは「論語」に求められる思想である。論語の思想はまさに「忠臣」の思想であろう。「忠臣」であるとは統治の責任を担うということであろうが、論語は政治倫理として治者の側に徳治を求めるものだとすれば、重遠はまさにこれに応じようとして生きたといえる。

重遠はその名が示すごとく、「任重く、道遠し」という思いを抱いて生きた。彼の人生にはノブレス・オブリージュ（noblesse oblige）の観念が色濃く表れている。重遠の娘・岩佐美代子は「社会の指導的な立場の人々」という言葉を口にされたことがあったが、まさに重遠はそのような人々の一人としての任を負い、あるべき道を求めてきたのである。

市民であるか否か

戒能の評価の前段部分についてはどうか。重遠が「デモクラート」ではなかったと言われれば、それはそうかもしれない。重遠は「民衆のため」を標榜したが、「民衆による」を盲信したわけではなかった。たとえば婦人参政権には早くから賛成していたが、暴力的な活動によってその実現をはかろうという運動を是とはしなかった。

しかし、重遠が「市民的」でなかったという評価は再考を要する。改めて、「市民」とは何か、「市民でない」とは何を意味するかを考えてみなければならない。本格的な市民論を展開することはできないが、市民には少なくとも四つの意味があるように思われる。①市民＝ブルジョワ（bourgeois）、②市民＝シトワイヨン（citoyen）、③市民＝レパブリカン（républicain）、④市民＝レヴォリューショネル（révolutionnaire）の四つである。

①は「市民社会＝経済社会」というとらえ方をする。ブルジョワとは都市住民であると同時に資本家階級を指す。渋沢栄一に連なる重遠はこの意味での市民層に属するといえる。もっとも、戒能の

「市民」はこの意味での市民ではなかろう。①の意味での市民であるかと問われれば、戒能も重遠は「市民」であるとしたであろう。しかし、それは民衆によって乗り越えられるべき「市民」である。

問題は②③である。②は「市民社会＝政治社会」というとらえ方である。シトワイヨンとは政治的共同体 cité の統治に責任を負う者のことである。この意味であれば、重遠はまさに「市民」にほかならない。③は「市民政体＝共和国」というとらえ方である。ここでの「共和国 république」を国王のいない政体と考えるならば、天皇制（王政）を支持する重遠は市民ではないことになる。同時にこの定義によれば、イギリス人の多くは市民ではないことになってしまう。しかし、république を原義に戻ってより広く res publica（共通のことがら）と考えるならば、王政支持と「共和国」とは両立することになり、③は②に帰着することになる。再び樋口陽一によれば、「共和国」＝王様のいない国ではない（『「共和国」フランスと私――日仏の戦後デモクラシーをふり返る』〔つげ書房新社、二〇〇七、一二八～一二九頁〕など）。王様がいなくても独裁制の国はあると同時に、王様がいても民主制の国はある。共通のことがらに、国民の関心を集約出来るか否かが焦点であり、その意味では重遠はレパブリカンであるといえる。

もっとも、④に着目するならば話は別である。「市民たちよ、武器をとれ」と呼びかけられる革命の担い手を「市民」と呼ぶのであれば、重遠は市民ではない。彼は改革派ではあるが急進派ではない。以上のように、重遠が「市民」であるか否かは、①～④のどの意味で市民を理解するかにかかっている。

重遠には理論がなかったか

重遠には理論がない。このことは複数の論者によって指摘されてきた。すでに述べたように（本書一四四〜一四五頁参照）、『有閑法学』に対する栗生武夫の書評がその一例であった。重遠は資本主義の問題点を語らないというのである。もっとも、栗生の批評は、エッセイに対するものとして「無いものねだり」の観があり、他方それ自体が寸言的であり言葉足らずなであることは別にして、その依拠する階級主義的な理論観は狭隘に過ぎる。

しかし、より有力な批判もなされている。重遠の主著『親族法』に対する末弘の批判である。『親族法』に関しては第三章でやや専門的な観点から論じたので詳しくはそちらに譲り、ここでは末弘批判の要点のみを再掲しておく。末弘は「本書はあらゆる点に於て余りにも理論的解説を欠き過ぎている」（「穂積博士の『親族法』を読む」五四頁）という。具体的には次の二点が挙げられている。

一つは、法理論の欠落である。たとえば、民法総則の法律理論が親族法にあてはまらないことや親族法の強行法規性と調停との関係につき説明を欠くという。もう一つは、歴史観・社会理論の欠落である。家族の歴史につき様々な事実を蒐集してもそれだけでは将来を展望できない、また、法律制度と法律生活につき相当の分量の記述をしているのに法律論との間の関連づけがされていないというのである。

これらの批判も、それ自体としてはあたっている。重遠は、民法総則の総則性や親族法の独立性などに関心を示してはいない。また、特定の歴史観・社会理論に与することはなく、歴史認識・社会認識を法解釈と直結させることもしていない。その意味では末弘の言う「理論」を欠いている。

もっとも、問題は法学における「理論」とは何か、さらに理論と学問の関係をどう考えるべきかという点にある。末弘は二点に分けて批判を展開したが、そこで欠けているとされた「理論」には、次の三つのものが含まれている。①「法体系」の構築、②「社会法則」の定立、③社会と法の「連結方法」の確立である。

しかし、①については重遠は意図的に体系思考を排除している。この点は末弘も十分に意識しており、「理論的考察を排斥している」（同頁）と適切に指摘している。たとえば、『民法読本』は、民法総則的な発想を除去したところからスタートしている。②について重遠は、社会法則が存在しない、という懐疑論を積極的に展開しているわけではない。ただ、歴史法則・社会法則を予め措定するという方法論に与しないだけである。『法律進化論』の著者を身近に見てきた重遠は、法則定立の困難さをよく知っていたのであろう。もっとも③については、限られた範囲であるにせよ、社会と法の関係について、より立ち入った分析が必要ではないかという批判はありうる。ただし、社会的事実から法理論を構築することが法学の唯一の目的かと問われれば、重遠は否と答えたであろう。ここでの問題は、学問とは何かということに及ぶ。

法現象の認識を目指して

「法理学」にせよ「現実法学」にせよ、法学者としての重遠は「学問」をめざしてきた。これは疑いのないところである。早い時期から重遠は、法律学は法律の「学問的知識」であるとし、「学問的知識」とは、ある現象についての経験を「総合分析彙類組織」してその「現象の通性を抽象」し、その現象の「根本原理」とその全現象中の「位置」とを認識することであるとしていた。その上で、個々の法律現象の研究を「法律の科学」＝「現実法学」と呼び、法の根本原理や位置づけの研究を「法律の哲学」＝「法理学」とした（本書六八～六九頁参照）。

重遠にとって法学はまさに「学問」なのであり、「法現象」の認識が目指されていたのである。反対に言えば、法解釈は学問の成果（応用）ではあるが目的そのものではなく、法体系は認識されるべき法現象の一部にすぎない。この法学観は当時の法学の主流をなす考え方とは大きく異なっていたし、末弘のそれとも一致しないところがあった。この点につき前述の座談会で川島武宜は興味深い指摘をしている。

川島は「先生の法律学の出発点が、当時のあらゆる支配的な法律学者と違って英法であったということ」（「穂積法学・末弘法学の分析と批判（座談会）」五七頁）を指摘し、次のように述べている。「イギリスの法律学は、事実から裁判官が裁判規範を発見して創造して行く、つまり事実から離れない。だから、先生の法律学は、抽象的な理論体系をつくって、それらから論理的な首尾一貫性を金科玉条として追究するというようなことでなしに、いつも具体的な問題を頭に浮べて、一つ一つ解決して、そこから考えられる限り理論を作ってゆく、しかしそれ以上に論理だけで先に進んでいくことはしない」（五七～五八頁）。

こうした認識に立って川島は続ける。「僕が穂積先生の講義を盗み聞きしたり、先生の本を読んだりしたときに、論理的一貫性がない、何だかもの足らないという感じがしたんです。…だけどもその後いろいろ考えるに、一体、科学の『理論』というものはもちろん首尾一貫性がなければならないし、そしてある一つの理論は、ずっとどこまでも追究して行けばあらゆる問題が解けるというようなものでなければならないのは言うまでもないが、しかしその理論をつくるプロセス（傍点は川島――筆者註）はそういうものではない。頭の中の論理でつくるのではなくして、いつでも現実の問題から出発してつくられるべきものであるということを僕ははっきり認識していなかった」（五八頁）。

川島自身が傍点をふって強調した「つくるプロセス」を示して見せた、さらに言うと、同僚や学生たちと共有しようとした。それが重遠の学風であった。

士大夫あるいはジェントルマンとして

重遠は「市民」であった、と述べた。そのことに間違いはない。しかし、同じことをより重遠にふさわしい形で表現するならば、彼は、士大夫あるいはジェントルマンであった、というべきだろう。ここでいうジェントルマンとは、オックスブリッジを卒業して社会の指導層になる人々、教養と徳性を備えた理念型としての英国紳士のことである。機能的にこれに対比しうるのは東洋では士大夫であろう。地主層から出て、科挙を経た官僚であり文人でもある。四書五経の学識と先憂後楽の気概、それはまさに重遠の目指すところであったと言える。

「市民」と「ジェントルマン」とはともかく、「市民」と「士大夫」との間にはギャップがあるように思われるかもしれない。しかし、（財産と）教養と徳性を備え統治に対して責任を負う、という点で三者は共通している。実は、「市民」と「士大夫」との関係は、明治初期の日本人も意識していたようである。この点は重遠の専門である「民法」と密接にかかわる。

「民法」はオランダ語のBurgerlykregt、フランス語のCode civilの訳語であり、津田真道が提唱し箕作麟祥が普及させたものである。しかし、civil（市民の）の訳語として「民」が適当か否かという点につき、当初は異論もあった。「民」は被治者を表すが、シトワイヨン（citoyen＝市民）とは自ら治める者だろうというのである。そこで「都人士」という訳語も提案された。「都」はブルジョワ（bourgeois＝都市の人々）としての市民、「士」はシトワイヨンとしての市民をとらえようとするものである。訳語としての良否は別にして、その意図はよくわかる。東洋の教養を持つ明治人にとって、シトワイヨンとは「士大夫」なのである。大まかに言えば、「武士道」の「士」も同じものを指しているはずである。

市民＝士大夫たれ　重遠の「市民＝士大夫」観の大きな特徴は、自らが「市民＝士大夫」であろうとしただけでなく、人々に「市民＝士大夫」たれと求めた点にある。重遠は、「人（homme）」は、「市民（citoyen）」であるべきであり、市民でありうると考えたのである。誰もが「理」を具えており、自己修養によって社会の維持に貢献できる。それはまさに儒教（朱子学）の説くところでもあった。

先の座談会に戻るが、平野義太郎は、条文・判決文の口語化と裁判の簡易化をあげて、重遠が「法の社会化・民衆化」（六〇頁）につくしたと指摘している。この発言を受けて戒能は「確かに先生は法律を民衆化するということを本気でやっておられた。先生の法学通論を末弘先生に一寸批評めいたことをいったところ、『君はあんなになりふりまかわず法律をわかろうそうと思って努力した人が今まであるのを知っているか』とお小言を食ったことがありました。これは末弘先生の卓見だと思うのです」（同頁）と述べ、川島は「穂積先生のそういう市民精神は、僕はやはり本物だと思いますね。とにかく法律を普及しようというその努力には、やはり頭が下がります。僕にはどうしてもまだそこまで徹底した気持ちになれない」（同頁）と応じている。

一連の発言を磯田進一（一九一五～二〇〇二。労働法学者）は次のように総括している。「穂積先生のなさったことの客観的な意味はこうじゃないでしょうか。法律学あるいは法律書と一般民衆との距離が日本ほど開いている所は、おそらく外国にはないのではないかと思うのですが、そのことは日本の法律学の一つの遅れだと思んです。そこで穂積先生はその遅れを取り戻そうとされた。そういう意味で穂積先生のそのラインの努力を私たちは高く評価しなければならない」（六一頁）。

日本の後進性・特殊性という発言には留保が必要だが、重遠は、法と民衆の距離を詰めようと努力する、自ら「市民」たるだけでなく他を市民たらしめようとするという意味で、いわば「市民化する市民」であった。ここに重遠の本領があることは確かである（川島はこれを「市民精神」と呼んだ）。

真理は細部に顕現

重遠の「学問」観については、すでに述べた通りである。

重遠は当初から親族法相続法の研究を志し、沿革的・比較法的・立法的・社会政策的研究の展開に心がけた。特に「法律学（現実法学）」には注釈的研究と社会学的研究とがあるとし、親族法相続法に関しては、特に社会学的研究を推し進めることべきことを説いた（本書七〇～七一頁参照）。もちろん、注釈的研究が必要なことを前提としているが、自らの任務ではないと考えているかのごとくである。「条文の字句の説明に至っては、私は野上判事の詳細な注釈書に譲るつもりで安心して略筆を用いた」（『親族法』序五頁）と述べていることは、前述したところである。

言い換えるならば、重遠は、歴史の中に、比較の中に、立法過程の中に、政策論の中に、法を置いてみようとした。法という現象に対して多面的にアプローチして、その特質を明らかにする。それが重遠の目指すところであった。もちろん、立法や社会政策論ということになれば、自らの価値判断を前面に示すことも少なくなかった。しかし、その場合であっても、様々な可能性を含む多様な素材を提示すること、それが重遠がまず第一に目指したことであった。

重遠においては、先鋭な理論よりも豊穣な事実が好まれた。真理は細部に顕現する。そう信じていたかのごとくである。

完結・峻別よりも開放・架橋を

細部への愛着は視野の拡大、周辺への架橋へと繋がる。重遠の法学は求心型ではなく遠心型の学問である。閉じた体系を構築したり、法を法以外のものから峻別することよりも、法のフロンティアを開け放ち、異なる領域との関連づけをはかる。これが重遠の法学であった。

末弘はこの態度を指して、「学生の頭を学問的に鍛錬することが出来ない」「学生をして興味本位のディレタンティズムに陥らせる」（「穂積博士の『親族法』を読む」五四頁）と批判する。この批判は、理論を提供することが学問的な鍛錬に役立ち、ディレタンティズムを免れさせるという前提に立っている。しかし、重遠に言わせれば、既成の理論を教えるのではなく、素材を示して自ら考えさせることこそが、学問的鍛錬にほかならないということになろう。また、必要なのは、専門家だけでなく幅広い関心を持つ素人（一般市民）を育てること、さらに言えば、専門家の関心の幅を広げることであるということになろう。

重遠の法学は開放・架橋の法学であると言える。その背後にあるのは、法を「学ぶ人」に対する信頼であり、法を「支える人」の多様性に対する確信であろう。人はよく学ぶことができ、法は人がよく学ぶことによって支えられるということである。

春風駘蕩の人

これまで見てきたように重遠の人生と学問は、その根底において、重遠という個人の人格と密接に結びついている。一言で言えば、重遠は秋霜烈日の人ではなく、春風駘蕩の人である。異なる人や学説を切り捨てるのではなく、異なることを認めつつ包摂する。この態度は、「八方美人」と呼ばれることもあったが、多様性に対する包容力と解すべきだろう。後に続く人々が力をあわせて、よい法とよい法理論を作り出してくれるに違いないと考える。重遠を貫くのは、世界や人間の進化に対する基本的な肯定なのである。

いかなる困難・挫折に直面しても、そこには常に「希望」が見出される。「市民」としての重遠にせよ「法学者」としての重遠にせよ、その全体を統合するのは、「ゆとり」であるのと言えるのかもしれない。その「ゆとり」は生来のものによるばかりではなく、「やせがまん」の成果でもあろう。市民、ノブレス（noblesse）、ジェントルマン、士大夫……。どのように呼ぶにせよ、そこには、自ら何かを引き受ける、という決意がある。そして決意した以上は動じないという覚悟。それが重遠の春風駘蕩の内実であろう。

大正一法学者の「相続人」たち

重遠が亡くなってから六〇年の歳月が過ぎた。彼の人格と学問は、その後、誰によってどのように承継されたのだろうか。数人の名が思い浮かぶ。まずは中川善之助、来栖三郎、そして川島武宜である。また、我妻栄の名を逸することもできない。冒頭に述べたように、彼らは、重遠の後の世代として昭和法学を担った人々であった。

重遠の直弟子のうち年長の中川は、重遠の跡を襲って家族法学の第一人者となった。より若い来栖は重遠の直接の後継者となった。来栖も当初は家族法に強い関心を示していたが、むしろ法源のあり方、法と社会の関係に関する重遠の発想を発展させたと言える。その意味では、重遠の法理学（法学方法論）を承継したと言うことができる。

川島はどうかと言えば、彼は重遠の家族法学の実践性を引き継いだと言える。論壇で展開された川島の家族論は、その議論の姿勢や媒体の点から見て重遠の延長線上にあると言える。また、我妻が様々な意味で重遠の後継者であったことはすでに述べた通りである（本書一四八〜一五一頁参照）。とりわけ、我妻という媒介項を置くことによって、重遠の影響は、ポスト我妻世代の加藤一郎や星野英一に及ぶことになる。

こうして見ると、重遠の影響は予想外に大きい。現在そのことが十分に理解されていないのは、重遠と昭和の民法学者たちとの系譜関係があまり意識されなかったからであろう。これらの人々に末弘が与えた影響については様々な形で語られてきたが、それと並んで（あるいはそれ以上に）重遠の影響は大きい。特に、家族法学と法学方法論というすぐれて「戦後」的な領域において、重遠は基本的な枠組を設定したといっても過言ではない。また、盟友・末弘も強調したように、法の普及（市民の育成による「民法」の実現）は重遠の独壇場であった。

墓碑（著者撮影）

失われた「遺産」を求めて

昭和の法学者たちが退場して久しい今日、より若い世代の法学者たちが重遠の名を口にすることは稀である。この二〇年の間に、家族法学も法学方法論も大きくその姿を変えた。しかし、いったんは否定されたように見える重遠—中川の家族法学、重遠—来栖の法学方法論に見直すべきものはないか。これは慎重な検討を要する課題である。

それ以上に重要なのは、川島—加藤・星野がはたしてきた役割である。「市民」として、「市民」たろうとする人々にむけて語る。大正・昭和の民法学がはたしてきた、市民＝シトワイヨンの法を実現する試みは、今日では急速に衰弱しつつある。川島の退場後、（政治的・社会的側面で）加藤と（学問的・啓蒙的側面で）星野とがいわば分担してはたしてきた役割は、その重要性を認識されることなく忘れ去られようとしている。

はたして、これでよいのだろうか。重遠が活躍した大正デモクラシーの時代と戦後民主主義の時代に続き、グローバリゼーションの下での市民社会が模索されている今日において、「市民の法（学）」としての民法・民法学がはたすべき役割は何か。この問いに直面しているのは法学者だけではない。

市民もまたこの問いに正面から取り組まなければならない。重遠の遺産を再発見する試みは、そのための第一歩となるはずである。

もっとも、これまでのところ、穂積重遠研究は必ずしも十分に進んでいるわけではない。本書は本格的な研究のための、それこそ初めの一歩にほかならない。後続の研究が続き、重遠の多様な側面が様々な観点から検討され、（マイナス面も含めて）その遺産の全貌が理解されるにいたることを望みたい。そのためには資料の整備が必要であるが、本書に用いた資料以外の資料も含めて、その利用を促進するための工夫もしていきたいと思う。

主要参考文献

Ⅰ　穂積重遠の主要著作（論文・小冊子・座談会等は関連各章の参考文献に掲げる）

民法・法理学

『戦争ト契約』有斐閣、一九一六年。
『法理学大綱』岩波書店、一九一七年。
『親族法大意』岩波書店、一九一七年。
『民法総論　上下巻』有斐閣、一九二一年。
『離婚制度の研究』改造社、一九二四年。
『相続法大意』岩波書店、一九二六年。
『親族法』岩波書店、一九三三年。
『債権法及び担保物権法（講義案）』有斐閣、一九三四年。
『相続法　第一分冊〜第三分冊』岩波書店、一九四六〜四七年。

法教育・法学教育

『民法読本』日本評論社、一九二七年。
『判例百話』日本評論社、一九三二年。

『法学通論』日本評論社、一九四一年。
『法学通論』日本評論社、一九四一年／一九四九年（全訂版）。
『新民法読本』日本評論社、一九四八年。
『私たちの民法』社会教育協会、一九四八年。
『私たちの憲法』社会教育協会、一九四九年。
『私たちの親族法・相続法』法律のひろば社、一九五〇年。
『百万人の法律学』思索社、一九五〇年。
『法律入門』（ＮＨＫ教養大学）宝文館、一九五二年。
『有閑法学』日本評論社、一九三四年／一粒社、一九六〇年。
『続有閑法学』日本評論社、一九四〇年／一粒社、一九六一年。
＊以上のうち、戦後に公刊されたものは、大村敦志編『われらの法――穂積重遠法教育著作集　第一集〜第三集』（信山社、二〇一一年）として復刊。なお、『やさしい法学通論』（有斐閣、一九五四）は、『百万人の法律学』を中川善之助が補訂したもの。

家・婚姻・離婚・女性

『婚姻制度講話』文化社会研究会、一九二五年。
『結婚訓』中央公論社、一九四一年。
『離縁状と縁切寺』日本評論社、一九四二年。
『結婚読本』中央公論社、一九五〇年。

自伝的な講演と日記

穂積重遠「大学生活四十年」『法律時報』一五巻一〇号、一九四三年。

穂積重遠「大学生活四十年」『緑会雑誌』一五号、一九四三年。
＊内容に重点の差がある。
穂積重遠（穂積重行編）『欧米留学日記（1912～1916年）――大正一法学者の出発』岩波書店、一九九二年。

穂積重遠（大村敦志校訂）『終戦戦後日記（一九四五～五〇年）――大正一法学者の晩年』有斐閣、二〇一二年。

Ⅱ　全体を通じての参考文献

穂積重遠に関する小伝・研究など

古賀勝次郎『近代日本の社会科学者たち』、第四章「鵜澤総明と穂積重遠――儒学と近代法学」行人社、二〇〇一年。

川島武宜「穂積重遠博士の家族制度観」末川博ほか編『穂積先生追悼論文集　家族法の諸問題』所収。

関純恵「穂積重遠の公民教育論」『奈良女子大学文学部教育文化情報学講座年報』三号、一九九九年。

「座談会　穂積法学・末弘法学の分析と批判」『法社会学』二号、一九五二年。

中川善之助・穂積仲子・穂積重行「穂積三先生を語る」『書斎の窓』六三・六四号、一九六二年。

西原通雄「穂積重遠」『法学教室』一八一号、一九九五年。

穂積重行「父穂積重遠の思い出」『法学教室（別冊ジュリスト）』四号、一九六二年。

牧野英一「穂積君の法律五面観」『国民』六二一号、一九五二年。

八木鉄男「穂積重遠の法と道徳についての見解」八木鉄男・深田三徳編著『法をめぐる人と思想』ミネルヴァ書

房、一九九一年。

山主政幸「穂積重遠」『法学セミナー』一九六〇年七月号。

利谷信義「穂積重遠」潮見俊隆・利谷信義編『日本の法学者』日本評論社、一九七五年。

我妻栄「穂積重遠先生の人と学問」『法学セミナー』一九六九年四月号。


穂積重遠の子どもたちの著書・編著書など（穂積重遠に関連するものに限る）

岩佐美代子『宮廷の春秋――歌がたり女房がたり』岩波書店、一九九八年。

岩佐美代子「近代と和歌――穂積歌子昭和三年『歌日記』」兼築信行・田渕句美子責任編集『和歌を歴史から読む』笠間書院、二〇〇二年。

岩田なつ編『岩佐美代子の眼――古典はこんなにおもしろい』笠間書院、二〇一〇年。

公益財団法人渋沢財団渋沢史料館『穂積重行氏オーラルヒストリー』二〇一〇年、非売品。

穂積重行『明治一法学者の出発――穂積陳重をめぐって』岩波書店、一九八八年。

穂積重行『穂積歌子日記1890―1906――明治一法学者の周辺』みすず書房、一九八九年。

穂積重行『寮歌の時代』時事通信社、一九九一年。

その他

佐野真一『渋沢家三代』文春新書、一九九八年。

渋沢敬三編『瞬間の累積――渋沢篤二明治後期撮影写真集』一九六三年、非売品。

末川博ほか編『穂積先生追悼論文集　家族法の諸問題』有斐閣、一九五二年。

福島正夫ほか編『穂積重遠先生を偲んで――穂積重遠先生御逝去三十周年記念』一九八二年、非売品。

中山正則編『柏葉拾遺』一九五六年、非売品。

宮田親平『だれが風を見たでしょう――ボランティアの原点・東大セツルメント物語』文藝春秋、一九九五年。

Ⅲ 各章の参考文献

はじめに

伊藤孝夫『瀧川幸辰』ミネルヴァ書房、二〇〇三年。

伊藤孝夫『大正デモクラシー期の法と社会』京都大学学術出版会、二〇〇〇年。

磯村哲『社会法学の構造と展開』日本評論社、一九七五年。

序章

宇井純・生越忠『大学解体論 第一巻〜第三巻』亜紀書房、一九七五〜一九七六年。

鹿島茂『渋沢栄一 上下巻』新潮社、二〇一一年。

小林道彦『児玉源太郎』ミネルヴァ書房、二〇一二年。

子安宣邦『思想史家が読む論語――「学び」の復権』岩波書店、二〇一〇年。

鮫島純子『祖父・渋沢栄一に学んだこと』文藝春秋、二〇一〇年。

武石緑監修、東京音楽大学創立百周年記念誌刊行委員会編『音楽教育の礎――鈴木米次郎と東洋音楽学校』春秋社、二〇〇七年。

穂積重遠『父を語る』一九二九年、非売品。

穂積重遠『新訳論語』社会教育協会、一九四七年／講談社現代文庫、一九八一年。

穂積重遠『新訳孟子』社会教育協会、一九四八年／講談社現代文庫、一九八〇年。

第一章

木下博民『南豫明倫館――僻遠の宇和島は在京教育環境をいかに構築したか』南豫奨学会、二〇〇三年。

太田尚樹『明治のサムライ――「武士道」新渡戸稲造、軍部とたたかう』文春新書、二〇〇八年。

岡村司『民法と社会主義』弘文堂、一九二二年。

奥田義人『民法相続法論』有斐閣、一八八九年／信山社出版、二〇〇三年（復刻版）。

奥田義人『民法親族法論』有斐閣、一八九八年／信山社出版、二〇〇三年（復刻版）。

川井健『民法判例と時代思潮』日本評論社、一九八一年。

実業之日本社編『優等学生勉強法』実業之日本社、一九一一年。

東京大学判例研究会編『判例民法』有斐閣、一九二一年～（二二年から『判例民事法』）。

東京帝国大学『東京帝国大学学術大観　法学部編・経済学部編』一九四二年、非売品。

平林たい子「穂積重遠博士夫妻」『夫婦めぐり』主婦之友社、一九五二年。

穂積重遠「フェミニズム」『法学協会雑誌』二八巻七・一〇号、一九一〇年。

穂積重遠「婚姻予約判決ノ真意義」『法学志林』一九巻九号、一九一七年。

穂積重遠「寡婦の相続権　一～三」『法学協会雑誌』三六巻一・三・四号、一九一八年。

穂積重遠『国際心のあらはれ――グロチウスの国際法学とアンデルセン氏の国際市計量』市出書店、一九二一年。

穂積重遠「男子貞操義務判決の真意義」『法学志林』二九巻七号、一九二七年。

穂積重遠『婦人問題講話』社会教育協会、一九三〇年。

穂積重遠『日本の過去現在及び将来』協和書院、一九三五年／岩波書店、一九三七年（増補版）。

穂積重遠『戦ふイギリス』社会教育協会、一九四六年。

穂積重遠『戦ふイギリス㈡戦時の英国王室』社会教育協会、一九四六年。

穂積重遠『戦ふイギリス㈢ロイドジョーヂとチャーチル』社会教育協会、一九四六年。

第二章

磯野誠一「民法改正と臨時教育会議」『法学志林』五〇巻三・四号、一九五三年。

上木敏郎『土田杏村と自由大学運動――教育者としての生涯と業績』誠文堂新光社、一九八二年。

海後宗臣編『臨時教育会議の研究』東京大学出版会、一九六〇年。

大村敦志『「法と教育」序説』商事法務、二〇一〇年。

大村敦志「法教育からみた民法改正」『NBL』九四〇号、二〇一〇年。

折井美耶子・女性の歴史研究会編著『新婦人協会の研究』ドメス出版、二〇〇六年。

加賀乙彦『永遠の都　一～六』新潮文庫、一九九七年。

鍛治良堅「立石芳枝教授のこと」明治大学法律研究書編『立石芳枝教授退官記念論文集』一九八一年。

釜本健司『戦前日本中等学校公民科成立史研究――認識形成と資質育成を視点として』風間書房、二〇〇九年。

かわさき市民アカデミー市民トークの会編著・篠原一監修『デモクラシーの展開と市民大学――大正から現代まで』かわさき市民アカデミー、二〇一〇年。

川島武宣ほか編『法律相談』岩波新書、一九六七年（第二版）。

神田愛子『山本鼎物語――児童自由画と農民美術　信州上田から夢を追った男』信濃毎日新聞社、二〇〇九年。

北安曇教育会編『信州木崎夏期大学物語』北安曇教育会、一九七八年。

栗生武夫『一法学者の嘆息』弘文堂、一九三六年。

来栖三郎「穂積重遠先生の法律学」福島正夫ほか編『穂積重遠先生を偲んで――穂積重遠先生御逝去三十周年記念』一九八二年、非売品。

後藤傳一郎『東大セツルメント物語――それはスラム街に生まれて消えた』一九九九年、頒布品（小倉武一発行）。

小柳春一郎『震災と借地借家――都市災害における賃借人の地位』成文堂、二〇〇三年。

佐賀千恵美『華やぐ女たち――女性法曹のあけぼの』早稲田経営出版、一九九一年。

「座談会・柳島セツルメント――大正末期の大学拡張運動と穂積・末広両博士の法学：第二部」『法律時報』四五巻七号、一九七三年。

『社会教育協会の事業と使命』社会教育協会、一九二九年、非売品。

『社会教育に生涯を捧げた人――小松兼助氏を偲ぶ』『国民』三月号別刷、一九六二年、非売品。

白梅学園短期大学『白梅学園短期大学創立二十五周年記念誌』白梅学園短期大学、一九八二年。

白梅学園短期大学附属白梅幼稚園編『白梅幼稚園の軌跡』白梅学園短期大学附属白梅幼稚園、一九九〇年。

『人事法案（仮称）第一編親族（昭和一六年整理）第二編相続（昭和一五年整理）』信山社出版、二〇〇〇年。

鈴木禄弥『居住権論――借地法序説』有斐閣、一九五九年。

田中征男『大学拡張運動の歴史的研究――明治・大正期の「開かれた大学」の思想と実践』野間教育研究所、一九七八年。

東京家政学院光塩会編・大浜徹也著『大江スミ先生』一九七八年、非売品。

長野大学編『上田自由大学とその周辺――長野大学からの二十一世紀メッセージ』郷土出版社、二〇〇六年。

氷川下セツルメント史編纂委員会編『氷川下セツルメント――「太陽のない街」の青春群像』エイデル研究書、二〇〇七年。

福島正夫・川島武宣編『穂積・末弘両先生とセツルメント』東京大学セツルメント法律相談部、一九六三年、非売品。

福島正夫ほか編『回想の東京帝大セツルメント』日本評論社、一九八四年。

穂積重遠「優生学と婚姻法」『東洋学芸雑誌』三七巻・三冊、一九二〇年。

穂積重遠「返事を書く郵便局——学生連の罹災者情報事業」『改造』大正一二年一一月号。

穂積重遠「大震火災と社会借家調停法」『法学協会雑誌』四二巻五号、一九二四年。

穂積重遠『法律五話』社会教育協会、一九三一年。

穂積重遠「法律と教育」『岩波講座　教育科学』第二〇冊、一九三三年。

堀内節編著『家事審判制度の研究——附・家事審判法関係立法資料　正続』日本比較法研究所、一九七〇年／一九七六年。

牧野英一「復興的精神」『法律に於ける具体的妥当性』有斐閣、一九二五年。

牧野英一「穂積君の法律五面観」『国民』六一一号、一九五二年。

松野修『近代日本の公民教育——教科書の中の自由・法・競争』名古屋大学出版会、一九九七年。

三谷太一郎『政治制度としての陪審制』東京大学出版会、二〇〇一年。

明治大学短期大学『明治大学短期大学五十年史』明治大学短期大学、一九七九年。

我妻栄「三分間の歴書」『ジュリスト』三三七号、一九六六年。

我妻栄「法曹養成の基本問題」我妻栄『民法研究　Ⅸ—1』有斐閣、一九七〇年。

第三章

末弘厳太郎「穂積博士の『親族法』を読む」『法律時報』五巻五号、一九三三年。

末弘厳太郎「長沼宏有氏の『親族法論』を読む」『法律時報』五巻七号、一九三三年。

末弘厳太郎「我妻教授の『民法総則』を読む」『法律時報』五巻八号、一九三三年。

平野義太郎「親族相続法の社会法学――中川善之助氏著『身分法学』を読む」『法律時報』二巻八号、一九三〇年。

第四章

雨宮昭一『戦時戦後体制論』岩波書店、一九九七年。

家永三郎『東京教育大学文学部――栄光と受難の三〇年』現代史出版会、一九七八年。

伊藤隆『近衛新体制――大政翼賛会への道』中公新書、一九八三年。

井上寿一『戦前日本の「グローバリズム」――一九三〇年代の教訓』新潮社、二〇一一年。

井上ひさし・小森陽一編著『座談会昭和文学史　第1巻』集英社、二〇〇三年。

井上義和『日本主義と東京大学――昭和期学生思想運動の系譜』柏書房、二〇〇八年。

ウィリアム・K、カミングス（友田泰正訳）『ニッポンの学校――観察してわかったその優秀性』サイマル出版会、一九八一年。

浦田関太郎「穂積重遠先生を憶う」『法曹公論』五二巻四号、一九五一年。

小高健編『長与又郎日記――近代化を推進した医学者の記録　下巻』学会出版センター、二〇〇二年。

加藤聖文『「大日本帝国」崩壊――東アジアの1945年』中公新書、二〇〇九年。

篠原一・三谷太一郎編『岡義武ロンドン日記1936―1937』岩波書店、一九九七年。

世界思想社編集部編『瀧川事件――記録と資料』世界思想社、二〇〇一年。

駒込武・奈須恵子・川村肇編『戦時下学問の統制と動員――日本諸学振興委員会の研究』東京大学出版会、二〇一一年。

高崎宗司『植民地朝鮮の日本人』岩波新書、二〇〇二年。

竹内洋『大学という病――東大紛擾と教授群像』中央公論新社、二〇〇一年。

立花隆『天皇と東大　下』文藝春秋、二〇〇五年。

田中耕太郎ほか『大学の自治』朝日新聞社、一九六三年。

東京大学百年史編集委員会編『東京大学百年史部局史　一』東京大学、一九八六年、非売品。

内藤初穂『軍艦総長・平賀譲』文藝春秋、一九八七年／『軍艦総長 平賀譲』中公文庫、一九九九年。

蜷川寿恵『学徒出陣――戦争と青春』吉川弘文館、一九九八年。

野崎歓『谷崎潤一郎と異国の言語』人文書院、二〇〇三年。

秦澄美枝『魂の殺人――清泉女子大学セクハラ事件』WAVE出版、二〇〇一年。

秦澄美枝『二次セクハラ清泉女子大学裁判――大学の責務と文科省セクハラ規程』社会評論社、二〇〇五年。

秦澄美枝『男女共生社会の大学――文科省セクハラ規程から大学評価へ』社会評論社、二〇〇七年。

穂積重遠『歌舞伎思出話』大河内書店、一九四八年。

穂積重遠「行幸を仰ぎ奉りて」『緑会雑誌』一二号、一九四〇年。

穂積重遠「最高学府」『緑会雑誌』一一号、一九三九年。

穂積重遠『独英観劇日記』東宝書店、一九四三年。

穂積重遠「僕の学生」『緑会雑誌』一三号、一九四一年。

穂積重行「東京教育大学への挽歌」『文藝春秋』一九七八年五月号。

穂積真六郎『わが生涯を朝鮮に』友邦協会、一九七四年。

牧野順孝『自重会小史』（財）自重会、一九六一年。

丸山眞男『自己内対話――3冊のノートから』みすず書房、一九九八九年。

丸山眞男『丸山眞男座談9』岩波書店、一九九八年。

丸山眞男・福田歓一編『聞き書　南原繁回顧録』東京大学出版会、一九八九年。

矢部貞治『矢部貞治日記　銀杏の巻』読売新聞社、一九七四年。

第五章

エリザベス・グレイ・ヴァイニング（小泉一郎訳）『皇太子の窓』文藝春秋、一九五三年。

大竹秀一『天皇の学校――昭和の帝王学と高輪御学問所』文藝春秋、一九八六年／ちくま文庫、二〇〇九年。

学習院百年史編纂委員会編『学習院百年史　第二編』一九八〇年、『同　第三編』一九八七年、非売品。

加藤恭子・田島恭二監修『昭和天皇と美智子妃その危機に――「田島道治日記」を読む』文藝春秋、二〇一〇年。

河合良成『帝人事件――三十年目の証言』講談社、一九七〇年。

木戸日記研究会『木戸幸一日記　下巻』東京大学出版会、一九六六年。

木下道雄『側近日誌』文藝春秋、一九九〇年。

工藤美代子『ジミーと呼ばれた日――若き日の明仁天皇』恒文社21、二〇〇二年。

「座談会・アメリカにおける裁判所」『法曹』二六号、一九五〇年。

「座談会　我妻栄先生をしのぶ」『我妻法学の足跡（ジュリスト臨時増刊五六三号）』一九七四年。

進藤栄一・下河辺元春編纂『芦田均日記　第三巻』岩波書店、一九八六年。

高杉善治『天皇明仁の昭和史』ワック、二〇〇六年。

谷口優子『尊属殺人罪が消えた日』筑摩書房、一九八七年。

橋本明『平成の天皇』文藝春秋、一九八九年。

樋口陽一『いま、憲法は「時代遅れ」か――〈主権〉と〈人権〉のための弁明』平凡社、二〇一一年。

穂積重遠「宿題の陪審制度」『日本弁護士連合会会報』一九五〇年。

穂積重遠「法律の上に道徳がある」社会教育協会『公民教育講座1』社会教育協会、一九四六年。

終章

樋口陽一『「共和国」フランスと私——日仏の戦後デモクラシーを振り返る』つげ書房新社、二〇〇七年。

あとがき

本書の発端は、しばらく前に東京大学法学部で開講した演習「一九二〇年代日本の民法学」（二〇〇三年冬学期）、「占領期日本の民法学」（二〇〇六年夏学期）に遡る。大正期の家族法改正論や終戦直後の尊属殺人違憲事件の少数意見を読み直すことを通じて、改めて穂積重遠への関心を深めた。もちろん、日本家族法学の父として、また、末弘厳太郎と並ぶ大正デモクラシー法学の担い手として、重遠の名は法学者の間ではよく知られている。もっとも、従来はどちらかというと、末弘の方に関心が集まり、重遠が正面から論じられることは少なかった。この控えめな、しかし、極めて精力的な民法学者に注目することによって、二〇世紀前半の社会と法学に新たな光をあてることができるのではないか。

二度の演習を通じて、次第にそう考えるようになった私は、一方で、重遠の令息・重行氏に連絡を取り、やはり二〇〇六年頃から年に何度かお宅を訪れて、重遠に関するお話を伺い始めた。重行氏の語り口は、話上手であったと言われる重遠その人を想起させるものであり、しばしば重遠の話を聴いているかのような錯覚に陥った。また、玲子夫人からは、珍しいものがありましたよ、というご連絡をたびたび頂き、様々な資料を拝借した。さらには、重遠の令嬢・岩佐美代子氏からもお話を伺うことができたのも幸いであった。その後、岩佐氏には、『終戦戦後日記（一九四五〜五〇年）――大正一法学者の晩年』（有斐閣、二〇一二）の誤記をご指摘いただいたほか（特に短歌に関する誤りについては、近くネット上に、重遠関係の他の若干の資料とともに正誤表を掲げたい）、本書掲載の系図につきご教示をいただいたりもした。本書で利用した未刊資料や伝聞の多くのは、穂積の方々に由来するものである。この場を借りて、改めてお礼を申し上げる。他方、二〇一一年には「穂積重遠論――二〇世紀前半の社会と法学」と題する講義を行ったが、本書は直接にはこの講義に由来する。この講義を聴講し、関連のテーマについて報告をしてくれた二〇一一年のゼミ生諸君にもお礼を申し上げる。

本書においては、穂積重遠という一人の法学者のひととなりを、その生きた社会・時代との関係に留意しつつ多面的・立体的に描き出すように努めたつもりである。もっとも、いま執筆を終えて振り返って見ると、積極的に評価すべき面、重遠の光の側面に着目しすぎたきらいがないでもない。しかし、これもまた重遠流と言えば重遠流と言えるかもしれない。本文中で紹介したように、重遠は、朝日新聞の記者・杉村楚人冠について次のように述べている。「僕は楚人冠が常に英国の光明面を観察報道することを知っている。そしてそれを誠に結構なことと思っている。個人に短所がある如く国にも暗黒面がある。これに目を閉じるのは愚かなことである。しかしなるべくは長所光明面に着目することこそが自他ともに益する所以であり、私交国交ともに円滑ならしむる所以であると確信する」。

「私交国交」とは無縁であるものの、忘れられた法学者の「光明面」を見つけ出し、そこから学ぶことができるのではないか、というのが本書の主意だからである。

もちろん、重遠にも「短所」はないわけではない。たとえば、重遠が編集した『公民教科書』を見ると、そこに法に対する彼の考え方がよく現れていることはわかるものの、戦時中の版には、抑制的な筆致によるとしても、時局迎合的な叙述が見られないわけではない。そうでなければ教科書として刊行を続行することは不可能だったのだろう。重遠は戦時体制の中で、よりよい方向を目指す努力をしたと思う。しかし、時代の流れに抗することはできなかった。彼は、「改良の人」であって「抵抗の人」ではない。そこに限界があった、という見方は、むろん可能な一つの見方であろう。同時に、セツルメント廃止問題に見られるように、重遠が撤退戦において発揮した粘り強さにも注目しなければならない。「短所」の評価にあたっては、当時の状況を勘案しつつ、個々の問題ごとに具体的な評価をしていく必要があろう。

そうした検討が必要な問題として執筆後もずっと気になっているのは、一九三〇年代以降の大学の危機に際して、重遠がとった行動をどう評価すべきかという問題である。この時代、彼は三度にわたり法学部長の職に就き、瀧川事件や平賀粛学に対応した。この点につき、本書においては必ずしも十分に立ち入った検討を行うことができなかったが、これは大学人としての筆者自身にとっても、他人事とは言えない問題である。今後の課題としたい。

もう一つ、これは評伝という形式の制約にもよるのだが、専門家の目から見れば、重遠の学問そのものに対する踏み込みがなお十分ではない憾みが残るであろう。ある程度のことは書いておきたいと思ってインテルメッツォともいうべき第三章（本章は、二〇一一年九月に東北大学法学部の研究会で行った報告をもとにしている。法学部長の水野紀子教授はじめ関係の諸教授には大変お世話になった）を設けてはみたが、さらに書き足すべきことは少なくない。これも本文で述べたように、重遠の学風は、家族法学に関しては中川善之助に、法理論（特に法源論）に関しては来栖三郎にそれぞれ継承されている。家族法学と法源論は、戦後初期の日本民法学において脚光を浴びたテーマであったが、この二つの問題領域には重遠の刻印が残されている。この点については、いずれ中川や来栖の所説を論ずることによって、明らかにしていきたい。他方、本文でも言及した星野英一が二〇一二年九月に逝去した。重遠から発して我妻栄を経て、加藤一郎そして星野へと引き継がれたもの。それをさらに引き継いでゆくためには、穂積重遠に続いて星野英一を論ずることが必要となるが、これは次の次の課題ということにしたい。

同様に、学問的な観点に立つならば、陳重と重遠との関係をより立ち入った形で解明するという作業も残されている。早い時期にいったんは法理学を諦めたとはいえ、重遠はいつかは『法律進化読本』を書きたいと念じていた。また、陳重の厖大な遺作を整理する作業を通じて考えたこともあったはずである。しかし、残念なことに、重遠が陳重の学問について真正面から論ずる機会は遂に訪れなかった（「著者としての穂積陳重」『改造』昭和二年二月号など若干のものがある）。重遠は八〇歳ぐらいまでは生きるつもりでいたようだが、早すぎる死がそれを許さなかった。われわれとしては、陳重・重遠の作品を精密に対比することによって、陳重と重遠の学風を総体として再構成することを試みるほかない（たとえば、陳重の所説への言及を含む『相続法　第二分冊』の「結語　相続法は変遷するか」をどう読むか）。しかし、陳重の業績に取り組むには相当の時間と覚悟を要するだろう。この点に関しては、後続の世代に委ねるほかない。

本書の企画は、ミネルヴァ書房の編集者・水野安奈さんが、何か歴史に関するものをお書きになりませんか、と水を向けて下さったことによって、具体化することになった。民法学者が民法学の歴史の一齣を描くということで、当初は「ミネルヴァ日本評伝選」に入れていただくことも予定していなかった。歴史学のトレーニングを受けていない者にとっては、本格的な歴史を書くことは望むべくもなく、このシリーズに加わることは荷の重いことであった。しかし、前述した点をはじめ諸々の限界があるにせよ、一人の人物、そして彼を取り巻く時代・社会に、それなりには迫り得たのではないかとも思う。少なくとも本書を書くために重遠に関する資料を翻くのに費やした時間は、個人的には楽しく充実した時間であった。その意味で水野さんには大変感謝している。また、「ミネルヴァ日本評伝選」の編集委員の方々にもお礼を申し上げる。本書執筆にあたっては、いつものように私設秘書の伴ゆりなさんの協力を得た。また、妻や子どもたちには、食卓の話題として、重遠に関するあれこれのエピソードを聞いてもらうことも多かった。このあたりも重遠流と言えば重遠流であろうか。いずれにせよ、彼らにも謝意を表さなければならない。

さらに、本書に先立ち、二〇一一年には、『われらの法―穂積重遠法教育著作集　第一集～第三集』を信山社から、二〇一二年には、先に言及した『終戦戦後日記（一九四五～五〇年）』を有斐閣から、それぞれ刊行していただいた。出版事情が厳しい時代に、刊行にご協力いただいた関係の方々にも、この場を借りて改めてお礼を申し上げたい。

昨年（二〇一二年）、陳重を記念して創立され、重遠によってその事業が継承された穂積奨学財団は、一〇六年の歴史に幕を閉じた。しかし、穂積父子、この卓越した二代の法学者が掲げた灯火が消えたわけではない。本書に続き、重遠の、そして陳重の業績を再検討に付する研究が現れることを期待したい。その作業は単に過去へと向かうだけではなく、私たちの社会と法学の未来を見晴るかすことにもなるはずである。

二〇一三年三月　重遠生誕一三〇周年を目前に

大村敦志

穂積重遠略年譜

和暦	西暦	齢	関係事項	一般事項
明治一六	一八八三		4・11旧東京市深川区福住町に誕生。	
二三	一八九〇	7	4月高等師範学校附属学校尋常小学科入学。	
二九	一八九六	13	3・19高等師範学校附属学校第一部高等小学科卒業。4月高等師範学校附属尋常中学科入学。	4月民法前三編公布。
三四	一九〇一	18	3・31高等師範学校附属中学校中学科卒業。夏頃宇和島にて、数次の手術。9月第一高等学校大学予科第一部入学。	
三七	一九〇四	21	7月第一高等学校大学予科第一部卒業。9月東京帝国大学法科大学法律学科入学。	2月日露戦争開戦。
四〇	一九〇七	24	11・25高等文官試験合格。	
四一	一九〇八	25	7・11東京帝国大学法科大学法律学科卒業。9・7東京帝国大学法科大学講師。10・9仲子と挙式。	
四三	一九一〇	27	3・2東京帝国大学法科大学助教授。	
四五	一九一二	29	7・26民法及法理学研究の為満三箇年間独国仏国及	

大正三	一九一四	31	英国へ留学を命ぜられる。10・24留学地に向け出発。	7月第一次世界大戦開戦。
五	一九一六	33	2・22外国留学より帰朝。9・1東京帝国大学法科大学教授。民法講座及法理学講座分担。	
六	一九一七	34	11・12法学博士（東京帝国大学総長の推薦）。	11月ロシア革命（一〇月革命）勃発。
八	一九一九	36	4・1東京帝国大学教授。7・9臨時法制審議会幹事（内閣）。	
九	一九二〇	37	5・7教科書調査会委員。	
一〇	一九二一	38	12・11二男重行誕生。	
一一	一九二二	39	12・12公民教育調査委員会委員（文部省）。	
一二	一九二三	40	1・11長男重義病死。	9月関東大震災。
一三	一九二四	41	6月末弘厳太郎とともに東京帝国大学セツルメントを開設。**夏頃**宇和島・鹿児島へ。10・15臨時法制審議会臨時委員（内閣）。11・21家事審判所に関する法律調査委員（司法省）。	
一四	一九二五	42	1・16借地借家臨時処理法施行に関する事務を嘱託される（司法省）。**夏頃**朝鮮・満州へ。11月（財）社会教育協会発足、理事長となる。	3月普通選挙法成立。5月民法親族編改正要綱。
一五	一九二六	43	4・7父・陳重逝去。5・1襲爵。宗教制度調査委	

			員会委員（内閣）。7月宇和島へ。	
昭和二	一九二七	44	**夏頃**樺太へ。	12月民法相続編改正要綱。
三	一九二八	45		2月第一回普通選挙。
四	一九二九	46	4月明治大学専門部女子部開設。5・13法制審議会委員（内閣）。**夏頃**宇和島・松江へ。10月臨時国語調査会委員（内閣）。	10月陪審法施行。
五	一九三〇	47	**夏頃**宇和島へ。9・30東京帝国大学法学部長。11・10中等学校公民教授要目編纂委員（文部省）。	
七	一九三二	49	1・31母・歌子逝去。	3月満州国建国宣言。
八	一九三三	50	10・1子どもの家（現・双葉園）開設。	3月改正弁護士法（旧弁護士法）成立。4月鳩山文相、滝川教授の辞職を要求（瀧川事件）。10月（旧）児童虐待防止法施行。
九	一九三四	51	**夏頃**朝鮮へ。12・22国語審議会副会長（内閣）。	
一〇	一九三五	52	7・1満州国司法審核として満州帝国民法草案審査を嘱託される。7・4司法制度調査会委員（司法省）。7・15著作権審査会委員（内閣）。12・28内閣調査局専門委員（内閣）。	2月菊池議員、美濃部博士を弾劾（天皇機関説事件）。
一一	一九三六	53	1・14講書始にギールケ著「独逸団体法論」を進講（宮内省）。4・7東京帝国大学法学部長。9・9法	

			律審議会委員（司法省）。	
一二	一九三七	54	7・10帝国学士院会員（内閣）。12・10教育審議会委員（内閣）。	
一三	一九三八	55	7・14司法制度調査委員会委員（内閣）。	11月女性三名が高等試験司法科試験に合格。
一四	一九三九	56	2・27東京帝国大学法学部長。7・11日本諸学振興委員会常任委員（文部省）。11・29法律取調委員会臨時委員（台湾総督府）。12・6家事審判制度委員会委員。	1月平賀総長、河合・土方両教授、求職具申（平賀粛学）。
一五	一九四〇	57	7・18中央社会事業委員会委員（内閣）。	
一六	一九四一	58	5・20教科用図書調査会委員（内閣）。	12月太平洋戦争開戦。
一七	一九四二	59	4月東京家庭学園（現・白梅学園）発足、学園長となる。7・20宮内省御用掛。	
一八	一九四三	60	9・30停年退職。10月家事審判制度調査委員会委員。11月学術研究会議副会長。	10月学徒出陣始まる。
一九	一九四四	61	2・19東京帝国大学名誉教授。7月貴族院議員（男爵議員に互選）。	
二〇	一九四五	62	8・10東宮大夫兼東宮侍従長。	8月終戦の詔勅。
二二	一九四七	64		5月日本国憲法施行、最高裁発足。

二三	一九四八	65		1月改正民法（新民法）施行。家庭裁判所発足。
二四	一九四九	66	2・26最高裁判所判事。	
二五	一九五〇	67	9・27米国司法制度視察のため米国へ出張。11・18帰朝。	
二六	一九五一	68	1・1病に倒れる。7・29東京大学医学部附属病院にて逝去。旭日大綬賞従二位。	

山室軍平　室田保夫
大谷光瑞　白須淨眞
*久米邦武　髙田誠二
フェノロサ　伊藤　豊
三宅雪嶺　長妻三佐雄
*岡倉天心　木下長宏
志賀重昂　中野目徹
徳富蘇峰　杉原志啓
竹越與三郎　西田　毅
内藤湖南・桑原隲蔵　礪波　護
岩村　透　今橋映子
*西田幾多郎　大橋良介
金沢庄三郎　石川遼子
上田　敏　及川　茂
柳田国男　鶴見太郎
厨川白村　張　競
天野貞祐　貝塚茂樹
大川周明　山内昌之
西田直二郎　林　淳
折口信夫　斎藤英喜
九鬼周造　粕谷一希
辰野　隆　金沢公子
シュタイン　瀧井一博
*西　周　清水多吉
*福澤諭吉　平山　洋
福地桜痴　山田俊治
田口卯吉　鈴木栄樹
*陸　羯南　松田宏一郎
黒岩涙香　奥　武則
宮武外骨　山口昌男
*吉野作造　田澤晴子
野間清治　佐藤卓己
山川　均　米原　謙
岩波茂雄　十重田裕一
*北　一輝　岡本幸治
*穂積重遠　大村敦志
中野正剛　吉田則昭
満川亀太郎　福家崇洋
*北里柴三郎　福田眞人
高峰譲吉　木村昌人
田辺朔郎　秋元せき
*南方熊楠　飯倉照平
寺田寅彦　金森　修
石原　純　金子　務
J・コンドル　鈴木博之
辰野金吾　河上真理・清水重敦
*七代目小川治兵衛　尼崎博正
ブルーノ・タウト　北村昌史

現代

昭和天皇　御厨　貴
高松宮宣仁親王　後藤致人
*李方子　小田部雄次
吉田　茂　中西　寛
マッカーサー　柴山　太
石橋湛山　増田　弘
重光　葵　武田知己
市川房枝　村井良太
*池田勇人　藤井信幸
高野　実　篠田　徹
和田博雄　庄司俊作
朴正熙　木村　幹
竹下　登　真渕　勝
*松永安左エ門　橘川武郎
鮎川義介　井口治夫
*出光佐三　橘川武郎
松下幸之助　米倉誠一郎
渋沢敬三　井上　潤
*本田宗一郎　伊丹敬之
井深　大　武田　徹
*佐治敬三　小玉　武
幸田家の人々　金井景子
*正宗白鳥　大嶋　仁
大佛次郎　福島行一
*川端康成　大久保喬樹
*薩摩治郎八　小林　茂
松本清張　杉原志啓
安部公房　鳥羽耕史
*三島由紀夫　島内景二
井上ひさし　成田龍一
R・H・ブライス　菅原克也
金素雲　林　容澤
柳　宗悦　熊倉功夫
バーナード・リーチ　鈴木禎宏
イサム・ノグチ　酒井忠康
川端龍子　岡部昌幸
藤田嗣治　林　洋子
*井上有一　海上雅臣
*手塚治虫　竹内オサム
山田耕筰　後藤暢子
古賀政男　藍川由美
*吉田　正　金子　勇
武満　徹　船山　隆
*力道山　岡村正史
*西田天香　宮田昌明
安倍能成　中根隆行
サンソム夫妻　平川祐弘・牧野陽子
和辻哲郎　小坂国継
矢代幸雄　稲賀繁美
石田幹之助　岡本さえ
*平泉　澄　若井敏明
安岡正篤　片山杜秀
島田謹二　小林信行
前嶋信次　杉田英明
保田與重郎　谷崎昭男
*福田恆存　川久保剛
井筒俊彦　安藤礼二
佐々木惣一　松尾尊兊
*瀧川幸辰　伊藤孝夫
矢内原忠雄　等松春夫
福本和夫　伊藤　晃
*フランク・ロイド・ライト　大久保美春
大宅壮一　有馬　学
今西錦司　山極寿一

*は既刊
二〇一三年三月現在

孝明天皇 青山忠正
*和宮 辻ミチ子
徳川慶喜 大庭邦彦
島津斉彬 原口 泉
*古賀謹一郎 小野寺龍太
*栗本鋤雲 小野寺龍太
西郷隆盛 家近良樹
*塚本明毅 塚本 学
*月 性 海原 徹
*吉田松陰 海原 徹
*高杉晋作 海原 徹
ペリー 遠藤泰生
オールコック 佐野真由子
アーネスト・サトウ 奈良岡聰智
緒方洪庵 米田該典
冷泉為恭 中部義隆

近代

*明治天皇 伊藤之雄
*大正天皇 F・R・ディキンソン
*昭憲皇太后・貞明皇后 小田部雄次
大久保利通 三谷太一郎

山県有朋 鳥海 靖
木戸孝允 落合弘樹
井上 馨 伊藤之雄
*松方正義 室山義正
北垣国道 小林丈広
板垣退助 小川原正道
長与専斎 笠原英彦
大隈重信 五百旗頭薫
伊藤博文 坂本一登
井上 毅 大石 眞
井上 勝 老川慶喜
*桂 太郎 小林道彦
渡辺洪基 瀧井一博
*乃木希典 佐々木英昭
林 董 君塚直隆
*児玉源太郎 小林道彦
*高宗・閔妃 木村 幹
山本権兵衛 室山義正
高橋是清 鈴木俊夫
小村寿太郎 簑原俊洋
*犬養 毅 小林惟司
加藤高明 櫻井良樹
加藤友三郎・寛治 麻田貞雄
牧野伸顕 小宮一夫
田中義一 黒沢文貴
内田康哉 高橋勝浩
石井菊次郎 廣部 泉

平沼騏一郎 堀田慎一郎
宇垣一成 北岡伸一
宮崎滔天 榎本泰子
*浜口雄幸 川田 稔
幣原喜重郎 西田敏宏
関 一 玉井金五
水野広徳 片山慶隆
広田弘毅 井上寿一
安重根 上垣外憲一
*グルー 廣部 泉
*永田鉄山 森 靖夫
東條英機 牛村 圭
今村 均 前田雅之
蔣介石 劉 岸偉
石原莞爾 山室信一
木戸幸一 波多野澄雄
*岩崎弥太郎 武田晴人
伊藤忠兵衛 末永國紀
五代友厚 田付茉莉子
大倉喜八郎 村上勝彦
*安田善次郎 由井常彦
渋沢栄一 武田晴人
益田 孝 鈴木邦夫
山辺丈夫 宮本又郎
武藤山治 阿部武司・桑原哲也
西原亀三 森川正則

小林一三 橋爪紳也
大倉恒吉 石川健次郎
大原孫三郎 猪木武徳
*河竹黙阿弥 今尾哲也
イザベラ・バード 加納孝代
*林 忠正 木々康子
*森 鷗外 小堀桂一郎
二葉亭四迷 ヨコタ村上孝之
夏目漱石 佐々木英昭
巌谷小波 千葉信胤
樋口一葉 佐伯順子
*島崎藤村 十川信介
泉 鏡花 東郷克美
有島武郎 亀井俊介
永井荷風 川本三郎
北原白秋 平石典子
菊池 寛 山本芳明
宮澤賢治 千葉一幹
正岡子規 夏石番矢
高浜虚子 坪内稔典
与謝野晶子 佐伯順子
*種田山頭火 村上 護
*斎藤茂吉 品田悦一
*高村光太郎 湯原かの子

萩原朔太郎 エリス俊子
*原阿佐緒 秋山佐和子
*狩野芳崖・高橋由一 古田 亮
竹内栖鳳 北澤憲昭
黒田清輝 高階秀爾
中村不折 石川九楊
横山大観 高階秀爾
*橋本関雪 西原大輔
小出楢重 芳賀 徹
土田麦僊 天野一夫
岸田劉生 北澤憲昭
松旭斎天勝 川添 裕
中山みき 鎌田東二
佐田介石 谷川 穣
ニコライ 中村健之介
出口なお・王仁三郎 川村邦光
島地黙雷 阪本是丸
*新島 襄 太田雄三
木下広次 冨岡 勝
嘉納治五郎 クリストファー・スピルマン
柏木義円 片野真佐子
津田梅子 田中智子
*澤柳政太郎 新田義之
河口慧海 高山龍三

*兼好 島内裕子
重源 横内裕人
*運慶 根立研介
快慶 井上一稔
法然 今堀太逸
慈円 大隅和雄
明恵 西山　厚
親鸞 末木文美士
恵信尼・覚信尼 西口順子
覚如 今井雅晴
道元 船岡　誠
叡尊 細川涼一
*忍性 松尾剛次
*日蓮 佐藤弘夫
一遍 蒲池勢至
夢窓疎石 田中博美
*宗峰妙超 竹貫元勝

南北朝・室町

後醍醐天皇 上横手雅敬
護良親王 新井孝重
*赤松氏五代 渡邊大門
*北畠親房 岡野友彦
楠正成 兵藤裕己
*新田義貞 山本隆志
光厳天皇 深津睦夫
足利尊氏 市沢　哲
佐々木道誉 下坂　守
円観・文観 田中貴子
足利義詮 早島大祐
足利義満 川嶋將生
足利義持 吉田賢司
足利義教 横井　清
大内義弘 平瀬直樹
伏見宮貞成親王 松薗　斉
山名宗全 山本隆志
日野富子 脇田晴子
世阿弥 西野春雄
雪舟等楊 河合正朝
宗祇 鶴崎裕雄
*満済 森　茂暁
一休宗純 原田正俊
蓮如 岡村喜史

戦国・織豊

北条早雲 家永遵嗣
毛利元就 岸田裕之
毛利輝元 光成準治
*今川義元 小和田哲男
*武田信玄 笹本正治
*武田勝頼 笹本正治
*真田氏三代 笹本正治
三好長慶 天野忠幸
*宇喜多直家・秀家 渡邊大門
*上杉謙信 矢田俊文
島津義久・義弘 福島金治
長宗我部元親・盛親 平井上総
吉田兼倶 西山　克
山科言継 松薗　斉
*雪村周継 赤澤英二
織田信長 三鬼清一郎
豊臣秀吉 藤井讓治
*北政所おね 田端泰子
*淀殿 福田千鶴
前田利家 東四柳史明
*黒田如水 小和田哲男
*蒲生氏郷 藤田達生
*細川ガラシャ 田端泰子
伊達政宗 伊藤喜良
*支倉常長 田中英道
ルイス・フロイス エンゲルベルト・ヨリッセン
*長谷川等伯 宮島新一
顕如 神田千里

江戸

徳川家康 笠谷和比古
徳川家光 野村　玄
徳川吉宗 横田冬彦
*後水尾天皇 久保貴子
光格天皇 藤田　覚
崇伝 杣田善雄
春日局 福田千鶴
*池田光政 倉地克直
シャクシャイン 岩崎奈緒子
*田沼意次 藤田　覚
*二宮尊徳 小林惟司
末次平蔵 岡美穂子
*高田屋嘉兵衛 生田美智子
*林羅山 鈴木健一
吉野太夫 渡辺憲司
中江藤樹 辻本雅史
山崎闇斎 澤井啓一
山鹿素行 前田　勉
*北村季吟 島内景二
貝原益軒 辻本雅史
松尾芭蕉 楠元六男
*ケンペル B・M・ボダルト＝ベイリー
荻生徂徠 柴田　純
*雨森芳洲 上田正昭
石田梅岩 高野秀晴
前野良沢 松田　清
平賀源内 石上　敏
本居宣長 田尻祐一郎
杉田玄白 吉田　忠
上田秋成 佐藤深雪
木村蒹葭堂 有坂道子
*大田南畝 沓掛良彦
菅江真澄 赤坂憲雄
*鶴屋南北 諏訪春雄
良寛 阿部龍一
*山東京伝 佐藤至子
*滝沢馬琴 高田　衛
平田篤胤 山下久夫
シーボルト 宮坂正英
本阿弥光悦 岡　佳子
小堀遠州 中村利則
狩野探幽・山雪 山下善也
尾形光琳・乾山 河野元昭
*二代目市川團十郎 田口章子
与謝蕪村 佐々木丞平
伊藤若冲 狩野博幸
鈴木春信 小林　忠
円山応挙 佐々木正子
*佐竹曙山 成瀬不二雄
葛飾北斎 岸　文和
酒井抱一 玉蟲敏子

ミネルヴァ日本評伝選

企画推薦
梅原　猛
ドナルド・キーン
佐伯彰一
角田文衞

監修委員
上横手雅敬
芳賀　徹

編集委員
石川九楊
伊藤之雄
猪木武徳
今谷　明
今橋映子
熊倉功夫
佐伯順子
坂本多加雄
武田佐知子
竹西寛子
西口順子
兵藤裕己
御厨　貴

上代

*俾弥呼　古田武彦
日本武尊　西宮秀紀
仁徳天皇　若井敏明
雄略天皇　吉村武彦
*蘇我氏四代　遠山美都男
推古天皇　義江明子
聖徳太子　仁藤敦史
斉明天皇　武田佐知子
小野妹子・毛人　大橋信弥
*額田王　梶川信行
弘文天皇　遠山美都男
天武天皇　新川登亀男
持統天皇　丸山裕美子
阿倍比羅夫　熊田亮介
藤原四子　木本好信
柿本人麻呂　古橋信孝
*元明天皇・元正天皇　渡部育子
聖武天皇　本郷真紹
光明皇后　寺崎保広
孝謙天皇　勝浦令子
藤原不比等　荒木敏夫
吉備真備　今津勝紀
*藤原仲麻呂　木本好信
道　鏡　吉川真司
大伴家持　和田　萃
*行　基　吉田靖雄

平安

*桓武天皇　井上満郎
嵯峨天皇　西別府元日
宇多天皇　古藤真平
醍醐天皇　石上英一
村上天皇　京樂真帆子
花山天皇　上島　享
*三条天皇　倉本一宏
藤原薬子　中野渡俊治
小野小町　錦　仁
藤原良房・基経　瀧浪貞子
菅原道真　竹居明男
*紀貫之　神田龍身
源高明　所　功
*安倍晴明　斎藤英喜
藤原実資　橋本義則
*藤原道長　朧谷　寿
藤原伊周・隆家　倉本一宏
藤原定子　山本淳子
清少納言　後藤祥子
紫式部　竹西寛子
和泉式部　ツベタナ・クリステワ
大江匡房　小峯和明
阿弖流為　樋口知志
坂上田村麻呂　熊谷公男
*源満仲・頼光　元木泰雄
平将門　西山良平
藤原純友　寺内　浩
空　海　頼富本宏
最　澄　吉田一彦
*空　也　石井義長
奝　然　上川通夫
*源　信　小原　仁
後白河天皇　美川　圭
式子内親王　奥野陽子
建礼門院　生形貴重
藤原秀衡　入間田宣夫
平時子・時忠　元木泰雄
平維盛　根井　浄
守覚法親王　阿部泰郎
藤原隆信・信実　山本陽子

鎌倉

源頼朝　川合　康
*源義経　近藤好和
源実朝　神田龍身
後鳥羽天皇　五味文彦
九条兼実　村井康彦
九条道家　上横手雅敬
北条時政　野口　実
熊谷直実　佐伯真一
*北条政子　関　幸彦
北条義時　岡田清一
曾我十郎・五郎　杉橋隆夫
北条時宗　近藤成一
安達泰盛　山陰加春夫
平頼綱　細川重男
竹崎季長　堀本一繁
西　行　光田和伸
藤原定家　赤瀬信吾
*京極為兼　今谷　明

刊行のことば

歴史を動かすものは人間であり、興趣に富んだ人間の動きを通じて、世の移り変わりを考えるのは、歴史に接する醍醐味である。

しかし過去の歴史学を顧みるとき、人間不在という批判さえ見られたように、歴史における人間のすがたが、必ずしも十分に描かれてきたとはいえない。二十一世紀を迎えた今、歴史の中の人物像を蘇生させようとの要請はいよいよ強く、またそのための条件もしだいに熟してきている。

この「ミネルヴァ日本評伝選」は、正確な史実に基づいて書かれるのはいうまでもないが、単に経歴の羅列にとどまらず、歴史を動かしてきたすぐれた個性をいきいきとよみがえらせたいと考える。そのためには、対象とした人物とじっくりと対話し、ときにはきびしく対決していくことも必要になるだろう。

今日の歴史学が直面している困難の一つに、研究の過度の細分化、瑣末化が挙げられる。それは緻密さを求めるが故に陥った弊害といえるが、その結果として、歴史の大きな見通しが失われ、歴史学を通しての社会への働きかけの途が閉ざされ、人々の歴史への関心を弱める危険性がある。今こそ歴史が何のためにあるのかという、基本的な課題に応える必要があろう。評伝という興味ある方法を通じて、解決の手がかりを見出せないだろうかというのも、この企画の一つのねらいである。

狭義の歴史学の研究者だけでなく、多くの分野ですぐれた業績をあげている著者たちを迎えて、従来見られなかった規模の大きな人物史の叢書として、「ミネルヴァ日本評伝選」の刊行を開始したい。

平成十五年（二〇〇三）九月

ミネルヴァ書房

《著者紹介》

大村敦志（おおむら・あつし）

1958年　千葉県生まれ。
1982年　東京大学法学部卒業。
1982年　東京大学法学部助手。
1985年　東京大学法学部助教授。
現　在　東京大学法学部教授。
主　著　『基本民法Ⅰ』（有斐閣，第３版，2007年）。
『基本民法Ⅱ』（有斐閣，第２版，2005年）。
『基本民法Ⅲ』（有斐閣，第２版，2005年）。
『家族法』（有斐閣，第３版，2010年）。
『消費者法』（有斐閣，第４版，2011年）。
『民法読解総則編』（有斐閣，2009年）。
『不法行為判例に学ぶ』（有斐閣，2011年）。
『民法改正を考える』（岩波新書，2011年）。
『文学から見た家族法』（ミネルヴァ書房，2012年）。

ミネルヴァ日本評伝選

穂《ほ》積《づみ》重《しげ》遠《とお》

――社会教育と社会事業とを両翼として――

2013年４月10日　初版第１刷発行　〈検印省略〉

定価はカバーに
表示しています

著　者　大　村　敦　志
発行者　杉　田　啓　三
印刷者　江　戸　宏　介

発行所　株式会社　ミネルヴァ書房

607-8494 京都市山科区日ノ岡堤谷町１
電話代表（075）581-5191
振替口座 01020-0-8076

共同印刷工業・新生製本

ISBN978-4-623-06588-2
Printed in Japan

人名索引

あ 行

か 行

さ　行

た　行

や　行

ら　行

事項索引

た　行

な　行

は　行